A ESCOLA
E A LETRA

A
ESCOLA

E A LETRA

Copyright desta edição © Boitempo Editorial, 2009
Copyright da organização © Flávio Aguiar e Og Doria, 2009

Coordenação editorial	Ivana Jinkings
Editor-assistente	Jorge Pereira Filho
Capa e projeto gráfico	Ricardo Ohtake
Assistência editorial	Thaisa Burani
	Vivian Miwa Matsushita
Revisão	Sandra Regina Souza
Editoração eletrônica	Guilherme Xavier
Produção	Marcel Iha

CIP-BRASIL. CATALOGAÇÃO NA FONTE
SINDICATO NACIONAL DOS EDITORES DE LIVROS, RJ

E73

A escola e a letra / [organizadores Flávio Aguiar, Og Doria]. -
São Paulo : Boitempo, 2009.

ISBN 978-85-7559-114-7

1. Educação na literatura. I. Aguiar, Flávio. II. Doria, Og Roberto.

09-0814.   CDD: 809.933557
                                              CDU: 82.09

É vedada, nos termos da lei, a reprodução de qualquer
parte deste livro sem a expressa autorização da editora.

1ª edição: março de 2009

BOITEMPO EDITORIAL
Jinkings Editores Associados Ltda.
Rua Pereira Leite, 373
05442-000 São Paulo SP
Tel./fax: (11) 3875-7250 / 3872-6869
editor@boitempoeditorial.com.br
www.boitempoeditorial.com.br

FLÁVIO AGUIAR
OG DORIA
organização

A ESCOLA
E A LETRA

projeto gráfico
RICARDO OHTAKE

SUMÁRIO

8 **PREFÁCIO**
Flávio Aguiar

14 **APRESENTAÇÃO**
Og Doria

I ANTES DE TUDO O MAIS
18 **Murilo Mendes**
Testamento do Sumé

II OS TEMPOS COLONIAIS
20 **Jorge de Lima**
Escola de Piratininga

22 **Padre José de Anchieta**
Auto da pregação universal

26 **Padre Antônio Vieira**
Sermão do Espírito Santo

30 **Gregório de Matos**
Descreve a vida escolástica

32 **Francisco de Melo e Franco**
O reino da estupidez (Canto IV)

III O IMPÉRIO
36 **Joaquim Manuel de Macedo**
Fabrício em apuros

40 **Castro Alves**
Canção do boêmio

42 **Raul Pompeia**
O Ateneu (Capítulo I)

48 **Aluísio de Azevedo**
O Coruja (Capítulo II)

52 **Joaquim Nabuco**
Colégio e academia

56 **Machado de Assis**
O caso da vara

60 **Adolfo Caminha**
A normalista

IV A REPÚBLICA
66 **Artur Azevedo**
Plebiscito

68 **Olavo Bilac**
Crônica

72 **Lima Barreto**
Harakashy e as escolas de Java

76 **Monteiro Lobato**
O colocador de pronomes

82 Oswald de Andrade Memórias sentimentais de João Miramar	**120 Boris Schnaiderman** A escola do soldado	**176 Murilo Rubião** Os dragões
84 Alcântara Machado A esperança da pátria	**122 Autran Dourado** Inventário do primeiro dia	**180 Erico Verissimo** Solo de clarineta (Capítulo XVIII)
88 Mário de Andrade Amar, verbo intransitivo	**130 José J. Veiga** Professor Pulquério	**184 Luis Fernando Verissimo** Cursinho
94 Carlos Drummond de Andrade Teste	**136 João Antônio** Meninão do caixote	**186 Josué Guimarães** Camilo Mortágua (Parte 4 do capítulo IV)
96 Jorge Amado Capitães da Areia	**144 Vinicius de Moraes** Os politécnicos	**190 Osman Lins** Confissões de um brasileiro
98 Cyro Martins Sem rumo (Capítulo XIII)	**146 Ivan Angelo** Promessa	**194 Roniwalter Jatobá** Terra
100 Graciliano Ramos D. Maria	**148 Clarice Lispector** Os desastres de Sofia	**198 Flávio Aguiar** A última palavra
104 Cyro dos Anjos O Colégio das Ursulinas	**158 Rubem Fonseca** A força humana	**206 Luiz Vilela** O professor de inglês
112 Menotti del Picchia O árbitro	**168 Nélida Piñon** Aventura de saber	**210 Affonso Romano de Sant'Anna** Gymnasium
114 Rubem Braga Aula de inglês	**172 Moacyr Scliar** O curso de formação de profetas	**214 João Ubaldo Ribeiro** A formação do jovem
116 Meir Kucinski Neurose	**174 Manoel Lobato** Prova final	

PREFÁCIO

Flávio Aguiar

Es curioso que el hombre, a veces lo que decide hacer en el instante futuro es precisamente ocuparse del pasado, recordar.
La palabra es maravillosa: recordar, es decir, volver a hacer pasar por el corazón lo que ya una vez pasó por él (...)

José Ortega y Gasset
En el centenário de una universidad, 1932
(Discurso na comemoração do IV centenário da Universidade de Granada)

Esta antologia traz textos da literatura brasileira, de diferentes épocas, que têm por tema ou pano de fundo a escola e os processos de ensino e aprendizagem comuns em nossa sociedade. Buscaram-se textos que dessem conta da variedade e da diversidade contidas nesta linha temática, tanto do ponto de vista das situações, como dos personagens e das paisagens ou cenários.

Predominam o conto e a crônica, porque se deu preferência aos textos completos. Mas os leitores encontrarão também partes significativas de romances, trechos de memórias, cenas de dramaturgia e poemas. Procurou-se observar a diversidade do tratamento dado ao tema escolhido, segundo o ponto de vista dos próprios escritores, ou seja, como encaram a escola, o ensino e a educação, e os vinculam a suas opções estéticas, ideológicas e filosóficas.

O arco temporal abrangido pela antologia vai dos tempos pré-coloniais aos dias e temas de hoje, sempre evocados por criações que foram incorporadas ao cânone literário.

O primeiro texto, que abre a antologia, é um poema do escritor modernista Murilo Mendes que evoca o personagem Sumé. Ele seria, de acordo com os registros antigos feitos pelos padres jesuítas, personagem dos mitos, de origem dos povos nativos do continente no tempo da chegada dos europeus. Fora ele quem ensinara àqueles suas formas correntes de vida: plantar, colher, construir etc. Mitologicamente, foi nosso primeiro professor de quem se tem algum registro.

O material está dividido em quatro grandes blocos:

I – *Antes de tudo o mais*, que focaliza os povos nativos antes da chegada dos europeus, conforme explicado, embora por meio de um texto literário escrito posteriormente;

II – *Os tempos coloniais*, com textos que vão do século XVI ao final do XVIII; nesta seção a abertura também coube a um texto mais recente, uma evocação do padre Anchieta e da Escola de Piratininga (São Paulo) escrita pelo poeta também modernista Jorge de Lima;

III – *O Império*, no qual se encontram textos sobre o tempo em que esse regime de governo era o do Brasil, textos que foram escritos durante sua vigência ou depois;

IV – *A República*, com textos que abrangem as diferentes fases e ditaduras compreendidas dentro do período republicano, de sua instauração aos dias de hoje.

Dentro de cada um desses blocos, procurou-se seguir uma ordem cronológica de apresentação, segundo as datas de publicação dos textos em livro ou em jornal.

Apesar da enorme diversidade das perspectivas que aqui se encontram, pode-se perceber a reiteração de algumas constantes por meio dos textos e dos tempos. Encontram-se neles o sentido missionário ou empenhado do empreendimento educacional, desde os tempos jesuíticos; a forte marca deixada pelo ensino religioso ao lado de uma vocação ilustrada do intelectual, aprendida na escola; a evocação da infância como acre paraíso ou doce inferno perdidos; os temas ligados a experiências de iniciação na vida, no sexo, na memória, ou na morte, tanto por parte de professores como de estudantes; as marcas autoritárias do ensino e no ensino, quando oriundas de cerceamento de liberdades que atingia a sociedade como um todo; os processos de massificação. Há também experiências e temas ligados ao racismo, à violência, à marginalidade, à comédia do cotidiano. E encontram-se também os pendores da militância na educação, ao redor de temas como o da alfabetização, caro aos reformadores positivistas dos primeiros tempos republicanos, da moralização e modernização das mentalidades.

O leitor que empreender a travessia desses textos em seu conjunto sairá com a impressão de que quase todo escritor brasileiro tem um professor, um colega, um pedaço de escola a recordar e que aí, ou com esse personagem, se deu algo da escolha de escrever. A historiografia crítica da literatura brasileira já estabeleceu com evidência que os valores de origem de nossa autonomia literária se estabeleceram entre o empenho ilustrado do século XVIII e o nacionalismo romântico do século seguinte. A conjugação de ambos os fatores deu ao escritor brasileiro um perfil arquetípico de ter, ele, um senso de missão, que é o de civilizador em terras de barbárie e simultaneamente o de representante dessas terras perante os valores da civilização. Esta antologia mostra o quanto a permanência desse arquétipo deve aos processos de escolarização; não propriamente como tema do processo escolar, mas como inspirador do que nele ingressa e se volta à literatura. É

claro que sua manifestação nos textos dos escritores segue um humor muito variado, indo de evocações sarcásticas e irônicas dos tempos de estudante às tragédias e comédias individuais ou coletivas, passando pelas rememorações líricas de fatos evanescentes, ou até pela crítica desse papel atribuído aos escritores.

Seja por que prisma for, irônico, trágico, cômico ou lírico, a evocação da escola aparece na pena (hoje teclado ou tela) de um grande número de escritores como a renovação de um compromisso de origem dentro de um processo geral de mudança ou modernização, assolados que somos por tais esforços desde os tempos coloniais. Os intelectuais que mais pensaram questões ligadas a esses temas foram os jesuítas, que, em sua visão catequética, buscavam "trazer" o nativo desde os tempos imediatos do pós-paraíso, logo depois da queda pecaminosa, para os tempos de desdobramento da providência divina, com a salvação futura. Seguindo o título de um livro extraordinário e ousado do padre Vieira, eles tentavam, pelo ensino catequético, que também abrangia os colonos e os escravos africanos, reescrever nestas terras a história do futuro. Vieram depois os escritores setecentistas, impregnados do enciclopedismo ilustrado francês e do arcadismo ítalo-lusitano; no que toca ao ensino, muitos dentre eles, estudantes em Coimbra e Lisboa, se animaram com as reformas introduzidas ao tempo do marquês de Pombal e se decepcionaram em seguida com o retorno empedernido de um oficialismo mais clerical do que religioso: a decepção, aqui espelhada no texto de Francisco de Melo e Franco, certamente favoreceu nessa geração a continuidade de um sentimento nativista que pouco a pouco se desligava cada vez mais da pátria europeia.

Os românticos brasileiros viveram a escola divididos entre o seminário, a evocação boêmia das faculdades recém-instaladas no país, sobretudo as de São Paulo e Olinda, onde vicejavam os bacharéis beletristas, e o sentido de construir a nova pátria, também por meio de progressos na educação. Admirável nesse último sentido é este trecho do discurso proferido pelo poeta Álvares de Azevedo na sessão de instalação da Sociedade Acadêmica Ensaio Filosófico, na Faculdade de Direito de São Paulo, a 9 de maio de 1850:

"E quando os governos se descuidam; quando a instrução pública é mais irrisão e escárnio, que a realização do preceito da lei; quando não há peias que se evitem à popularização do saber, quando se escasseia a instrução primária para as classes baixas, nega-se proteção e melhoramento para os colégios públicos, e não se quer dar caça aos obstáculos pecuniários que vedam a porta das academias às classes pobres – iludindo assim o princípio constitucional, as garantias de instrução feita ao povo; quando enfim, depois de 20 anos de existência livre, os governos não quiseram ainda realizar a promessa do lábaro das nossas liberdades, que nos garante universidades – tímidos talvez, como os olhos quebrados do doentio, que se dissipe a nuvem de ignorância, que é a parceira do despotismo; agora, senhores, vem muito a pelo esse compromisso pela realização de uma ideia de amor filosófico e avançada luminosa, como aquela espada valente do espírito, de que falava João Huss, o reformador. Os palpites de brasileirismo no coração dos nossos governos pode ser que se acordem a voz da mocidade, ao reclamo de toda uma geração nova, que se vá dos pés do altar das letras a perguntar-lhes ao leito do adormecimento: 'o que é de tanta jura de patriotismo leal, de liberalismo profundo? e o que fez tanta gente de todas as crenças políticas, em tamanho tempo de governança?'"

Esse pronunciamento do poeta, que já no ano anterior discursara sobre a função das universidades em terras americanas por ocasião do festejo do aniversário da instalação dos cursos jurídicos no país, valeu-lhe uma admoestação de seu pai que, de espírito conservador, via temerosamente no filho o nascimento de um pendor republicano, quase "farroupilha", ou seja, para a época, radical. O poeta respondeu-lhe, em carta, que descrevia fatos, não opiniões. E fatos, podemos dizer hoje, que destacavam mazelas seculares de nossa educação.

A geração seguinte foi marcada pelo esforço modernizador de inspiração positivista, para quem a escola aparecia como uma remissora de nosso atraso, trazendo para a contemporaneidade uma população que, sem ela, permaneceria presa no passado da história. Quase todos os escritores que viveram a passagem do império para a república e do regime escravocrata para a adoção universal do trabalho assalariado tiveram um travo militante ao encarar a escola, seja para livrá-la do que consideravam anacronismos, seja para transformá-la em alavanca do progresso social.

Com o avançar do século XX as imagens da escola se dispersam numa miríade de opções, mas quase sempre guardadas dentro de uma moldura de referência, em que o espaço do ensino e da aprendizagem aparece vinculado à descoberta da amplitude e da complexidade que são partes da história humana. É na escola em geral que o escritor ou seu personagem descobrem a História com H maiúsculo, deixando os ingênuos, embora líricos, campos infantis e aprestando-se para os assombros de todos os infinitos e para a descoberta de todos os limites. Neste quadro se desenha, com frequência, o esforço do escritor por amenizar as violências de que é testemunha, que vão do autoritarismo político à perfídia pessoal. O escritor perfaz e renova seu compromisso com o impulso libertador da educação, embora possa questionar os valores da civilização e evocar aspectos repressivos do mesmo. Evocar os tempos escolares, que vão da infância à mocidade, ou mesmo até os tempos maduros ou encanecidos se o personagem for um professor, aparece, portanto, para muitos, como a lembrança de que seu compromisso de escritor com a sociedade nasceu cedo, por vezes com o ensino ou o aprendizado da primeira letra. Deve-se registrar que se acolheram textos que se referem ao processo de ensino/aprendizagem também fora da escola: nas ruas, nos bares, nas academias de ginástica, até na guerra.

Hoje podemos ter uma visão crítica em relação aos processos e escolas aqui visualizados, revendo valores e propondo novas formas de integração social e cultural que é marca de empenho em nossas letras. Ganhou espaço e força em nosso universo cultural o respeito às diferenças. Integrar não significa mais assimilar, muito menos aculturar ou homogeneizar. O esforço catequético dos jesuítas pode nos parecer ter tanto de desagregador quanto de construtivo; a fé dos românticos em seu nacionalismo pode nos parecer ingênua e a dos positivistas nos poderes do ensino, exagerada; muito do que nossos escritores mais recentes evidenciam em suas obras nos evocam cenas de atraso e tacanhice. Esse pensamento crítico, que cada geração deve renovar, não nos deve, no entanto, impedir de ver e de compartilhar esse acendrado carinho pelos bancos escolares, bancos cuja frequência adequada muito de nossa população ainda carece, que se evidencia nos textos de nossa literatura.

É certo que outras escolhas seriam possíveis. Haverá lacunas e falhas por este ou aquele lado, nesta ou naquela época. É o risco das antologias e ao mesmo tempo sua aposta: que o que aqui se lê seja convite para novas buscas.
Não foi possível, entretanto, incluir algumas de nossas escolhas na impressão deste livro. Houve percalços de diferentes tipos, a saber: a falta de concordância por parte de herdeiros dos autores, casas editoriais, agentes literários ou escritórios de advocacia que os representam – e mesmo a dificuldade em contatar o autor, caso único de Dalton Trevisan, cujo "A asa da ema" (*Novelas nada exemplares*, Rio de Janeiro, Record, 1994) terminou excluído desta primeira edição.
A relação dos demais autores e textos segue discriminada abaixo. Fica essa lista como sugestão para que leitoras e leitores complementem a leitura da obra, buscando os textos em outras edições e, assim, superando esses impedimentos de ocasião. Boa leitura e bom mergulho no mundo de ensino e aprendizagem evocado nesta verdadeira viagem literária no tempo e no espaço.

CAIO FERNANDO ABREU, "Metais alcalinos" (*Inventário do Ir-remediável*, Porto Alegre, Sulina, 1995)

CECÍLIA MEIRELES, "Escola de bem-te-vis" (*O que se diz, o que se entende*, Rio de Janeiro, Nova Fronteira, 1980)

GUIMARÃES ROSA, "Pirlimpsiquice" (*Primeiras estórias*, Rio de Janeiro, Nova Fronteira, 2005)

JOSÉ LINS DO REGO, cap. XXX de *Meus verdes anos* (Rio de Janeiro, José Olympio, 1993)

LYGIA FAGUNDES TELLES, "Migra" (*O cacto vermelho*, Rio de Janeiro, Mérito, 1949)

MANUEL BANDEIRA, "O professor de grego" (*Flauta de papel*, Rio de Janeiro, Alvorada Edições de Arte, 1957)

NAUM ALVES DE SOUSA, "Aula de religião" (*A aurora da minha vida*, São Paulo, MG Editores Associados, 1982)

NELSON RODRIGUES, cap. 40 de *A menina sem estrela* (São Paulo, Companhia das Letras, 1993)

APRESENTAÇÃO

Og Doria

O Instituto Nacional de Estudos e Pesquisa Educacionais (Inep), ao completar sessenta anos, em 1997, passou por um profundo processo de realinhamento institucional visando consolidar os resultados da política de avaliação e desenvolvimento do sistema de indicadores educacionais, implementados pelo instituto desde 1995. A partir de então, constituiu-se no principal produtor e gestor de dados quantitativos e qualitativos para monitorar e subsidiar as políticas do Ministério da Educação.

Transformado em autarquia federal em 14 de março de 1997, tendo como atribuições principais coordenar o desenvolvimento e a implementação de avaliações nacionais em praticamente todos os níveis de educação, o Inep passou a contribuir de forma decisiva para a execução e gestão das políticas públicas de educação.

A ideia da antologia *A escola e a letra*, reunindo textos da literatura brasileira de diferentes épocas, fazia parte de um plano de trabalho mais amplo, comemorativo dos sessenta anos. Queríamos construir a transição para um novo patamar institucional não apenas por meio de estudos, pesquisas, discussões, seminários ou contribuições valiosas de educadores e estudiosos de todo o país. Era nosso desejo também, por intermédio da criação literária de diferentes autores(as) brasileiros, contribuir para uma visão mais rica e profunda em torno de temas como a educação pública, o ambiente escolar e o papel e a importância do professor em nossa formação geral.

Passados mais de dez anos, o leitor tem agora a oportunidade de saborear esta preciosa coletânea, resultado do trabalho primoroso e da colaboração inestimável de Flávio Aguiar, que foi o principal responsável pela paciente, cuidadosa e competente pré-seleção do conjunto de textos literários ora apresentados, e de Ricardo Othake, responsável pela concepção e realização do projeto gráfico no seu conjunto. Por fim, não poderíamos deixar de registrar os nossos especiais agradecimentos a todos os que tornaram possível esta publicação, especialmente a Maria Helena Guimarães Castro, então secretária federal de Avaliação e Inovações Educacionais do Ministério da Educação, aos profissionais do Inep, a Ivana Jinkings, da Boitempo Editorial, por ter dado concretude ao trabalho de tantos anos e expectativas, e a Ana Maria Wilheim, pelo estímulo e compreensão incansáveis.

São Paulo, fevereiro de 2009

Murilo Mendes Josué
Jorge de Lima Adolfo C
Machado de Assis
Ivan Angelo Roniwal
Mario de Andrade Artu
Luis Fernando Verissimo
Antônio Vieira Rubem Fo
Gregório de Matos Lu
Olavo Bilac Lima Barret
Francisco de Melo Franco Jo
Alcântara Mac
Raul Pompeia Clarice
Flávio Aguiar Oswald d
Aluísio Azevedo Au
Murilo Rubião
Carlos Drummond de Andra
Erico Verissimo João

imarães Cyro dos Anjos
inha José J. Veiga
José de Anchieta
leir Kucinski Jorge Amado
Jatobá Vinicius de Moraes
zevedo Menotti Del Picchia
quim Manuel de Macedo
ca Affonso Romano de Sant'Anna
Vilela Monteiro Lobato
yro Martins co Nélida Piñon
uim Nabuco
lo Boris Schnaiderman
pector João Ubaldo Ribeiro
ndrade Graciliano Ramos
an Dourado Osman Lins
anoel Lobato Moacyr Scliar
Antônio Rubem Braga

Murilo Mendes

Testamento

Saí do seio de Jaci,
Nas asas me pendurei
Do grande, temível Tupã;
Caí direito no mar,
Entrei na igara veloz,
Depois alcancei a terra,
Atravessei o sertão
Comendo bichos do mato;
Caaporas me ajudavam;
Curupiras vão na frente
Pra me mostrar o caminho;
Entrei na taba dos homens,

Na minha cabeça pus
Um gracioso canitar,
Minha cintura cobri
Com enduape de mil cores,
Furei beiço, pus botoque,
O maracá agitei
Que nem um homem qualquer;
Na poracê tomei parte,
Dançaram em roda de mim
Soltando uivos e gritos.

Depois ao homem ensinei
A cuidar da terra dele,
Conforme boa receita
Que me deram lá na lua;
Plantei a boa mandioca
Que se transforma em farinha.
As fazendas prosperavam.
Quem fez tudo aquilo, eh!
Não foi ninguém, foi Sumé.
Pensam que me nomearam
Cacique supremo d'eles?
Qual nada, me desprezaram,
Ficaram com muita inveja,
Me pegaram distraído,
Me expuseram na maloca,

do Sumé

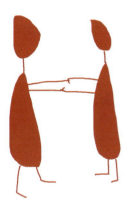

Fatal muçurana prenderam
Na cintura e no pescoço
De quem sempre os ajudou.
Por um triz eu não morri;
Mas Tupã naquele instante
Mandou um golpe de vento,
Leva a maloca no ares,
Eles então se ajoelham.
Desamarram a muçurana
Me dão cauim a beber.

Mas eu perdi a confiança,
Sumi pra sempre no mar;
Pra eles não se esquecerem
Do avô a quem maltrataram
Deixei na laje da costa
As impressões de meus pés.

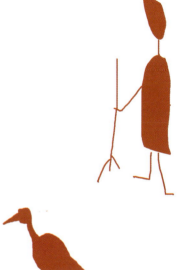

O país é mesmo agrícola,
Não tenham dúvida não:
Antes de fazerem a máquina
Para a mandioca moer,
Tratem de plantar mandioca,
Senão acaba a fazenda.
Adeus, vão plantar batatas.

Este poema do poeta modernista mineiro Murilo Mendes, publicado em 1932, num conjunto chamado História do Brasil, retoma o personagem Sumé, dos mitos tupis comuns na época do Descobrimento. Sumé, filho da Lua, foi quem ensinou aos nativos suas formas de viver e de conviver com a natureza. Desprezado, retirou-se para uma ilha distante. Nos primeiros tempos da colonização os jesuítas achavam que o nome Sumé seria uma corruptela de Tomé, o que comprovaria a passagem do apóstolo pela Nova Terra antes de chegar à Ásia. Nesse périplo, Sumé-Tomé teria deixado a marca de seus pés nas pedras costeiras do Brasil.

Jorge de Lima

Escola de Piratininga

Quando padre Nóbrega mais seus camaradas trabalhavam ajudando Tomé de Sousa na fundação da cidade de Salvador, lhe disseram que na capitania de S. Vicente, a 240 léguas de distância, "havia uma falta de doutrina, porque os portugueses viviam quase como gentios, cativando por escravos os índios, fazendo nesta matéria grandes insolências e infidelidades"[1].

Então mandou naquele mesmo ano em que chegara à Bahia, o irmão Diogo Jácome mais o padre Leonardo Nunes (chamado Padre Voador porque era ligeirinho em andar), a fim de pôr cobro àquela gente, doutrinando e libertando os índios. Os dois padres levaram àquelas terras tão longes, além da piedade e do exemplo um caixote de bugigangas para a bugraria. Práticos. Inteligentes. Foi uma festa na chegada dos religiosos. Até morubixabas, os principais das tribos, iam derrubar pau, lavrar e enfincar madeira, carregar pedra e areia para as edificações. Tudo isto ajudado de cantos e de foguetório. Depois Nóbrega conseguia em poucos meses a segunda casa da Companhia no Brasil. Instalado o Colégio, começaram a distribuição de ensinamentos devotos a toda gente, além do ensino da língua portuguesa e ler e escrever ao gentio, até o ano da graça de 1554, quando se mudaram para os campos de Piratininga. Deu-se que vieram um ano antes, com o novo governador-geral d. Duarte da Costa, sucessor de Tomé de Sousa, outros sete jesuítas; destes o mais ilustre, o padre Luís da Grã, ex-reitor do Colégio de Coimbra, trazia ao padre Nóbrega a nomeação de Provincial. O irmão escolástico José de Anchieta também vinha neste grupo. Elevado que foi Nóbrega a provincial, cuidou de fundar logo novo colégio em Piratininga, destinando treze missionários da Companhia sob a chefia do padre Manuel de Paiva (1554). Seguiu com esta gente, nomeado mestre-escola, o irmão José de Anchieta. Já era uma melhoria para quem fora simples cozinheiro a bordo. A 25 de janeiro do mesmo ano celebrou-se a primeira missa da fundação. Era dia da conversão de São Paulo – santo único de quem a Igreja escolhe para festejar um simples episódio da sua vida. Deram ao Colégio o nome feliz do santo, mais tarde a feliz cidade de São Paulo.

Escrevendo a Inácio de Loyola, José de Anchieta seis meses depois conta que "às vezes mais de vinte dos nossos se abrigavam numa barraquinha de caniço e barro, coberta de palha, catorze pés de comprimento, dez de largura. É isto a escola, é a enfermaria, o dormitório, refeitório, cozinha, despensa.

---

[1] Padre Antônio Franco. *Vida do Pe. Manuel da Nóbrega* (Rio de Janeiro, Academia Brasileira de Letras, 1937), p. 555.

Não invejamos, porém, as mais espaçosas mansões que nossos irmãos habitam em outras partes, que Nosso Senhor Jesus Cristo ainda em mais apertado lugar se viu, quando foi de seu agrado nascer entre brutos numa manjedoura: e muito mais apertado então quando se dignou morrer por nós na cruz".

Mas aquilo foi crescendo e no dia de Todos os Santos, em 1556, com procissão, repiques, inúbias e maracás, estava inaugurada a nova igreja.

A economia daquela organização religiosa é que era por si só um apertume.

"Eram pobríssimos, inventavam para viver ofícios mecânicos, e nas horas de descanso faziam rosários de pau, faziam alpercatas de corda por não haver sapatos, que repartiam com os homens do povo e de eles usavam nos caminhos ásperos; uns eram carpinteiros, outros torneiros, outros funileiros, em cujos ofícios ganhavam para sustento da vida"[2]. Viveram mesmo no começo explorando o "trabalho do irmão ferreiro Mateus Nogueira (escrevia Nóbrega), que por consertar as ferramentas dos índios lhe dão de seus mantimentos". Recorria à esmola quem para aguentar o estômago na casa de Piratininga contava com os consertos da pobre ferramenta do bugre ainda neolítico "que cortava sua madeira e paus (Caminha viu e contou) com pedras feitas com cunhas metidas em um pau, entre duas talas muito bem atadas".

E conservando o bom humor natural do gentio, fazendo da catequese um brinquedo, combatiam a embriaguez quebrando talhas de vinho selvagem. As sextas uma procissão com música e cantoria arregimentava pacificamente o selvagem acostumado a juntar-se sob o chamamento do ódio guerreiro. Estava nesta pacificação e abrandamento de costumes o maior obstáculo à difusão de um regime de humildade que fazia da morte uma reconciliação com Deus e com os inimigos; a palavra de Cristo afrouxando o briguento evitava-lhe a morte violenta, que era para o índio a única terminação digna das vidas premiáveis.

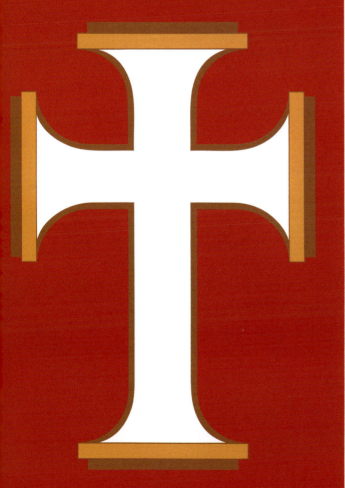

[2] Melo Morais Filho. *Crônica Geral do Brasil* (Rio de Janeiro, Garnier, 1886), p. 39.

Em 1933 o poeta alagoano Jorge de Lima publica uma biografia extremamente elogiosa do padre José de Anchieta, em que, a certa altura, narra a fundação e os primeiros tempos dos colégios dos jesuítas na província e na cidade de São Paulo. Para o poeta modernista, aqueles são os tempos heroicos da fundação de um país.

AUTO DA PREGAÇÃO UNIVERSAL

Padre José de Anchieta, SJ

Fala o Anjo com Guaixará:

Anj.: Quem és tu?
Gua.: Guaixará, o cauçu,
205   sou o grande boicininga,
     o jaguar da caatinga,
     eu sou o andirá-guaçu,
     canibal, demo que vinga.

Anj.: E ele, é?
Aim.: Eu, grão tamoio Aimbirê,
210   sou jiboia, sou socó,
     sucuri taguató,
     demônio-luz, mas sem fé,
     tamanduá atirabebó!

Anj.: Aqui, na minha mansão,
     que buscais por essa via?
Gua.: Amamos a escravaria!
     Queremos-lhe a sujeição,
     é toda a nossa porfia.

220   Ama-se sinceramente
     o que é próprio de verdade...
Anj.: Quem nalgum tempo ou idade
     vos entregou essa gente
     como vossa propriedade?

225   Deus Senhor,
     com santidade e amor,
     alma e corpo lhes formou.
Gua.: Deus? talvez... mas deformou
     seu viver de mau teor
230   sua alma que não se ornou

---

204 Cauçu: que bebe muito cauim.

205 Boicininga: cobra de guizos, cascavel.

207 Andirá-guaçu: morcego grande.

208 Jaguar da caatinga: onça do mato.

211 Socó: espécie de garça noturna.

212 Taguató: espécie de gavião grande.

214 Tamanduá grenhudo.

Uns sandeus!
repelem o amor de Deus
e se orgulham pela taba.

Aim.: Regorgita a igaçaba:
235   as velhas tentam os seus
com cauim que não acaba.

A grande cabaça tolhe
a liberdade da mente;
quem foge do mal que sente,
240   nosso carinho o recolhe,
desprezando o Onipotente.

Anj.: Será sua força pouca
para rezar cada dia,
ou perde-os soberba louca?

Aim.: Isso! só está na boca
245   seu amor que em Deus confia.

É sim: pois intimamente
só lhe sabem resmungar
e a seu Deus desafiar:
250   "Terá Deus vista potente
para sempre me espiar?"

Vamos, retira-te já!
Daqui irei visitar
e as ocas lhes revirar.
255   Tenho pressa: todos lá
estão já a me esperar.

Anj.: Todos, quem?
Aim.: Velhos e velhas também,
homens, moças e rapazes,
260   todos enfim os capazes,
aos quais meu poder retém,
com os quais eu faço pazes.

Contarei a corrupção:
acreditarás em mim.
Anj.: Inútil! mas ouço enfim...
Aim.: Igaçabas sempre estão
a transbordar de cauim.

De tão ébrios, reparei
que acabam se engalfinhando...

Anj.: Mas logo os vem censurando
o morubixaba rei,
que lhes fala incriminando.

Aim.: Repreensão a tapejaras?...
Mesmo o rei da confraria
275   chama toda a escravaria:
"Morubixás, moçacaras,
venham a mim!" proferia.

Por isso os rapazes todos,
do próprio rei ao convite,
280   dão folgas ao apetite
e agridem moças sem modos
Eis que aí tudo se admite.

Anj.: Por isso já usa o bando
buscar os Aracajás,
285   que se vão aprisionando.
Aim.: Estes gostam do desmando,
é vida que lhes apraz.

Anj.: Uns aos outros certamente
provocam algumas vezes.
Aim.: Não sei, mas frequentemente
eu induzo meus fregueses
a tudo que é indecente.

Gua.: Espera! eu te vou socorrer...
Essas velhas se injuriam
295   e se odeiam com prazer.
Não cessam de maldizer;
mas, se consentem, não piam!

Pecam as desvergonhadas,
e tecendo mil intrigas,
300   com drogas do mato e figas,
cuidando de ser amadas,
fazem-se belas e amigas.

271 Morubixaba rei: chefe rei, título de Confraria.
273 Tapejaras: habitantes da taba: índios.
284 Aracajás: índios chamados do Gato
(Maracajás, da Ilha do Governador).

Aim.: E esses malvados rapazes
que perseguem as mulheres,
305 às escravas não dão pazes,
vão pelos matos audazes,
de ciladas aos prazeres.

Gua.: Oh! não teria fim isso
até ao sol no poente.
310 Pecadora é toda a gente.
Se não lhes faltasse o siso,
nos maldiriam de frente.

Olha lá os pescadores
que sempre ansiando estão
315 por seus impuros amores:
levam os peixes melhores
às ocultas do patrão.

Roubam ao outro a canoa
e a escondem maldosamente.
Anj.: Afrontam o Onipotente
vivendo uma vida à toa.

Aim.: Oh! é assim? que alegria!
arrasto comigo a todos
ao inferno de mil modos,
325 para a nossa companhia.

Gosto dos índios daqui,
dos que em Pernambuco estão.
Os de Aritiguá bons são,
bem como os de Inhambuti
330 e os que moram na região.

Frequento mais Itaucaia,
onde tenho bom descanso.
Itaoca é meu remanso.

Isso tudo é minha raia,
335 meu domínio todo manso.
Os Jacurutus, ali,

o que lhes mando executam,
bem como os de Maguari.
Os de além do Taquari
340 e os de Tapera me escutam.
Anj.: Mas existe a confissão,
remédio de toda a cura.
Os índios que enfermos são
com ela se curarão,
345 e a comunhão os segura.

Quando o pecado lhes pesa,
vão-se os índios confessar.
Dizem: "quero melhorar..."
O Padre sobre eles reza
350 para ao seu Deus aplacar.

Gua.: Suas faltas não avultam
ao confessar malefícios,
mas usando de artifícios,
escravas moças ocultam
355 a grandeza de seus vícios.

Aim.: Afastado,
"quando à morte for chegado,
diz o índio, expulsarei
todo o crime que ocultei".
Gua.: Ouve, oh! sim; pois com cuidado
seus maus atos desfiei.

Anj.: Com todo vosso ódio, sei
que procurais condená-los.
Deles não me afastarei,
365 mas a Deus suplicarei
para sempre auxiliá-los.

Em o seu Deus confiaram,
criando esta Confraria.
Da má vida se afastaram

370 e a Jesus Cristo imitaram,
respeitando-o dia a dia.

328 Aratiguá: lugar de Ilhéus na Bahia.
329 Inhambuti: Rio do Ódio na Bahia (?).
331/333 Itaucaia e Itaoca, no Estado do Rio.

336 Jucurutu: rio Pardo na Bahia.
339 Taquari: ao sul do rio Pardo.
340 Tapera: antiga taba: nome de muitos lugares.

Gua.: É inútil seu alento:
eu tos arrebatarei,
apesar do teu sustento.
375 Eu voo como este vento,
com eles eu voarei!

Aimbirê,
voemos com nossa fé
a alegrar meus aldeões!
Eu ranjo... eis os meus chifrões,
esta dentuça minha é,
minhas garras e dedões!

(coloca a aparelhagem)

Anj.: Não espereis continuar
o vosso assassínio eterno,
385 contra a aldeia vos lançar
para toda a perturbar...
Ide-vos! caí no inferno!

(desaparecem os diabos)

Que vossa dupla maldita
no fogo para sempre arda!
390 Temos todos esta dita:
pela bondade infinita,
estarei sempre de guarda!

(faz uma prática aos ouvintes)

Alegrai-vos,
filhos meus, e levantai-vos!
395 Para proteger-vos, eu
aqui estou; vim do céu!
Ao pé de mim ajuntai-vos:
dou-vos todo auxílio meu!

Esta taba iluminando
400 ao vosso lado eu estou,
jamais daqui me afastando.
Pois de guardar este bando
o Senhor me encarregou.

Eu também
405 venho este dia do além,
os três Reis reconduzir
e a estrela fazer luzir
junto a Jesus, nosso bem,
que, menino, a nós quis vir.

410 Aqui estou eu guardando
vossa alma que me é querida
e nesta festa a guiando,
com a graça a embelezando,
afasto-a da velha vida.

415 Vistes daqui expulsar
os demônios que afundei.
Não mais me quero afastar,
mas sempre convosco estar,
pois sempre vos guardarei.

420 Já, enfim,
evitai o que é ruim:
desterrai a velha vida,
feio adultério, bebida,
mentira, briga, motim,
425 vil assassínio, ferida.

Confiai no Criador,
aceitando sua lei,
com sujeição, com amor.
Do Padre, vosso instrutor,
430 à doutrina obedecei.

Vinde, amados,
para Deus, bem a seus lados!
Trazendo-o no coração,
ireis gozar na amplidão,
435 junto aos bem-aventurados,
em sua própria mansão!

405 Para a festa dos Reis (6 de janeiro)
colocavam-se as imagens dos Reis
no presépio com a estrela.

Segundo os estudiosos, este foi o primeiro auto escrito pelo padre José de Anchieta, provavelmente em 1561 ou 1562, para a catequese no Brasil. Os autos eram concebidos como instrumentos de ensino da doutrina católica apostólica romana. O trecho acima apresenta um diálogo entre o Anjo, personagem do Bem, e os caciques Guaixará e Aimbirê que, resistentes à catequese e aliados dos franceses, são demonizados pelo jesuíta. A tonalidade é didática, e ao fim desta passagem o Anjo elogia o ensino dos jesuítas. O auto chamava-se "da Pregação Universal" porque era dirigido a todos, inclusive ao gentio. O original é em tupi. A tradução e as notas são do padre Armando Cardoso, SJ.

PADRE ANTÔNIO VIEIRA

Sermão do Espírito Santo

III

Aplicando agora esta doutrina universal* ao particular da terra em que vivemos, digo, que se em outras terras é necessário, aos apóstolos ou aos sucessores do seu ministério, muito cabedal de amor de Deus para ensinar, nesta terra e nestas terras, é ainda necessário muito mais amor de Deus, que em nenhuma outra. E por quê? Por dois princípios: o primeiro, pela qualidade das gentes; o segundo, pela dificuldade das línguas.

Primeiramente, pela qualidade da gente; porque a gente destas terras é a mais bruta, a mais ingrata, a mais inconstante, a mais avessa, a mais trabalhosa de ensinar de quantas há no mundo. Bastava por prova a da experiência; mas temos também (quem tal cuidara!) a do Evangelho. A forma com que Cristo mandou pelo Mundo a seus discípulos, diz o evangelista São Marcos, que foi

* A do amor necessário à catequese. (N. do org.)

esta: *Exprobravit incredulitatem eorum et duritiam cordis, quia iis qui viderant eum resurrexisse, non crediderunt; et dixit illis: euntes in mundum universum, praedicate evangelium omni creaturae* (Mc 16,14-15). Repreendeu Cristo aos discípulos da incredulidade e dureza de coração, com que não tinham dado crédito aos que o viram ressuscitado; e sobre esta repreensão os mandou que fossem pregar por todo o mundo. A São Pedro coube-lhe Roma e Itália; a São João, a Ásia Menor; a São Tiago, Espanha; a São Mateus, Etiópia; a São Simão, Mesopotâmia; a São Judas Tadeu, o Egito; aos outros, outras províncias; e finalmente, a Santo Tomé, esta parte da América, em que estamos, a que vulgar e indignamente chamaram Brasil. Agora pergunto eu: e por que nesta repartição coube o Brasil a Santo Tomé, e não a outro apóstolo? Ouvi a razão. Notam alguns autores modernos, que notificou Cristo aos apóstolos a pregação da fé pelo Mundo, depois de os repreender da culpa da

incredulidade, para que os trabalhos que haviam de padecer na pregação da fé, fossem também em satisfação e como em penitência da mesma incredulidade e dureza de coração que tiveram em não quererem crer: *Exprobravit incredulitatem eorum et duritiam cordis, et dixit illis: euntes in mundum universum:* e como Santo Tomé entre todos os apóstolos foi o mais culpado da incredulidade, por isso a Santo Tomé lhe coube, na repartição do Mundo, a missão do Brasil; porque onde fora maior a culpa, era justo que fosse mais pesada a penitência. Como se dissera o Senhor: – Os outros apóstolos, que foram menos culpados na incredulidade, vão pregar aos gregos, vão pregar aos romanos, vão pregar aos etíopes, aos árabes, aos armênios, aos sármatas, aos citas; mas Tomé, que teve a maior culpa, vá pregar aos gentios do Brasil, e pague a dureza de sua incredulidade com ensinar a gente mais bárbara e mais dura. Bem o mostrou o efeito. Quando os portugueses descobriram o Brasil, acharam as pegadas de

Santo Tomé estampadas em uma pedra que hoje se vê nas praias da Bahia; mas rasto, nem memória da fé que pregou Santo Tomé, nenhum acharam nos homens. Não se podia melhor provar e encarecer a barbaria da gente. Nas pedras acharam-se rastos do pregador, na gente não se achou rasto da pregação; as pedras conservaram memórias do apóstolo, os corações não conservaram memória da doutrina.

A causa por que as não conservaram, diremos logo, mas é necessário satisfazer primeiro a uma grande dúvida, que contra o que imos dizendo se oferece. Não há gentios no Mundo que menos repugnem à doutrina da fé e mais facilmente a aceitem e recebam que os brasis: como dizemos logo, que foi pena da incredulidade de Santo Tomé o vir pregar a esta gente? Assim foi (e quando menos assim pode ser). E não porque os brasis não creiam com muita facilidade, mas porque essa mesma facilidade com que creem, faz que o seu crer em certo modo seja como o não crer. Outros gentios são incrédulos até crer; os brasis ainda depois de crer são incrédulos; em outros gentios a incredulidade é incredulidade e a fé é fé; nos brasis a mesma fé ou é ou parece incredulidade. São os brasis como o pai daquele lunático do Evangelho, que padecia na fé os mesmos acidentes que o filho no juízo. Disse-lhe Cristo: – *Omnia possibilia sunt credenti* (Mc 9,23):

que tudo é possível a quem crê, e ele respondeu: – *Credo, Domine, adjuva incredulitatem meam:* creio, Senhor, ajudai minha incredulidade. Reparam muito os santos nos termos desta proposição, e verdadeiramente é muito para reparar. Quem diz creio, crê e tem fé; quem diz ajudai minha incredulidade não crê e não tem fé. Pois como era isto? Cria este homem e não cria; tinha fé e não tinha fé juntamente?! – Sim – diz o venerável Beda: *Uno, eodemque tempore is qui nondum perfecte crediderat, simul et credebat et incredulus erat.* No mesmo tempo cria e não cria este homem; porque era tão imperfeita a fé com que cria, que por uma parte parecia e era fé e por outra parecia e era incredulidade: Uno eodemque tempore, et credebat et incredulus erat. Tal é a fé dos brasis; é fé que parece incredulidade e é incredulidade que parece fé; é fé, porque creem sem dúvida e confessam sem repugnância tudo o que lhes ensinam; e parece incredulidade, porque com a mesma facilidade com que aprenderam desaprendem; e com a mesma facilidade com que creram, descreem.

Assim lhe aconteceu a Santo Tomé com eles. Por que vos parece que passou Santo Tomé tão brevemente pelo Brasil, sendo uma região tão dilatada e umas terras tão vastas? É que receberam os naturais a fé que o santo lhes pregou, com tanta

facilidade e tão sem resistência nem impedimento, que não foi necessário gastar mais tempo com eles. Mas tanto que o santo apóstolo pôs os pés no mar (que este dizem foi o caminho por onde passou à Índia) tanto que o santo apóstolo (digamo-lo assim) virou as costas, no mesmo ponto se esqueceram os brasis de tudo quanto lhe tinha ensinado e começaram a descrer-se ou a não fazer caso de quanto tinham crido, que é gênero de incredulidade mais irracional, que se nunca creram. Pelo contrário, na Índia pregou Santo Tomé àquelas gentilidades, como fizera às do Brasil; chegaram também lá os portugueses dali a mil e quinhentos anos; e que acharam? – Não só acharam a sepultura e as relíquias do santo apóstolo e os instrumentos de seu martírio, mas o seu nome vivo na memória dos naturais, e, o que é mais, a fé de Cristo que lhes pregara, chamando-se cristãos de Santo Tomé todos os que se estendem pela grande costa de Coromandel, onde o santo está sepultado.

E qual seria a razão por que nas gentilidades da Índia se conservou a fé de Santo Tomé e nas do Brasil não? Se as do Brasil ficaram desassistidas do santo apóstolo pela sua ausência, as da Índia também ficaram desassistidas dele pela sua morte. Pois se naquelas nações se conservou a fé por tantos centos de anos, nestas por que se não conservou? – Porque esta é a diferença que há de umas nações a outras. Nas da Índia muitas são capazes de conservar a fé sem assistência dos pregadores; mas nas do Brasil nenhuma há que tenha esta capacidade. Esta é uma das maiores dificuldades que tem aqui a conversão. Há-se de estar sempre ensinando o que já está aprendido, e há-se de estar sempre plantando o que já está nascido, sob pena de se perder o trabalho e mais o fruto. A estrela que apareceu no Oriente aos magos guiou-os até o presépio e não apareceu mais; por quê? – Porque muitos gentios do Oriente e doutras partes do Mundo são capazes de que os pregadores, depois de lhes mostrarem a Cristo, se apartem deles e os deixem. Assim o fez São Filipe ao eunuco da rainha Caudaces de Etiópia: explicou-lhe a Escritura de Isaías, deu-lhe notícia da fé e divindade de Cristo, batizou-o no rio de Gaza, por onde passavam; e tanto que esteve batizado, diz o texto, que arrebatou um anjo a São Filipe, e que o não viu mais o eunuco: *Cum autem ascendissent de aqua, spiritus Domini rapuit Philippum, et amplius non vidit eum eunuchus* (At 8,39). Desapareceu a estrela e permaneceu a fé nos magos; desapareceu São Filipe e permaneceu a fé no eunuco; mas esta capacidade que se acha nos gentios do Oriente e ainda nos de Etiópia, não se acha nos do Brasil. A estrela que os alumiar não há de desaparecer, sob pena de se apagar a luz da doutrina; o apóstolo que os batizar, não se há de ausentar, sob pena de se perder o fruto do batismo. É necessário nesta vinha, que esteja sempre a cana da doutrina arrimada ao pé da cepa e atada à vide, para que se logre o fruto e o trabalho.

Os que andastes pelo Mundo e entrastes em casas de prazer de príncipes, veríeis naqueles quadros e naquelas ruas dos jardins dois gêneros de estátuas muito diferentes, umas de mármore, outras de murta. A estátua de mármore custa muito a fazer, pela dureza e resistência da matéria; mas depois de feita uma vez, não é necessário que lhe ponham

mais a mão, sempre conserva e sustenta a mesma figura; a estátua de murta é mais fácil de formar, pela facilidade com que se dobram os ramos; mas é necessário andar sempre reformando e trabalhando nela para que se conserve. Se deixa o jardineiro de assistir, em quatro dias sai um ramo, que lhe atravessa os olhos; sai outro, que lhe descompõe as orelhas; saem dois, que de cinco dedos lhe fazem sete; e o que pouco antes era homem, já é uma confusão verde de murtas. Eis aqui a diferença que há entre umas nações e outras na doutrina da fé. Há umas nações naturalmente duras, tenazes e constantes, as quais dificultosamente recebem a fé e deixam os erros de seus antepassados: resistem com as armas, duvidam com o entendimento, repugnam com a vontade, cerram-se, teimam, argumentam, replicam, dão grande trabalho até se renderem; mas uma vez rendidos, uma vez que receberam a fé, ficam nela firmes e constantes como estátuas de mármore, não é necessário trabalhar mais com elas. Há outras nações pelo contrário (e estas são as do Brasil) que recebem tudo o que lhes ensinam com grande docilidade e facilidade, sem argumentar, sem replicar, sem duvidar, sem resistir; mas são estátuas de murta, que em levantando a mão e a tesoura o jardineiro, logo perdem a nova figura e tornam à bruteza antiga e natural e a ser mato como dantes eram. É necessário que assista sempre a estas estátuas o mestre delas, uma vez que lhe corte o que vecejam os olhos, para que creiam o que não veem; outra vez que lhe cerceie o que vecejam as orelhas, para que não deem ouvidos às fábulas de seus antepassados; outra vez que lhe decepe o que vecejam as mãos e os pés, para que se abstenham das ações e costumes bárbaros da gentilidade. E só desta maneira, trabalhando sempre contra a natureza do tronco e humor das raízes, se pode conservar nestas plantas rudes a forma não natural e compostura dos ramos.

Eis aqui a razão por que digo que é mais dificultosa de cultivar esta gentilidade, que nenhuma outra do Mundo; se os não assistis, perde-se o trabalho, como o perdeu Santo Tomé; e para se aproveitar e lograr o trabalho, há de ser com outro trabalho maior, que é assisti-los; há se de assistir e insistir sempre com eles, tornando a trabalhar o já trabalhado e a plantar o já plantado e a ensinar o já ensinado, não levantando jamais a mão da obra, porque sempre está por obrar, ainda depois de obrada. Hão-se de haver os pregadores evangélicos na formação desta parte do Mundo, como Deus se houve ou se há na criação e conservação de todo. Criou Deus todas as criaturas no princípio do Mundo em seis dias; e depois de as criar, que fez e que faz até hoje? Cristo o disse: *Pater meus usque modo operatur, et ego operor* (Jo 5,17). Desde o princípio do Mundo até hoje não levantou Deus mão da obra, nem por um só instante; e com a mesma ação com que criou o Mundo, o esteve sempre e está e estará conservando até o fim dele. E se Deus o não fizer assim, se desistir, se abrir mão da obra por um só momento, no mesmo momento perecerá o Mundo e se perderá tudo o que em tantos anos se tem obrado. Tal é no espiritual a condição desta nova parte do Mundo, e tal o empenho dos que têm à sua conta a conversão e reformação dela. Para criar basta que trabalhem poucos dias; mas para conservar, é necessário que assistam e continuem e trabalhem, não só muitos dias e muitos anos, mas sempre. E já pode ser que esse fosse o mistério com que Cristo disse aos apóstolos: *Praedicate omni creaturae* (Mc 16,15). Não disse: – Ide pregar aos que remi, senão: – Ide pregar aos que criei; porque o remir foi obra de um dia, o criar é obra de todos os dias.

Cristo remiu uma só vez e está sempre criando. Assim se há de fazer nestas nações; há-se-lhe de aplicar o preço da redenção, mas não pelo modo com que foram remidas, senão pelo modo com que foram criadas. Assim como Deus está sempre criando o criado, assim os mestres e pregadores hão de estar sempre ensinando o ensinado e convertendo o convertido e fazendo o feito; o feito, para que se não desfaça; o convertido, para que se não perverta; o ensinado, para que se não esqueça; e finalmente ajudando a incredulidade não incrédula, para que a fé seja fé não infiel: *Credo, Domine, adjuva incredulitatem meam* (Ibid. 9,23). E sendo tão forçosamente necessária a assistência com estas gentes, e no seu clima e no seu trato e na sua miséria e em tantos outros perigos e desamparos da vida, da saúde, do alívio e de tudo o que pede ou sente o natural humano, vede se é necessário muito cabedal de amor divino para esta empresa e se com razão entrega Cristo o magistério dela a um Deus, que por afeto e por efeitos todo é amor: *Ille vos docebit omnia*.

Neste sermão do século XVII, pregado em São Luís do Maranhão quando da partida de uma missão de religiosos para o rio Amazonas, o padre Antônio Vieira aborda as dificuldades do ensinamento: o nativo aprende e logo esquece. No trecho apresentado, Vieira retoma a ideia da viagem de Tomé pelas Américas, mostrando que a tenacidade e a insistência devem ser as qualidades maiores do trabalho jesuítico.

Gregório

Descreve a vi

Mancebo sem dinheiro, bom barrete,
Medíocre o vestido, bom sapato,
Meias velhas, calção de esfola-gato,
Cabelo penteado, bom topete.

Presumir de dançar, cantar falsete,
Jogo de fidalguia, bom barato,
Tirar falsídia ao Moço do seu trato,
Furtar a carne à ama, que promete.

O poeta baiano Gregório de Matos Guerra, nascido em 1623 e morto em 1696, estudou em Coimbra, Portugal. O Boca do Inferno, como era conhecido por suas sátiras contundentes e de linguagem desabusada, também se voltou para os costumes acadêmicos, aprendidos além-mar. Daí este seu soneto fero em

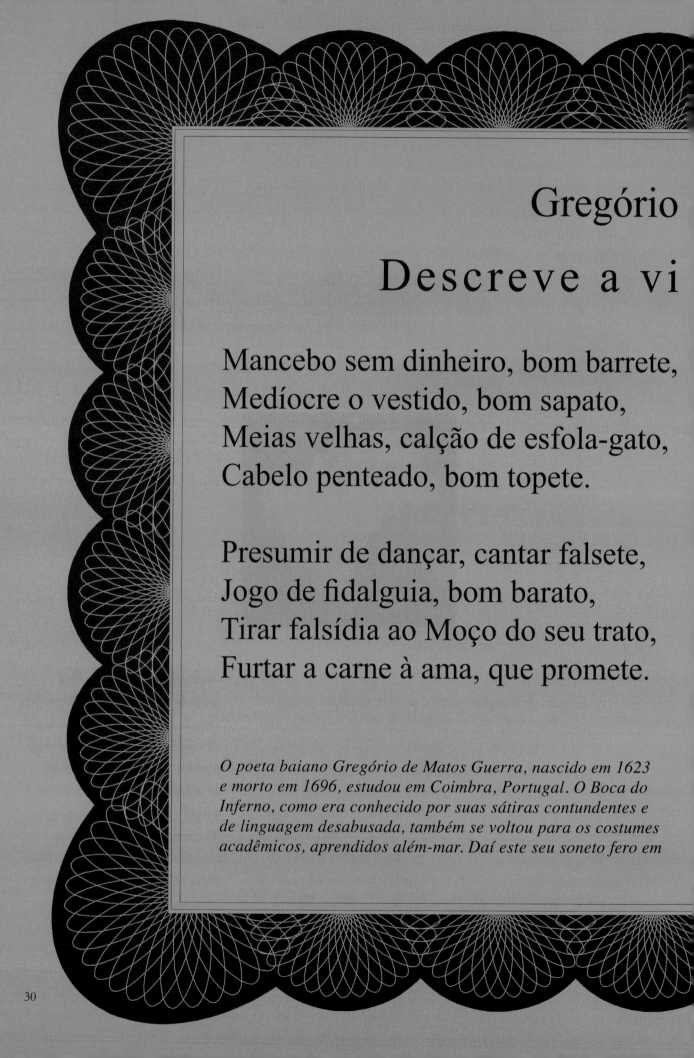

de Matos

da escolástica

A putinha aldeã achada em feira,
Eterno murmurar de alheias famas,
Soneto infame, sátira elegante.

Cartinhas de trocado para a Freira,
Comer boi, ser Quixote com as Damas,
Pouco estudo, isto é ser estudante.

que pinta a vida do estudante, entre o arranjar-se como pode para sobreviver, a empáfia e a petulância nas conquistas amorosas, e... o pouco estudo. No pano de fundo do poema avulta uma sociedade em que os valores tradicionais ainda subsistem, mas já estão em crise; tudo se troca, até o saber, ou sua aparência.

O reino da

Do canto IV

Entretanto com passo vagaroso
Duas compridas alas s'encaminham
Ao antigo Mosteiro, que desfrutam
Os Reverendos Crúzios satisfeitos
De hospedar esta noite a Protetora
Da sua santa Casa. À portaria
Com alegres festins é recebida.
De noite em toda a parte as luminárias
Fazem emulação à luz do dia.
Em função de barriga e de badalo
Fazem os Frades consistir a festa.
Mas o pio Reitor, que obediente
Ao milagroso sonho ser deseja,
De novo ordena que se aprontem todos,
Que na manhã seguinte bem montados
Iriam conduzir à Academia
A Régia Estupidez sua Senhora.
Assinala também os Oradores,
Que haviam celebrar tão grande feito.
O valido Mordomo, que algum dia
De mochila exerceu o nobre emprego.
Toma a seu cargo o aprestar as Bestas.
Ainda descansava a roxa Aurora
Nos braços d'Anfitrite, eis que os Lacaios
As portas dos Doutores despedaçam
A fortes golpes de calhaus tremendos.
Abrem a seu pesar os frouxos olhos
Estas almas ditosas, engolfadas

Em mil suaves e felices sonhos;
Mas não vendo luzir o Sol nas frestas
Querem o sono agasalhar de novo.
Debalde o querem, que os valentes Moços
Cada vez as pancadas mais duplicam.
Tal há, que a mil Diabos encomenda
Os Lacaios, e a quem lhos manda à porta,
Por ver o seu descanso interrompido,
O seu sono de doze boas horas.
Mas enfim, o motivo é forte e justo;
E para aparecer à Divindade
É preciso o cabelo bem composto,
A batina escovada, a volta limpa;
Cousas, em que despendem longo tempo.
Cada qual asseado, o mais que pode,
Vai buscar o Reitor, e em companhia
Duma rica Berlinda, a seis tirada,
No pátio de Sansão se ajuntam todos.
Reverentes a mão todos lhe beijam,
E a todos vai lançando a santa bênção.
Chega enfim ao Prior, ele prostrado,
"Ó Deusa! (assim lhe diz) ampara e zela
A estes Filhos, que te adoram tanto.
Por ti deste sossego é que gozamos.
Esta forte saúde, esta alegria
Desfrutamos per tua alta bondade.
Seria para nós ditosa sorte,
Se fizesses aqui tua morada:

Francisco de Melo Franco

estupidez

Mas já que somos nisso desgraçados,
Benigno influxo sobre nós derrama,
Que a nossa gratidão será constante."
Abraça-o ternamente a Divindade;
Diz-lhe "que se console, que ela sempre
Nos seus olhos trazia a tão bons Filhos."
Os soberbos capelos ali tomam;
Brancos, verdes, vermelhos, amarelos,
Azul-ferrete, ou claro; o mesmo as borlas:
Per humildade os Frades só barrete.
Em duas grandes alas repartidos
Os barrigudos e vermelhos Monges
Acompanham saudosos esta grata,
E deles sempre amada Padroeira.
A nobre comitiva dos Doutores
Entre os braços a toma, a qual primeiro,
E quase ao colo na Berlinda a mete.
Logo montados pelas ruas tomam,
Que de mais Povo são sempre assistidas.
Uns d'encarnado vão todos cobertos,
Altivos, soberbóes, consigo assentam
Que não há no Universo outras figuras
De mais contemplação, de mais respeito;
O vermelho durante às Bestas serve
De compridas gualdrapas; outros picam
O fogoso Cavalo, quando passam
Pela porta de tal, ou tal Senhora.
De preto muitos vão; porém os Frades

Vestem ao mesmo tempo várias cores,
Branco com preto, azul com encarnado.
Se tu, ó grão Fidalgo de la Mancha,
Famoso Dom Quixote! esta aventura
Nos teus andantes dias encontrasses,
À sem-par Dulcineia, quantos destes
A render vassalagem mandarias!
Tu que não perdoaste aos pobres Padres
Conduzindo a cavalo, por ser longe,
Entre archotes e velas, um defunto,
Que os fizeste voar de susto e medo
Pelos campos e montes, que fizeras
A esta encamisada de Doutores?
Por Gente feiticeira e endiabrada,
Por maus encantadores os terias:
Como tais o furor de Rocinante,
Do elmo de Mambrino as influências
E o pesado lanção exp'rimentaram.

Musa, renova no teu Vate o fogo
Com que acendeste, outrora, a sábia mente
Não digo de Despréaux, daquele ativo
E discreto Dinis na Hissopaida;
Renova, enquanto acabo, que a preguiça
Da mole Estupidez já me acomete;
Já começo a sentir os seus efeitos.
Mas oh! que um estro de repente agita
O meu entendimento. Eu vejo, eu vejo,

Da nossa Academia ao grande pátio
Chegar contente a numerosa tropa;
Em triunfo é levada a Deusa Augusta
A um soberbo e majestoso trono:
Gemem debaixo dele aferrolhados
A Ciência, a Razão, o Desabuso.
Põem-se em sossego os Assistentes todos;
Levanta-se o Bustoque, e de joelhos
À Deusa pede uma comprida vênia:
Em bárbaro latim começa ufano
A tecer friamente um elogio
À sua Protetora; e nele mostra
O quanto é indecente que nas Aulas
Em Português se fale, profanando
A sacra Teologia, e as mais ciências:
Que em forma silogística se devem
Os argumentos pôr: sem silogismo.
Não sabe como possa haver verdade.
Nisto mais d'hora gasta; e enfim conclui
Animando a que sejam sempre firmes
Na fé, que devem a tão alta Deusa.

Levanta-se depois o gran' Pedroso,
Que de Prima a cadeira em Leis ocupa,
Com a Beca estendida, a mão no peito
Prostra-se em terra, a sua vênia pede
À mole Estupidez, que muito folga
De ver um Filho seu com tal presença,
Tão cheio de si mesmo, tão inchado.
Principia a falar com voz d'estalo;
Com a esquerda aciona, e coa direita
(Que estende as mais das vezes sobre o peito)
Sua em mostrar a vã Genealogia
Da nobre Deusa, a quem louvar pretende.
A sua antiguidade patenteia:
Faz depois elogios nunca ouvidos
Ao Direito romano; e no remate
Concorda em tudo com o seu Colega.

Vem depois o Reitor, jura por todos
Submissa obediência e lealdade.
Da mole Estupidez põe na cabeça
Uma importante c'roa cravejada
De finíssimas pedras do Oriente,
As mãos lhe beija logo respeitoso,
E manda a todos que outro tanto façam.
Os Oradores vêm; of'rece um deles
A discreta oração *de sapientia*,
Que foi causa de ser tão cedo Lente.
O outro o mesmo faz da sua Análise
Do parto setimestre, cousa prima!
Um bando de Retóricos rançosos

Depois acode; um deles assim fala:
(Parece que Bezerra se apelida)
"Soberana Senhora, a vossas plantas
Tendes rendida per vontade, e gosto,
A porção principal do vosso Reino.
As portas das ciências nós guardamos:
Porque sendo as palavras distintivo
Que dos Brutos separa a espécie humana,
Eu creio que só nelas deve o homem
Da vida despender os curtos dias.
À Mocidade pois assim levamos
Nesta bela ciência industriada.
Quando a mesma palavra se repete
Ou duas ou três vezes, lhe dizemos
O nome, que isto tem: quantas apóstrofes
Pode o exórdio conter, sem ter notado
Nestas cousas e noutras semelhantes
De sorte os engolfamos, que surpreso
Fica o gosto, se o têm, às vãs ciências,
Que servem de cansar o esp'rito humano."

– "Ó bom Filho! insisti nesse sistema,
Que por ser verdadeiro mais me agrada."
(Abraçando-o lhe diz a Divindade.)

Vem atrás um Varão muito asseado,
Um livro traz na mão mui douradinho:
"Ó Deusa singular! a quem respeito,
Esquecido da minha Fidalguia,
Este Poema fiz, que Joaneida
Por nome tem; humilde vo-lo of'reço,
Dignai-vos aceitar a minha ofrenda."

– "Ó meu Morgado! quanto sou contente
Da tua oferta, vê-lo-ás com tempo;
Aqui ao pé de mim quero te assentes,
Para mostrar o quanto te venero."
Assenta-o junto a si a Divindade,
Dos Estudantes vem a turba imensa;
Um lhe oferece uma flor, outro um bichinho,
Um ninho de pardal, um gafanhoto,
Da História natural suados frutos!
Outro vem todo aflito mil queixumes
Formando contra um tal, que lhe usurpara
A glória de fazer já sete máquinas,
Que subiram ao ar com bom sucesso.

"Filhos amados (lhes replica a Deusa)
Esse vosso cuidado me consola;
Esse desvelo de ajuntar cousinhas
Tão lindas, tão bonitas, bem recreia
Uma alma como a vossa tão sensíbil.
Prossegui nesse estudo, eu vos prometo
A minha proteção em toda a vida."
Ao queixoso assim diz: "Sinto deveras
Que tenhas essa causa de tristeza;
Mas olha um bom remédio: outras de novo
Obra, que lá irei mesmo em pessoa
Assistir a fazer justiça inteira."
Os Doutores vêm logo per seu turno
Vassalagem render, e vão passando.
A mole Estupidez brinca entretanto
Com os lindos anéis do bom Morgado,

Que aflito não quisera ter tal honra,
Receando que ali se descobrisse
Que cabelo não é, mas que lhe cobre
A luzidia, calva cabeleira:
Porque em menos não preza o ser bonito,
Do que Fidalgo ser, e ser Poeta.
Seguem-se finalmente os Lentes todos,
Que são alegremente recebidos.
Mas chegando o Trigoso, fica a Deusa
Assombrada de ver tal catadura
Não menos carregada que a dum Touro,
Que sopra, e para trás a terra lança,
Quando para investir se ensaia irado.
Com imensa alegria rematada
A geral confissão de vassalagem:

"Em paz gozai (a Deusa assim profere)
Da minha proteção, do meu amparo,
Eu gostosa vos lanço a minha bênção;
Continuai, como sois, a ser bons Filhos,
Que a mesma, que hoje sou, hei de
ser sempre."

*Francisco de Melo Franco nasceu em Paracatu, Minas Gerais,
em 1757. Foi dos jovens brasileiros entusiasmados pelos ideais
da Ilustração, do século XVIII, que foi estudar em Coimbra,
então sacudida pelas reformas de ensino introduzidas pelo Marquês
de Pombal, as quais atacavam o monopólio do ensino pela
mentalidade religiosa. Fechado o período reformista, a retomada
dos velhos métodos causou nele "e em outros" grande desilusão,
o que lhe inspirou o poema satírico "O reino da estupidez",
em que invectiva os costumes de uma universidade vista como
conservadora e apática. Perseguido pelo Santo Ofício, foi preso,
mas acabou reabilitado pelo então príncipe d. João. Voltou ao
Brasil em 1817 e morreu em Ubatuba, São Paulo, em 1823.*

Fabrício em apuros

A MORENINHA

Joaquim Manuel de Macedo

A cena que se passou teve lugar numa segunda-feira.

Já lá se foram quatro dias: hoje é sexta-feira, amanhã será sábado, não um sábado como outro qualquer, mas um sábado véspera de Sant'Ana.

São dez horas da noite: os sinos tocaram a recolher. Augusto está só, sentado junto de sua mesa, tendo diante de seus olhos seis ou sete livros, papéis, pena e toda essa série de coisas que compõem a família do estudante.

É inútil descrever o quarto de um estudante: aí nada se encontra de novo. Ao muito acharão uma estante, onde ele guarda os seus livros, um cabide, onde pendura a casaca, o moringue, o castiçal, a cama, uma até duas canastras de roupa, o chapéu, a bengala e a bacia, a mesa, onde escreve e que só apresenta de recomendável a gaveta cheia de papéis, de cartas de família, de flores e fitinhas misteriosas: é pouco mais ou menos assim o quarto de Augusto.

Agora ele está só. Às sete horas, desse quarto saíram três amigos: Filipe, Leopoldo e Fabrício. Trataram da viagem para a ilha de... no dia seguinte e retiraram-se descontentes, porque Augusto não se quis convencer de que deveria dar um ponto na clínica para ir com eles ao amanhecer. Augusto tinha respondido: Ora vivam! Bem basta que eu faça gazeta na aula de partos: não vou senão às dez horas do dia.

E, pois, despediram-se amuados. Fabrício queria ainda demorar-se e mesmo ficar com Augusto, mas Leopoldo e Filipe o levaram consigo à força. Fabrício fez-se acompanhar do moleque que servia Augusto, porque, dizia ele, tinha um papel de importância a mandar.

Eram dez horas da noite, e nada de moleque. Augusto via-se atormentado pela fome, e Rafael, o seu querido moleque, não aparecia... o bom Rafael, que era ao mesmo tempo o seu cozinheiro, limpa-botas, cabeleireiro, moço de recados e... e tudo mais que as urgências mandavam que ele fosse.

Com justa razão, portanto, estava cuidadoso Augusto, que de momento a momento exclamava:

– Vejam isto!... já tocou a recolher e Rafael está ainda na rua! Se cai nas unhas de algum beleguim, não é decerto o sr. Fabrício quem há de pagar as despesas da Casa de Correção... Pobre do Rafael! Que cavaco não dará quando lhe raparem os cabelos!

Mas neste momento ouviu-se tropel na escada... Era Rafael, que trazia uma carta de Fabrício, e que foi aprontar o chá, enquanto Augusto lia a carta. Ei-la aqui:

"Augusto. Demorei o Rafael porque era longo o que tenho de escrever-te. Melhor seria que eu te falasse, porém bem viste a impertinência de Filipe e Leopoldo. Felizmente, acabam de deixar-me. Que macistas!... Principio por dizer-te que te vou pedir um favor, do qual dependerá o meu prazer e sossego na ilha de... Conto com a tua amizade, tanto mais que foram os teus princípios que me levaram aos apuros em que ora me vejo. Eis o caso.

Tu sabes, Augusto, que, concordando com algumas de tuas opiniões a respeito de amor, sempre entendi que uma namorada é traste tão essencial ao estudante, como o chapéu com que se cobre ou o livro com que estuda. Concordei mesmo algumas vezes em dar batalha a dois e três castelos a um tempo: porém tu não ignoras que a semelhante respeito estamos discordes no mais: tu és ultrarromântico e eu ultraclássico.

O meu sistema era este:

1º Não namorar moça de sobrado. Daqui tirava eu dois proveitos, a saber: não pagava o moleque para me levar recados e dava sossegadamente, e à mercê das trevas, meus beijos por entre os postigos das janelas.

2º Não requestar moça endinheirada. Assim eu não ia ao teatro para vê-la, nem aos bailes para com ela dançar, e poupava meus cobres.

3º Fingir e ficar mal com a namorada em tempos de festas e barracas no campo. E por tal modo livrava-me de pagar doces, frutas e outras impertinências.

Estas eram as bases fundamentais do meu sistema.

Ora, tu te lembrarás que bradavas contra o meu proceder como indigno da minha categoria de estudante; e, apesar de me ajudares a comer saborosas empadas, quitutes apimentados e finos doces, com que as belas pagavam por vezes a minha assiduidade amantética, tu exclamavas:

– Fabrício! Não convêm tais amores ao jovem de letras e de espírito. O estudante deve considerar o amor como um excitante que desperte e ateie as faculdades de sua alma: pode mesmo amar uma moça feia e estúpida, contanto que sua imaginação lha represente bela e espirituosa. Em amor a imaginação é tudo: é ardendo em chamas, é elevado nas asas de seus delírios que o mancebo se faz poeta por amor.

Eu então te respondia:

– Mas quando as chamas se apagam, e as asas dos delírios se desfazem, o poeta não tem, como eu, nem quitutes nem empadas.

E tu me tornavas:

– É porque ainda não experimentaste o que nos prepara o que se chama amor platônico, paixão romântica! Ainda não sentiste como é belo derramar-se a alma toda inteira de um jovem na carta abrasadora que escreve à sua adorada, e receber de troco uma alma de moça, derramada toda inteira em suas letras, que tantas mil vezes se beijam.

Ora, esses derramamentos de alma bastante me assustavam; porque eu me lembro que em patologia se trata mui seriamente dos derramamentos.

Mas tu prosseguias:

– E depois, como é sublime deitar-se o estudante no solitário leito e ver-se acompanhado pela imagem da bela que lhe vela no pensamento, ou despertar ao momento de ver-se em sonhos sorvendo-lhe nos lábios voluptuosos beijos!

Ainda estes argumentos não me convenciam suficientemente, porque eu pensava: 1º que essa imagem que vela no pensamento não será a melhor companhia possível para um estudante, principalmente quando ela lhe velasse na véspera de alguma sabatina: 2º porque eu sempre acho muito mais apreciável sorver os beijos voluptuosos por entre postigos de uma janela, do que sorvê-los em sonhos e acordar com água na boca: beijos por beijos, antes os reais que os sonhados.

Além disto, no teu sistema nunca se fala em empadas, doces, petiscos etc: no meu eles aparecem e tu, apesar de romântico, nunca viraste as costas nem fizeste má cara a esses despojos de minhas batalhas.

Mas, enfim, maldita curiosidade de rapaz!... eu quis experimentar o amor platônico, e dirigindo-me certa noite ao teatro São Pedro de Alcântara, disse entre mim: esta noite hei de entabular um namoro romântico.

Entabulei-o, sr. Augusto de uma figa!... entabulei-o, e quer saber como?... Saí fora do meu elemento e espichei-me completamente. Estou em apuros.

Eis o caso:

Nessa noite fui para a superior: eu ia entabular um namoro romântico: não podia ser de outro modo. Para ser tudo à romântica consegui entrar antes de todos: fui o primeiro a sentar-me quando ainda o lustre monstro não estava aceso: vi-o descer e subir depois, ornado e brilhante de luzes, vi se irem enchendo os camarotes: finalmente eu, que tinha estado no vácuo, achei-me no mundo: o teatro estava cheio. Consultei com meus botões como devia principiar, concluí que, para portar-me romanticamente, deveria namorar alguma moça que estivesse na quarta ordem. Levantei os olhos, vi uma que olhava para o meu lado, e então pensei comigo mesmo: seja aquela!... Não sei se é bonita ou feia, mas que importa? Um romântico não cura dessas futilidades. Tirei, pois, da casaca o meu lenço branco, para fingir que enxugava o suor, para abanar-me e enfim para fazer todas essas macaquices que eu ainda ignorava que estavam condenadas pelo Romantismo. Porém, oh infortúnio!... Quando de novo olhei para o camarote, a moça tinha-se voltado completamente para a tribuna: tossi, tomei tabaco, assoei-me, espirrei e a pequena... nem caso: parecia que o negócio com ela não era. Começou a *ourerture* e nada: levantou-se o pano, e ela voltou os olhos para a cena, sem olhar para o meu lado. Representou-se o 1º ato... Tempo perdido. Veio o pano finalmente abaixo.

– Agora sim, começará o nosso telégrafo a trabalhar, disse eu comigo mesmo, erguendo-me para tornar-me mais saliente.

Porém, nova desgraça! Mal me tinha levantado, quando a moça ergueu-se por sua vez e retirou-se para dentro do camarote, sem dizer por que, nem por que não.

– Isto só pelo diabo!... exclamei eu involuntariamente, batendo o pé com toda a força.

– O senhor está doido?! disse-me... gemendo e fazendo uma careta horrível, o meu companheiro da esquerda.

– Não tenho que lhe dar satisfações, respondi-lhe amuado.

– Tem, sim senhor, retorquiu-me o sujeito, empinando-se.

– Pois que lhe fiz eu então?, acudi, alterando-me.

– Acaba de pisar-me, com a maior força, no melhor calo do meu pé direito.

– Oh! senhor... queira perdoar!...

E dando mil desculpas ao homem, saí do teatro, pensando no meu amor.

N n O o P p Q q R r S s

Confesso que deveria ter notado que a minha paixão começava debaixo de maus auspícios, mas a minha má fortuna ou, melhor, os teus maus conselhos me empurravam para diante com força de gigante.

Sem pensar no que fazia, subi para os camarotes e fui dar comigo no corredor da quarta ordem: passei junto do camarote de minhas atenções: era o n° 3 (número simbólico, cabalístico e fatal! repara que em tudo segui o Romantismo). A porta estava cerrada: fui ao fim do corredor e voltei de novo: um pensamento esquisito e singular acabava de me brilhar na mente, e abracei-me com ele.

Eu tinha visto junto à porta n° 3 um moleque com todas as aparências de ser belíssimo cravo da Índia. Ora, lembrava-me que nesse camarote a minha querida era a única que se achava vestida de branco e, pois, eu podia muito bem mandar-lhe um recado pelo qual me fizesse conhecido. E assim avancei para o moleque.

Ah! maldito crioulo... estava-lhe o todo dizendo o para que servia!... Pinta na tua imaginação, Augusto, um crioulo de dezesseis anos, todo vestido de branco com uma cara mais negra e mais lustrosa do que um botim envernizado, tendo, além disso, dois olhos belos, grandes, vivíssimos e cuja esclerótica era branca como o papel em que te escrevo, com lábios grossos e de nácar, ocultando duas ordens de finos e claros dentes, que fariam inveja a uma baiana: dá-lhe a ligeireza, a inquietação e rapidez de movimentos de um macaco e terás feito ideia desse diabo de azeviche, que se chama Tobias.

Não me foi preciso chamá-lo: bastou um movimento de olhos para que o Tobias viesse a mim, rindo-se desavergonhadamente. Levei-o para um canto.

– Tu pertences àquelas senhoras que estão no camarote, a cuja porta te encostavas?...perguntei.

– Sim, senhor, me respondeu ele, e elas moram na rua de... n... ao lado esquerdo de quem vai para cima.

– E quem são?...

– São duas filhas de uma senhora viúva, que também aí está, e que se chama a Ilma. sra. d. Luiza. O meu defunto senhor era negociante e o pai de minha senhora é padre.

– Como se chama a senhora que está vestida de branco?

– A sra. d. Joana... tem dezessete anos, e morre por casar.

– Quem te disse isso?...

– Pelos olhos se conhece quem tem lombrigas, meu senhor!...

– Como te chamas?

– Tobias, escravo de meu senhor, crioulo de qualidade, fiel como um cão e vivo como um gato.

O maldito do crioulo era um clássico a falar português. Eu continuei:

– Hás de me levar um recado à sra. d. Joana.

– Pronto, lesto e agudo, respondeu-me o moleque.

– Pois toma sentido.

– Não precisa dizer duas vezes.

– Ouve. Das duas uma: ou poderás falar com ela hoje, ou só amanhã...

– Hoje... agora mesmo. Nestas coisas Tobias não cochila: com licença de meu senhor, eu cá sou doutor nisto: meus parceiros me chamam orelha de cesto, pé de coelho e boca de taramela. Vá dizendo o que quiser, que em menos de dez minutos minha senhora saberá tudo: o recado de meu senhor é uma carambola que, batendo no meu ouvido vai logo bater no da senhora d. Joaninha.

– Pois dize-lhe que o moço que se sentar na última cadeira da 4ª coluna da superior, que assoar-se com um lenço de seda verde, quando ela para ele olhar, se acha loucamente apaixonado de sua beleza etc. etc. etc.

– Sim, senhor, eu já sei o que se diz nessas ocasiões: o discurso fica por minha conta.

– E amanhã, ao anoitecer, espera-me na porta de tua casa.

– Pronto, lesto e agudo, repetiu de novo o crioulo.

– Eu recompensar-te-ei, se fores fiel.

– Mais pronto, mais lesto e mais agudo!

– Por agora toma estes cobres.

– Oh, meu senhor! Prontíssimo, lestíssimo e agudíssimo.

Ignoro de que meios se serviu o Tobias para executar sua comissão. O que sei é que antes de começar o 2º ato já eu havia feito o sinal, e então comecei a pôr em ação toda a mímica amantética que me lembrou: o namoro estava entabulado: embora a moça não correspondesse aos sinais de meu telégrafo, concedendo-me apenas amiudados e curiosos olhares, isso era já muito para quem a via pela primeira vez.

Finalmente, sr. Augusto dos meus pecados, o negócio adiantou-se, e hoje, tarde me arrependo e não sei como me livre de semelhante entaladela, pois o Tobias não me sai da porta. Já não tenho tempo de exercer o meu classismo: há três meses que não como empadas e, apesar de minhas economias, ando sempre com as algibeiras a tocar matinas. Para maior martírio a minha querida é a sra. Joana, prima de Filipe.

Para compreenderes bem o quanto sofro, aqui te escrevo algumas das principais exigências da minha amada romântica.

1º Devo passar por defronte de sua casa duas vezes de manhã e duas à tarde. Aqui, vês bem, principia a minha vergonha, pois não há pela vizinhança gordurento caixeirinho que se não ria nas minhas barbas quatro vezes por dia.

U u V v W w X x Y y Z z

2º Devo escrever-lhe, pelo menos, quatro cartas por semana, em papel bordado, de custo de 400 réis a folha. Ora, isto é detestável, porque eu não sei onde vá buscar mais cruzados para comprar papel, nem mais asneiras para lhe escrever.

3º Devo tratá-la por "minha linda prima" e ela a mim por "querido primo". Daqui concluo que a sra. d. Joana leu o Faublas. Boa recomendação!...

4º Devo ir ao teatro sempre que ela for, o que sucede quatro vezes no mês; o mesmo a respeito de bailes. Esta despesa arrasa-me a mesada terrivelmente.

5º Ao teatro e aos bailes devo levar no pescoço um lenço ou manta da cor da fita que ela porá em seu vestido ou no cabelo, o que, com antecedência, me é participado. Isto é um despotismo detestável.

Finalmente, ela quer governar os meus cabelos, as minhas barbas, a cor de meus lenços, a minha casaca, a minha bengala, os botins que calço e, por último, ordenou-me que não fumasse charutos de Havana nem de Manilha, porque era isto falta de patriotismo.

Para bem rematar o quadro das desgraças que me sobrevieram com a tal paixão romântica que me aconselhaste, d. Joana, dir-te-ei, mostra amar-me com extremo, e, no meio de seus caprichos de menina, dá-me prova do mais constante e desvelado amor; mas que importa isso, se eu não posso pagar-lhe com gratidão?... Vocês com seu romantismo a que me não posso acomodar, a chamariam "pálida". Eu, que sou clássico em corpo e alma e que, portanto, dou às coisas o seu verdadeiro nome, a chamarei sempre "amarela".

Malditos românticos, que têm crismado tudo e trocado em seu crismar os nomes que melhor exprimem suas ideias!... O que outrora se chamava, em bom português, moça feia, os reformadores dizem: menina simpática!... O que em uma moça era antigamente desenxabimento, hoje é ao contrário: sublime languidez!... Já não há mais meninas importunas e vaidosas. As que forem, chamam-se agora espirituosas! A escola dos românticos reformou tudo isso, em consideração ao belo sexo.

E eu, apesar dos tratos que dou a minha imaginação, não posso deixar de convencer-me que a minha linda prima é (aqui para nós) amarela e feia como uma convalescente de febres perniciosas.

O que, porém, se torna sobretudo insofrível é o despotismo que exerce sobre mim o brejeiro do Tobias!...

Entende que todos os dias lhe devo dar dinheiro e persegue-me de maneira tal que, para ver-me livre dele, escorrego-lhe *cum quibus*, a despeito da minha má vontade.

O Tobias está no caso de muitos que, grandes e excelentes palradores, são péssimos financeiros na prática. Como eles fazem ao país, faz Tobias comigo, que sempre depois de longo discurso me apresenta um déficit e pede-me um crédito suplementar.

Eis aqui, meu Augusto, o lamentável estado em que me acho. Lembra-te que foram os teus conselhos que me obrigaram a experimentar uma paixão romântica; portanto, não só por amizade, como por dever, conto que me ajudarás no que te vou propor.

Eu preciso de um pretexto mais ou menos razoável para descartar-me de tal pálida.

Ela vai passar conosco dois dias na ilha de... Aí podemos levar a efeito, e com facilidade, o meu plano: ele é de simples compreensão e de fácil execução.

Tu deverás requestar, principalmente à minha vista, a tal minha querida. Ainda que ela não te corresponda, persegue-a. Não te custará muito isso, pois que é o teu costume. Nisto se limita o teu trabalho, e começará então o meu, que é mais importante.

Ver-me-ás enfadado, talvez que te trate com rispidez, e que te dirija alguma graça pesada, mas não farás caso e continuarás com a requesta para diante.

Eu então irei às nuvens... Desesperado, ciumento e delirante, aproveitarei o primeiro instante em que estiver a sós com d. Joaninha, e farei um discurso forte e eloquente contra a inconstância e volubilidade das mulheres. No meio de meus transportes, dou-me por despedido de amores com ela, e pulando fora de tal paixão romântica, correrei a apertar-te contra meu peito, como teu amigo e colega do coração – Fabrício."

– E esta!... exclamou Augusto, depondo a carta sobre a mesa e sorvendo uma boa pitada de rapé de Lisboa. E esta!...

Acabando de sorver a pitada, o nosso estudante desatou a rir como um doido. Rir-se-ia a noite inteira talvez, se não fosse interrompido pelo Rafael, que o vinha chamar para tomar chá.

Joaquim Manuel de Macedo nasceu em 1820, em Itaboraí, Estado do Rio de Janeiro, e morreu na então Corte, em 1882. Formou-se em medicina em 1844, mesmo ano em que publicou seu primeiro romance, A moreninha, *obra reconhecida como o primeiro grande sucesso de público da ficção brasileira. Foi grande amigo do Imperador d. Pedro II, político influente do Partido Liberal, abolicionista moderado e professor da princesa Isabel, que lhe dere, pelo menos em parte, a disposição abolicionista que a levou a assinar, quae sera tamen, a Lei Áurea. Muito festejado em vida como autor, por sua linguagem simples e seu espírito comunicativo (o que lhe valeu e ainda vale algumas críticas mais sisudas), Macedo, entre outras realizações, esboçou neste capítulo de A* moreninha *aspectos relevantes da vida cotidiana dos moços estudantes no século XIX brasileiro.*

Canção do boêmio
Castro Alves

QUE NOITE FRIA! Na deserta rua
  Tremem de medo os lampiões sombrios.
  Densa *garoa* faz fumar a lua,
  Ladram de tédio vinte cães vadios.

Nini formosa! por que assim fugiste?
  Embalde o tempo à tua espera conto.
  Não vês, não vês?... Meu coração é triste
  Como um calouro quando leva *ponto*.

A passos largos eu percorro a sala
  Fumo um cigarro, que filei na *escola*...
  Tudo no quarto de Nini me fala
  Embalde fumo... tudo aqui me *amola*.

Diz-me o relógio *cinicando* a um canto
  "Onde está ela que não veio ainda?"
  Diz-me a poltrona "por que tardas tanto?
  Quero aquecer-te, rapariga linda."

Em vão a luz da crepitante vela
  De Hugo clareia uma canção ardente;
  Tens um idílio – em tua fronte bela...
  Um ditirambo – no teu seio quente...

Pego o compêndio... inspiração sublime
  P'ra adormecer... inquietações tamanhas...
  Violei à noite o domicílio, ó crime!
  Onde dormia uma nação... de aranhas...

Morrer de frio quando o peito é brasa...
  Quando a paixão no coração se aninha!?...
  Vós todos, todos, que dormis em casa,
  Dizei se há dor, que se compare à minha!...

Nini! o horror deste sofrer pungente
   Só teu sorriso neste mundo acalma...
   Vem aquecer-me em teu olhar ardente...
   Nini! tu és o *cache-nez* dest'alma.

Deus do Boêmio!... São da mesma raça
   As andorinhas e o meu anjo louro...
   Fogem de mim se a *primavera* passa
   Se já nos campos não há flores de *ouro*...

E tu fugiste, pressentindo o inverno.
   Mensal inverno do viver boêmio...
   Sem te lembrar que por um riso terno
   Mesmo eu tomara a *primavera a prêmio*...

No entanto ainda do Xerez fogoso
   Duas garrafas guardo ali... *Que minas!*
   Além de um lado o violão saudoso
   Guarda no seio inspirações divinas...

Se tu viesses... de meus lábios tristes
   Rompera o canto... Que esperança inglória...
   Ela esqueceu o que jurar lhe vistes
   Ó Pauliceia, ó Ponte-grande, ó Glória!...

. . . . .

Batem!... que vejo! Ei-la afinal comigo...
   Foram-se as trevas... fabricou-se a luz...
   Nini! pequei... dá-me exemplar castigo!
   Sejam teus braços... do martírio a cruz!...

São Paulo, junho de 1868
(Recitativo da "Meia Hora de Cinismo")
Comédia de Costumes Acadêmicos
Música de Emílio do Lago

Este poema dramático e musicado, escrito pelo poeta baiano Antônio de Castro Alves (1847-1871), tem como tema a sátira aos costumes dos jovens acadêmicos que, como ele, estudavam em São Paulo, Olinda, Rio de Janeiro ou Salvador. Esses centros de estudos superiores tiveram importância extraordinária como núcleos de disseminação das letras no Brasil, durante todo o século XIX.

Raul Pompeia

ATHENÆUM

O Ateneu
Crônica de saudades

Capítulo I

"Vais encontrar o mundo", disse-me meu pai, à porta do *Ateneu*. "Coragem para a luta." Bastante experimentei depois a verdade deste aviso, que me despia, num gesto, das ilusões de criança educada exoticamente na estufa de carinho que é o regime do amor doméstico, diferente do que se encontra fora, tão diferente, que parece o poema dos cuidados maternos um artifício sentimental, com a vantagem única de fazer mais sensível a criatura à impressão rude do primeiro ensinamento, têmpera brusca da vitalidade na influência de um novo clima rigoroso. Lembramo-nos, entretanto, com saudade hipócrita, dos felizes tempos; como se a mesma incerteza de hoje, sob outro aspecto, não nos houvesse perseguido outrora e não viesse de longe a enfiada das decepções que nos ultrajam.

Eufemismo, os felizes tempos, eufemismo apenas, igual aos outros que nos alimentam, a saudade dos dias que correram como melhores. Bem considerando, a atualidade é a mesma em todas as datas. Feita a compensação dos desejos que variam, das aspirações que se transformam, alentadas perpetuamente do mesmo ardor, sobre a mesma base fantástica de esperanças, a atualidade é uma. Sob a coloração cambiante das horas, um pouco de ouro mais pela manhã, um pouco mais de púrpura ao crepúsculo – a paisagem é a mesma de cada lado, beirando a estrada da vida.

Eu tinha onze anos.

Frequentara como externo, durante alguns meses, uma escola familiar do Caminho Novo, onde algumas senhoras inglesas, sob a direção do pai, distribuíam educação à infância como melhor lhes parecia. Entrava às nove horas, timidamente, ignorando as lições com a maior regularidade, e bocejava até as duas, torcendo-me de insipidez sobre os carcomidos bancos que o colégio comprara, de pinho e usados, lustrosos do contato da malandragem de não sei quantas gerações de pequenos.

Ao meio-dia, davam-nos pão com manteiga. Esta recordação gulosa é o que mais pronunciadamente me ficou dos meses de externato; com a lembrança de alguns companheiros – um que gostava de fazer rir à aula, espécie interessante de mono louro, arrepiado, vivendo a morder, nas costas da mão esquerda, uma protuberância calosa que tinha; outro, adamado, elegante, sempre retirado, que vinha à escola de branco, engomadinho e radioso, fechada a blusa em diagonal do ombro à cinta por botões de madrepérola. Mais ainda: a primeira vez que ouvi certa injúria crespa, um palavrão cercado de terror no estabelecimento, que os partistas denunciavam às mestras por duas iniciais como em monograma.

Lecionou-me depois um professor em domicílio.

Apesar deste ensaio da vida escolar a que me sujeitou a família, antes da verdadeira provação, eu estava perfeitamente virgem para as sensações novas da nova fase. O internato! Destacada do conchego placentário da dieta caseira, vinha próximo o momento de se definir a minha individualidade. Amarguei por antecipação o adeus às primeiras alegrias; olhei triste os meus brinquedos, antigos já! Os meus queridos pelotões de chumbo! Espécie de museu militar de todas as fardas, de todas as bandeiras, escolhida amostra da força dos estados, em proporções de microscópio, que eu fazia formar a combate como uma ameaça tenebrosa ao equilíbrio do mundo; que eu fazia guerrear em desordenado aperto – massa tempestuosa das antipatias geográficas, encontro definitivo e ebulição dos seculares ódios de fronteira e de raça, que eu pacificava por fim, com uma facilidade de Providência Divina, intervindo sabiamente, resolvendo as pendências pela concórdia promíscua das caixas de pau. Força era deixar à ferrugem do abandono o elegante vapor da linha circular do lago, no jardim, onde talvez não mais tornasse a perturbar com a palpitação das rodas a sonolência morosa dos peixinhos rubros, dourados, argentados, pensativos à sombra dos tinhorões, na transparência adamantina da água...

Mas um movimento animou-me, primeiro estímulo sério da vaidade: distanciava-me da comunhão da família, como um homem! Ia por minha conta empenhar a luta dos merecimentos; e a confiança nas próprias forças sobrava. Quando me disseram que estava a escolha feita da casa de educação que me devia receber, a notícia veio achar-me em armas para a conquista audaciosa do desconhecido.

Um dia, meu pai tomou-me pela mão, minha mãe beijou-me a testa, molhando-me de lágrimas os cabelos e eu parti.

Duas vezes fora visitar o Ateneu antes da minha instalação.

Ateneu era o grande colégio da época. Afamado por um sistema de nutrido reclame, mantido por um diretor que de tempos a tempos reformava o estabelecimento, pintando-o jeitosamente de novidade, como os negociantes que liquidam para recomeçar com artigos de última remessa, o Ateneu desde muito tinha consolidado crédito na preferência dos pais; sem levar em conta a simpatia da meninada, a cercar de aclamações o bombo vistoso dos anúncios.

O dr. Aristarco Argolo de Ramos, da conhecida família do visconde de Ramos, do Norte, enchia o império com o seu renome de pedagogo. Eram boletins de propaganda pelas províncias, conferências em diversos pontos da cidade, a pedidos, à sustância, atochando a imprensa dos lugarejos, caixões, sobretudo, de livros elementares, fabricados às pressas com o ofegante e esbaforido concurso de professores prudentemente anônimos, caixões e mais caixões de volumes cartonados em Leipzig, inundando as escolas públicas de toda a parte com a sua invasão de capas azuis, róseas, amarelas, em que o nome de Aristarco, inteiro e sonoro, oferecia-se ao pasmo venerador dos esfaimados de alfabeto dos confins da Pátria. Os lugares que os não procuravam eram um belo dia surpreendidos pela enchente, gratuita, espontânea, irresistível! E não havia senão aceitar a farinha daquela marca para o pão do espírito. E engordavam as letras, à força, daquele pão. Um benemérito. Não admira que em dias de gala, íntima ou nacional, festas do colégio ou recepção da coroa, o largo peito do grande educador desaparecesse sob constelações de pedraria, opulentando a nobreza de todos os honoríficos berloques.

Nas ocasiões de aparato é que se podia tomar o pulso ao homem. Não só as condecorações gritavam-lhe do peito como uma couraça de grilos: Ateneu! Ateneu! Aristarco todo era um anúncio. Os gestos, calmos, soberanos, eram de um rei – o autocrata excelso dos silabários; a pausa hierática do andar deixava sentir o esforço, a cada passo, que ele fazia para levar adiante, de empurrão, o progresso do ensino público; o olhar fulgurante, sob a crispação áspera dos supercílios de monstro japonês, penetrando de luz as almas circunstantes – era a educação da inteligência; o queixo, severamente escanhoado, de orelha a orelha, lembrava a lisura das consciências limpas – era a educação moral. A

própria estatura, na imobilidade do gesto, na mudez do vulto, a simples estatura dizia dele: aqui está um grande homem... não veem os côvados de Golias?!... Retorça-se sobre tudo isto um par de bigodes, volutas maciças de fios alvos, torneadas a capricho, cobrindo os lábios, fecho de prata sobre o silêncio de ouro, que tão belamente impunha como o retraimento fecundo do seu espírito –, teremos esboçado, moralmente, materialmente, o perfil do ilustre diretor. Em suma, um personagem que, ao primeiro exame, produzia-nos a impressão de um enfermo, desta enfermidade atroz e estranha: a obsessão da própria estátua. Como tardasse a estátua, Aristarco interinamente satisfazia-se com a afluência dos estudantes ricos para o seu instituto. De fato, os educandos do Ateneu significavam a fina flor da mocidade brasileira.

A irradiação do reclame alongava de tal modo os tentáculos através do país, que não havia família de dinheiro, enriquecida pela setentrional borracha ou pela charqueada do Sul, que não reputasse um compromisso de honra com a posteridade doméstica mandar dentre seus jovens, um, dois, três representantes abeberar-se à fonte espiritual do Ateneu.

Fiados nesta seleção apuradora, que é comum o erro sensato de julgar melhores famílias as mais ricas, sucedia que muitos, indiferentes mesmo e sorrindo do estardalhaço da fama, lá mandavam os filhos. Assim entrei eu.

A primeira vez que vi o estabelecimento, foi por uma festa de encerramento de trabalhos.

Transformara-se em anfiteatro uma das grandes salas da frente do edifício, exatamente a que servia de capela; paredes estucadas de suntuosos relevos, e o teto aprofundado em largo medalhão, de magistral pintura, onde uma aberta de céu azul despenhava aos cachos deliciosos anjinhos, ostentando atrevimentos róseos de carne, agitando os minúsculos pés e as mãozinhas, desatando fitas de gaze no ar. Desarmado o oratório, construíram-se bancadas circulares, que encobriam o luxo das paredes. Os alunos ocupavam a arquibancada. Como a maior concorrência preferia sempre a exibição dos exercícios ginásticos, solenizada dias depois do encerramento das aulas, a acomodação deixada aos circunstantes era pouco espaçosa; e o público, pais e correspondentes em geral, porém mais numeroso do que se esperava, tinha que transbordar da sala da festa para a imediata. Desta antessala, trepado a uma cadeira, eu espiava. Meu pai ministrava-me informações. Diante da arquibancada, ostentava-se uma mesa de grosso pano verde e borlas de ouro. Lá estava o diretor, o Ministro do Império, a comissão dos prêmios. Eu via e ouvia. Houve uma alocução comovente de Aristarco; houve discursos de alunos e mestres; houve cantos, poesias declamadas em diversas línguas. O espetáculo comunicava-me certo prazer respeitoso. O diretor, ao lado do ministro, de acanhado

43

físico, fazia-o incivilmente desaparecer na brutalidade de um contraste escandaloso. Em *grande tenue* dos dias graves, sentava-se elevado no seu orgulho como em um trono. A bela farda negra dos alunos, de botões dourados, infundia-me a consideração tímida de um militarismo brilhante, aparelhado para as campanhas da ciência e do bem. A letra dos cantos, em coro dos falsetes indisciplinados da puberdade, os discursos, visados pelo diretor, pançudos de sisudez, na boca irreverente da primeira idade, como um Cendrillon malfeito da burguesia conservadora, recitados em monotonia de realejo e gestos rodantes de manivela, ou exagerados, de voz cava e caretas de tragédia fora de tempo, eu recebia tudo convictamente, como o texto da bíblia do dever; e as banalidades profundamente lançadas como as sábias máximas do ensino redentor. Parecia-me estar vendo a legião dos amigos do estudo, mestres à frente, na investida heroica do obscurantismo, agarrando pelos cabelos, derribando, calcando aos pés a Ignorância e o Vício, misérrimos trambolhos, consternados e esperneantes.

Um discurso principalmente impressionou-me. À direita da comissão dos prêmios, ficava a tribuna dos oradores. Galgou-a firme, tesinho, o Venâncio, professor do colégio, a quarenta mil-réis por matéria, mas importante, sabendo falar grosso o timbre de independência, mestiço de bronze, pequenino e tenaz, que havia de varar carreira mais tarde. O discurso foi o confronto chapa dos torneios medievais com o moderno certame das armas da inteligência, depois, uma preleção pedagógica, tacheada de flores de retórica a martelo; e a apologia da vida de colégio, seguindo-se a exaltação do Mestre em geral e a exaltação, em particular, de Aristarco e do Ateneu. "O mestre", perorou Venâncio, "é o prolongamento do amor paterno, é o complemento da ternura das mães, o guia zeloso dos primeiros passos, na senda escabrosa que vai às conquistas do saber e da moralidade. Experimentado no labutar cotidiano da sagrada profissão, o seu auxílio ampara-nos como a Providência na Terra; escolta-nos assíduo como um anjo da guarda; a sua lição prudente esclarece-nos a jornada inteira do futuro. Devemos ao pai a existência do corpo; o mestre cria-nos o espírito (sorites de sensação), e o espírito é a força que impele, o impulso que triunfa, o triunfo que nobilita, o enobrecimento que glorifica, e a glória é o ideal da vida, o louro do guerreiro, o carvalho do artista, a palma do crente! A família é o amor no lar, o Estado é a segurança civil; o mestre, com o amor forte que ensina e corrige, prepara-nos para a segurança íntima inapreciável da vontade. Acima de Aristarco – Deus! Deus tão somente; abaixo de Deus – Aristarco."

Um último gesto espaçoso, como um jamegão no vácuo, arrematou o rapto de eloquência.

Eu me sentia compenetrado daquilo tudo; não tanto por entender bem, como pela facilidade da fé cega a que estava disposto. As paredes pintadas da antessala imitavam pórfiro

verde; em frente ao pórtico aberto para o jardim, graduava-se uma ampla escada, caminho do andar superior. Flanqueando a majestosa porta desta escada, havia dois quadros de alto relevo: à direita, uma alegoria das artes e do estudo; à esquerda as indústrias humanas, meninos nus como nos frisos de Kaulbach, risonhos, com a ferramenta simbólica – psicologia pura do trabalho, modelada idealmente na candura do gesso e da inocência. Eram meus irmãos! Eu estava a esperar que um deles, convidativo, me estendesse a mão para o bailado feliz que os levava. Oh! Que não seria o colégio, tradução concreta da alegoria, ronda angélica de corações à porta de um templo, dulia permanente das almas jovens no ritual austero da virtude!

Por ocasião da festa da ginástica voltei ao colégio.

O Ateneu estava situado no Rio Comprido, extremo ao chegar aos morros.

As eminências de sombria pedra e a vegetação selvática debruçavam sobre o edifício um crepúsculo de melancolia, resistente ao próprio sol a pino dos meios-dias de novembro. Esta melancolia era um plágio ao detestável pavor monacal de outra casa de educação, o negro Caraça de Minas. Aristarco dava-se palmas desta tristeza aérea – a atmosfera moral da meditação e do estudo, definia, escolhida a dedo para maior luxo da casa, como um apêndice mínimo da arquitetura.

No dia da *festa da educação física*, como rezava o programa (programa de arromba, porque o secretário do diretor tinha o talento dos programas) não percebi a sensação de ermo tão acentuada em sítios montanhosos, que havia de notar depois. As galas do momento faziam sorrir a paisagem. O arvoredo do imenso jardim, entretecido a cores por mil bandeiras, brilhava ao sol vivo com o esplendor de estranha alegria; os vistosos panos, em meio da ramagem, fingiam flores colossais, numa caricatura extravagante de primavera; os galhos frutificavam em lanternas venezianas, pomos de papel enormes, de uma uberdade carnavalesca. Eu ia carregado, no impulso da multidão. Meu pai prendia-me solidamente o pulso, que me não extraviasse.

Mergulhado na onda, eu tinha que olhar para cima, para respirar. Adiante de mim, um sujeito mais próximo fez-me rir; levava de fora a fralda da camisa... Mas não era fralda; verifiquei que era o lenço. Do chão subia um cheiro forte de canela pisada; através das árvores, com intervalos, passavam rajadas de música, como uma tempestade de filarmônicas.

Um último aperto mais rijo estalando-me as costelas espremeu-me por um estreito corte de muro, para o espaço livre.

Em frente, um gramal vastíssimo. Rodeava-o uma ala de galhardetes, contentes no espaço, com o pitoresco dos tons enérgicos cantando vivo sobre a harmoniosa surdina do verde das montanhas. Por todos os lados apinhava-se o povo. Voltando-me, divisei, ao longo do muro, duas linhas de estrado com cadeiras quase exclusivamente ocupadas por senhoras, fulgindo os vestuários, em violenta confusão de colorido.

Algumas protegiam o olhar com a mão enluvada, com o leque, à altura da fronte, contra a rutilação do dia num bloco de nuvens que crescia do céu. Acima do estrado, balouçavam docemente e sussurravam bosquetes de bambu, projetando franjas longuíssimas de sombra pelo campo de relva.

Algumas damas empunhavam binóculos. Na direção dos binóculos distinguia-se um movimento alvejante. Eram os rapazes. "Aí vêm!", disse-me meu pai, "vão desfilar por diante da princesa." A princesa imperial, Regente nessa época, achava-se à direita em gracioso palanque de sarrafos.

Momentos depois adiantavam-se por mim os alunos do Ateneu. Cerca de 300; produziam-me a impressão do inumerável. Todos de branco, apertados em larga cinta vermelha, com alças de ferro sobre os quadris e na cabeça um pequeno gorro cingido por um cadarço de pontas livres. Ao ombro esquerdo traziam laços distintivos das turmas. Passaram a toque de clarim, sopesando os petrechos diversos dos exercícios. Primeira turma, os halteres, segunda, as massas, terceira, as barras.

Fechavam a marcha, desarmados, os que figurariam simplesmente nos exercícios gerais.

Depois de longa volta, a quatro de fundo, dispuseram-se em pelotões, invadiram o gramal e, cadenciados pelo ritmo da banda de colegas, que os esperava no meio do campo, com a certeza de amestrada disciplina, produziram as manobras perfeitas de um exército sob o comando do mais raro instrutor.

Diante das fileiras, Bataillard, o professor de ginástica, exultava, envergando a altivez do seu sucesso na extremada elegância do talhe, multiplicando por milagroso desdobramento o compêndio inteiro da capacidade profissional, exibida em galeria por uma série infinita de atitudes. A admiração hesitava a decidir-se pela formosura masculina e rija da plástica de músculos a estalar o brim do uniforme, que ele trajava branco como os alunos, ou pela nervosa celeridade dos movimentos, efeito elétrico de lanterna mágica, respeitando-se na variedade prodigiosa a unidade da correção suprema.

Ao peito tilintavam-lhe as agulhetas do comando, apenas de cordões vermelhos em trança. Ele dava as ordens fortemente, com uma vibração penetrante de corneta que dominava à distância, e sorria à docilidade mecânica dos rapazes. Como oficiais subalternos, auxiliavam-no os chefes de turma; postados devidamente com os pelotões, sacudindo à manga distintivos de fita verde e canutilho.

Acabadas as evoluções, apresentaram-se os exercícios. Músculos do braço, músculos do tronco, tendões dos jarretes, a teoria toda do *corpore sano* foi praticada valentemente ali, precisamente, com a simultaneidade exata das extensas máquinas. Houve após, o assalto aos aparelhos. Os aparelhos alinhavam-se a uma banda do campo, a começar do palanque da Regente. Não posso dar ideia do deslumbramento que me ficou desta parte. Uma desordem de contorções, deslocadas e atrevidas; uma vertigem de volteios à barra fixa, temeridades acrobáticas ao trapézio, às perchas, às cordas, às escadas; pirâmides humanas sobre as paralelas, deformando-se para os lados em curvas de braços e ostentações vigorosas de tórax; formas de estatuária viva, trêmulas de esforço, deixando adivinhar de longe o estalido dos ossos desarticulados; posturas de transfiguração sobre invisível apoio; aqui e ali uma cabecinha loura, cabelos em desordem cacheados à testa, um rosto injetado pela inversão do corpo, lábios entreabertos ofegando, olhos semicerrados para escapar à areia dos sapatos, costas de suor, colando a blusa em pasta, gorros sem dono que caíam do alto e juncavam a terra; movimento, entusiasmo por toda a parte e a soalheira, branca nos uniformes, queimando os últimos fogos da glória diurna sobre aquele triunfo espetaculoso da saúde, da força, da mocidade.

O professor Bataillard, enrubescido de agitação, rouco de comandar, chorava de prazer. Abraçava os rapazes indistintamente. Duas bandas militares revezavam-se ativamente, comunicando a animação à massa dos espectadores. O coração pulava-me no peito com um alvoroço novo, que me arrastava para o meio dos alunos, numa leva ardente de fraternidade. Eu batia palmas; gritos escapavam-me, de que me arrependia quando alguém me olhava.

Deram fim à festa os saltos, os páreos de carreira, as lutas romanas e a distribuição dos prêmios de ginástica, que a mão egrégia da Sereníssima Princesa e a pouco menos do Esposo Augusto alfinetavam sobre os peitos vencedores. Foi de ver-se os jovens atletas aos pares aferrados, empuxando-se, constringindo-se, rodopiando, rolando na selva com gritos satisfeitos e arquejos de arrancada; os corredores, alguns em rigor, respiração medida, beiços unidos, punhos cerrados contra o corpo, passo miúdo e vertiginoso; outros irregulares, bracejantes, prodigalizando pernadas, rasgando o ar a pontapés, numa precipitação desengonçada de avestruz, chegando esbofados, com placas de poeira na cara, ao poste da vitória.

Aristarco arrebentava de júbilo. Pusera de parte o comedimento soberano que eu lhe admirara na primeira festa. De ponto em branco, como a rapaziada, e chapéu-do-chile, distribuía-se numa ubiquidade impossível de meio ambiente. Viam-no ao mesmo tempo a festejar os príncipes com o risinho nasal, cabritante, entre lisonjeiro e irônico, desfeito em etiquetas de reverente súdito e cortesão; viam-no bradando ao professor de ginástica, a gesticular com o chapéu seguro pela copa; viam-no formidável, com o perfil leonino rugir sobre um discípulo que fugira aos trabalhos, sobre outro que tinha limo nos joelhos de haver lutado em lugar úmido, gastando tal veemência no ralho, que chegava a ser carinhoso.

O figurino campestre rejuvenescera-o. Sentia as pernas leves e percorria celerípede a frente dos estrados, cheio de cumprimentos para os convidados especiais e de interjetivos amáveis para todos. Perpassava como uma visão de brim claro, súbito extinta para reaparecer mais viva noutro ponto.

Aquela expansão vencia-nos; ele irradiava de si, sobre os alunos, sobre os espectadores, o magnetismo dominador dos estandartes de batalha. Roubava-nos dois terços da atenção que os exercícios pediam; indenizava-nos com o equivalente em surpresas de vivacidade, que desprendia de si, profusamente, por erupções de jorro em roda, por ascensões cobrejantes de girândola, que iam às nuvens, que baixavam depois serenamente, diluídas na viração da tarde, que os pulmões bebiam. Ator profundo, realizava ao pé da letra, a valer, o papel diáfano, sutil, metafísico, de alma da festa e alma do seu instituto.

Uma coisa o entristeceu, um pequenino escândalo. Seu filho Jorge, na distribuição dos prêmios, recusara-se a beijar a mão da princesa, como faziam todos ao receber a medalha. Era republicano o pirralho! Tinha já aos quinze anos as convicções ossificadas na espinha inflexível do caráter! Ninguém mostrou perceber a bravura. Aristarco, porém, chamou o menino à parte. Encarou-o silenciosamente e – nada mais. E ninguém mais viu o republicano! Consumira-se naturalmente o infeliz, cremado ao fogo daquele olhar! Nesse momento as bandas tocavam o hino da monarquia jurada, última verba do programa.

Começava a anoitecer, quando o colégio formou ao toque de recolher. Desfilaram aclamados, entre alas de povo, e se foram do campo, cantando alegremente uma canção escolar.

À noite houve baile nos três salões inferiores do lance principal do edifício e iluminação no jardim.

Na ocasião em que me ia embora, estavam acendendo luzes variadas de Bengala diante da casa. O Ateneu, quarenta janelas, resplendentes do gás interior, dava-se ares de encantamento com a iluminação de fora. Erigia-se na escuridão da noite, como imensa muralha de coral flamante, como um cenário animado de safira com horripilações errantes de sombra, como um castelo fantasma batido de luar verde emprestado à selva intensa dos romances cavalheirescos, despertado um momento da legenda morta para uma entrevista de espectros e recordações. Um jacto de luz elétrica, derivado de foco invisível, feria a inscrição dourada

em arco sobre as janelas centrais, no alto do prédio. A uma delas, à sacada, Aristarco mostrava-se. Na expressão olímpica do semblante transpirava a beatitude de um gozo superior. Gozava a sensação prévia, no banho luminoso, da imortalidade a que se julgava consagrado. Devia ser assim: – luz benigna e fria, sobre bustos eternos, o ambiente glorioso do Panteão. A contemplação da posteridade embaixo.

Aristarco tinha momentos destes, sinceros. O anúncio confundia-se com ele, suprimia-o, substituía-o, e ele gozava como um cartaz que experimentasse o entusiasmo de ser vermelho. Naquele momento, não era simplesmente a alma do seu instituto, era a própria feição palpável, a síntese grosseira do título, o rosto, a testada, o prestígio material de seu colégio, idêntico com as letras que luziam em auréola sobre a cabeça. As letras, de ouro; ele, imortal: única diferença.

Guardei, na imaginação infantil, a gravura desta apoteose com o atordoamento ofuscado, mais ou menos de um sujeito partindo à meia-noite de qualquer teatro, onde, em mágica beata, Deus Padre pessoalmente se houvesse prestado a concorrer para a grandeza do último quadro. Conheci-o solene na primeira festa, jovial na segunda; conheci-o mais tarde em mil situações, de mil modos; mas o retrato que me ficou para sempre do meu grande diretor, foi aquele – o belo bigode branco, o queixo barbeado, o olhar perdido nas trevas, fotografia estática, na aventura de um raio elétrico.

É fácil conceber a atração que me chamava para aquele mundo tão altamente interessante, no conceito das minhas impressões. Avaliem o prazer que tive, quando me disse meu pai que eu ia ser apresentado ao diretor do Ateneu e à matrícula. O movimento não era mais a vaidade, antes o legítimo instinto da responsabilidade altiva, era uma consequência apaixonada da sedução do espetáculo, o arroubo de solidariedade que me parecia prender à comunhão fraternal da escola. Honrado engano, esse ardor franco por uma empresa ideal de energia e de dedicação premeditada confusamente, no cálculo pobre de uma experiência de dez anos.

O diretor recebeu-nos em sua residência, com manifestações ultra de afeto. Fez-se cativante, paternal; abriu-nos amostras dos melhores padrões do seu espírito, evidenciou as faturas do seu coração. O gênero era bom, sem dúvida nenhuma; que apesar do paletó de seda e do calçado raso com que se nos apresentava, apesar da bondosa familiaridade com que declinava até nós, nem um segundo o destituí da altitude de divinização em que o meu critério embasbacado o aceitara.

Verdade é que não era fácil reconhecer ali, tangível e em carne, uma entidade outrora da mitologia das minhas primeiras concepções antropomórficas; logo após Nosso Senhor, o qual eu imaginara velho, feíssimo, barbudo, impertinente, corcunda, ralhando por trovões, carbonizando meninos com o corisco. Eu aprendera a ler pelos livros elementares de Aristarco, e o supunha velho como o primeiro, porém rapado, de cara chupada, pedagógica, óculos apocalípticos, carapuça negra de borla, fanhoso, onipotente e mau, com uma das mãos para trás escondendo a palmatória e doutrinando à humanidade o bê-á-bá.

As impressões recentes derrogavam o meu Aristarco; mas a hipérbole essencial do primitivo transmitia-se ao sucessor por um mistério de hereditariedade renitente. Dava-me gosto então a peleja renhida das duas imagens e aquela complicação imediata do paletó de seda e do sapato raso, fazendo aliança com Aristarco II contra Aristarco I, no reino da fantasia. Nisto afagaram-me a cabeça. Era Ele! Estremeci.

– Como se chama o amiguinho? – perguntou-me o diretor.

– Sérgio... – dei o nome todo, baixando os olhos e sem esquecer o "seu criado" da estrita cortesia.

– Pois, meu caro sr. Sérgio, o amigo há de ter a bondade de ir ao cabeleireiro deitar fora estes cachinhos...

Eu tinha ainda os cabelos compridos, por um capricho amoroso de minha mãe. O conselho era visivelmente salgado de censura. O diretor, explicando a meu pai, acrescentou com o risinho nasal que sabia fazer: – Sim, senhor, os meninos bonitos não provam bem no meu colégio...

– Peço licença para defender os meninos bonitos... – objetou alguém entrando.

Surpreendendo-nos com esta frase, untuosamente escoada por um sorriso, chegou a senhora do diretor, d. Ema. Bela mulher em plena prosperidade dos trinta anos de Balzac, formas alongadas por graciosa magreza, erigindo, porém, o tronco sobre quadris amplos, fortes como a maternidade; olhos negros, pupilas retintas de uma cor só, que pareciam encher o talho folgado das pálpebras; de um moreno rosa que algumas formosuras possuem, e que seria também a cor do jambo, se jambo fosse rigorosamente o fruto proibido. Adiantava-se por movimentos oscilados, cadência de minueto harmonioso e mole que o corpo alternava. Vestia cetim preto justo sobre as formas, reluzente como pano molhado; e o cetim vivia com ousada transparência a vida oculta da carne. Esta aparição maravilhou-me.

Houve as apresentações de cerimônia, e a senhora com um nadinha de excessivo desembaraço sentou-se no divã perto de mim.

– Quantos anos tem? – perguntou-me.

– Onze anos...

– Parece ter seis, com estes lindos cabelos.

Eu não era realmente desenvolvido. A senhora colhia-me o cabelo nos dedos:

– Corte e ofereça à mamãe – aconselhou com uma carícia –, é a infância que aí fica, nos cabelos louros... Depois, os filhos nada mais têm para as mães.

O poemeto de amor materno deliciou-me como uma divina música. Olhei furtivamente para a senhora. Ela conservava sobre mim as grandes pupilas negras, lúcidas, numa expressão de infinda bondade! Que boa mãe para os meninos, pensava eu. Depois, voltada para meu pai, formulou sentidamente observações a respeito da solidão das crianças no internato.

– Mas o Sérgio é dos fortes – disse Aristarco, apoderando-se da palavra. – Demais, o meu colégio é apenas maior que o lar doméstico. O amor não é precisamente o mesmo, mas os cuidados de vigilância são mais ativos. São as crianças os

meus prediletos. Os meus esforços mais desvelados são para os pequenos. Se adoecem e a família está fora, não os confio a um correspondente... Trato-os aqui, em minha casa. Minha senhora é a enfermeira. Queria que o vissem os detratores...

Enveredando pelo tema querido do elogio próprio e do Ateneu, ninguém mais pôde falar...

Aristarco, sentado, de pé, cruzando terríveis passadas, imobilizando-se a repentes inesperados, gesticulando como um tribuno de *meetings*, clamando como para um auditório de dez mil pessoas, majestoso sempre, alçando os padrões admiráveis, como um leiloeiro, e as opulentas faturas, desenrolou, com a memória de uma última conferência, a narrativa dos seus serviços à causa santa da instrução. Trinta anos de tentativas e resultados, esclarecendo como um farol diversas gerações agora influentes no destino do país! E as reformas futuras? Não bastava a abolição dos castigos corporais, o que já dava uma benemerência passável. Era preciso a introdução de métodos novos, supressão absoluta dos vexames de punição, modalidades aperfeiçoadas no sistema das recompensas, ajeitação dos trabalhos, de maneira que seja a escola um paraíso, adoção de normas desconhecidas cuja eficácia ele pressentia, perspicaz como as águias. Ele havia de criar... um horror, a transformação moral da sociedade!

Uma hora trovejou-lhe à boca, em sanguínea eloquência, o gênio do anúncio. Miramo-lo na inteira expansão oral, como, por ocasião das festas, na plenitude da sua vivacidade prática. Contemplávamos (eu com aterrado espanto) distendido em grandeza épica – *o homem sanduíche* da educação nacional. Lardeado entre dois monstruosos cartazes. Às costas, o seu passado incalculável de trabalhos; sobre o ventre, para a frente, o seu futuro: o reclame dos imortais projetos.

O Ateneu, *de Raul Pompeia, é o romance mais conhecido e reconhecido no Brasil a tratar do mundo escolar do século XIX. Aristarco, o mestre da escola soberba, é personagem inspirado no famoso mestre Abílio, o barão de Macaúbas, que foi professor de Castro Alves e de muitos outros escritores brasileiros. Imbuído dos ideais reformadores da geração positivista, Raul Pompeia, que nasceu em Angra dos Reis em 1863 e morreu no Rio de Janeiro em 1895, elabora uma crítica arrasadora das instituições do ensino ao tempo do Império. Neste primeiro capítulo do romance (publicado em 1888), o autor debuxa um quadro amplo do que era o processo de ensino e aprendizagem, na Corte, na segunda metade do século passado.*

Aluísio Azevedo

O Coruja

II

André seguiu para o colégio num princípio de mês. Veio buscá-lo à casa do tutor um homem idoso, de cabelos curtos e barbas muito longas, o qual parecia estar sempre a comer alguma coisa, porque nem só mexia com os queixos, como lambia os beiços de vez em quando.

Foram chamá-lo à cama às cinco da manhã. Ele acordou prontamente, e como já sabia de véspera que tinha de partir, vestiu-se logo com um fato novo que, para esse dia, o padre lhe mandara armar de uma batina velha. Deram-lhe a sua tigela de café com leite e o seu pão de milho, o que ele ingeriu em silêncio; e, depois de ouvir ainda alguns conselhos do tutor, beijou-lhe a mão, recebeu no boné uma palmada da criada e saiu de casa, sem voltar, sequer, o rosto para trás.

O das barbas longas havia já tomado conta da pequena bagagem e esperava por ele, na rua, dentro do trole. André subiu para a almofada e deixou-se levar.

Em caminho o companheiro, para enganar a monotonia da viagem, tentou chamá-lo à fala:

— Então o amiguinho vai contente para os estudos?
— Sim — disse André, sem se dar ao trabalho de olhar para o seu interlocutor. E este, supondo que o boné do menino, pelo muito enterrado que lhe ficara nas orelhas com a palmada da criada, fosse a causa dessa descortesia, apressou-se a suspender-lho e acrescentou:

— É a primeira vez que entra para o colégio ou esteve noutro?
— É.
— Ah! É a primeira vez?
— Sim.
— E morou sempre com o reverendo?
— Não.
— Ele é seu parente?
— Não.
— Tutor, talvez...
— É.
— Como se chamava seu pai?
— João.
— E sua mãe?
— Emília.
— Ainda se lembra deles?
— Sim.

E, depois de mais alguns esforços inúteis para conversação, o homem das barbas convenceu-se de que tudo era baldado e, para fazer alguma coisa, pôs-se a considerar a estranha figurinha que levava a seu lado.

André representava então nos seus dez anos o espécime mais perfeito de um menino desengraçado.

Era pequeno, grosso, muito cabeçudo, braços e pernas curtos, mãos avermelhadas e polposas, tez morena e áspera, olhos sumidos de uma cor duvidosa e fosca, cabelo duro e tão abundante, que mais parecia um boné russo do que uma cabeleira.

Em todo ele nada havia que não fosse vulgar. A expressão predominante em sua fisionomia era a desconfiança, nos seus gestos retraídos, na sua estranha maneira de esconder o rosto e jogar com os ombros, quando andava, transparecia alguma coisa de um urso velho e mal domesticado.

Não obstante, quem lhe surpreendesse o olhar em certas ocasiões descobriria aí um inesperado brilho de inefável doçura, onde a resignação e o sofrimento transluziam, como a luz do sol por entre um nevoeiro espesso.

Chegou ao colégio banhado de suor dentro da sua terrível roupa de lustrina preta. O empregado de barbas longas levou-o à presença do diretor, que já esperava por ele, e disse apresentando-o:
– Cá está o pequeno do padre.
– Ah! – resmungou o outro, largando o trabalho que tinha em mão. – O pequeno do padre Estêvão. É mais um aluno que mal dará para o que há de comer! Quero saber se isto aqui é asilo de meninos desvalidos!... Uma vez que o tomaram à sua conta, era pagarem-lhe a pensão inteira e deixarem-se de pedir abatimentos, porque ninguém está disposto a suportar de graça os filhos alheios!
– Pois o padre Estêvão não paga a pensão inteira? – perguntou o barbadão a mastigar em seco furiosamente, e a lamber os beiços.
– Qual! Veio-me aqui com uma choradeira de nossa morte. E "porque seria uma obra de caridade, e porque já tinha gasto mundos e fundos com o pequeno", enfim, foi tal a lamúria que não tive outro remédio senão reduzir a pensão pela metade!

O das barbas fez então várias considerações sobre o fato, elogiou o coração do dr. Mosquito (era assim que se chamava o diretor) e ia a sair, quando este lhe recomendou que se não descuidasse da cobrança e empregasse esforços para receber dinheiro.

– Veja, veja, Salustiano, se arranja alguma coisa, que estou cheio de compromissos!

E o dr. Mosquito, voltando ao seu trabalho, exclamou sem mexer com os olhos:
– Aproxime-se!

André encaminhou-se para ele, de cabeça baixa.
– Como se chama?
– André.
– De quê?
– Miranda.
– Só?
– De Melo.
– André Miranda de Melo... – repetiu o diretor, indo a escrever o nome em um livro que acabava de tirar da gaveta.
– E Costa – acrescentou o menino.
– Então por que não disse logo de uma vez?
André não respondeu.

– Sua idade?
– Dez.
– Dez quê, menino?
– Anos.
– Hein?
– Dez anos.
– Hã!

E, enquanto escrevia:
– Já sabe quais são as aulas que vai cursar?
– Já.
– Já, sim, senhor, também se diz!
– Diz-se.
– Como?
– Diz-se, sim, senhor.
– Ora bem! – concluiu o Mosquito, afastando com a mão o paletó para coçar as costelas. E, depois de uma careta que patenteava a má impressão deixada pelo seu novo aluno, resmungou com um bocejo:
– Bem! Sente-se; espere que venham buscá-lo.
– Onde? – perguntou André, a olhar para os lados, sem descobrir assento.
– Ali, menino, oh!

E o diretor suspendeu com impaciência a pena do papel, para indicar uma das duas portas que havia do lado oposto do escritório. Em seguida mergulhou outra vez no seu trabalho, disposto a não interrompê-lo de novo.

André foi abrir uma das portas e disse lentamente:
– É um armário.
– A outra, a outra, menino! – gritou o Mosquito, sem se voltar.

André foi então à outra porta, abriu-a e entrou no quarto próximo.

Era uma saleta comprida, com duas janelas de vidraça, que se achavam fechadas. Do lado contrário às janelas havia uma grande estante, onde se viam inúmeros objetos adequados à instrução primária dos rapazes.

O menino foi sentar-se em um canapé que encontrou e dispôs-se a esperar.

Foi-se meia hora e ninguém apareceu. Seriam já quatro da tarde e, como André ainda estava só com a sua refeição da manhã, principiou a sentir-se muito mal do estômago.
Esgotada outra meia hora, ergueu-se e foi, para se distrair, contemplar os objetos da estante. Levou a olhá-los longo tempo, sem compreender o que tinha defronte da vista. Depois, espreguiçou-se e voltou ao canapé.

Mais outra meia hora decorreu, sem que o viessem buscar.

Duas vezes chegou à porta por onde entrara na saleta e, como via sempre o escritório deserto, tornava ao seu banco da paciência. E, no entanto, o apetite crescia-lhe por dentro de um modo insuportável e o pobre André principiava a temer que o deixassem ficar ali eternamente.

Pouco depois de entrar para a saleta, um forte rumor de vozes e passos repetidos lhe fez compreender que alguma aula havia terminado; daí a coisa de cinquenta minutos, o toque de uma sineta lhe trouxe à ideia o jantar, e ele verificou que se não enganara no seu raciocínio com o barulho de louças e talheres que faziam logo em seguida. Depois, compreendeu que era chegada a hora do tal recreio porque ouvia uma formidável vozeria de crianças que desciam para a chácara.

E nada de virem ao seu encontro.

– Que maçada! – pensava ele, a segurar o estômago com ambas as mãos.

Afinal, a escuridão começou a invadir a saleta. Havia cessado já o barulho dos meninos e agora ouviam-se apenas de vez em quando alguns passos destacados nos próximos aposentos.

Em tais ocasiões, o pequeno do padre corria à porta do escritório e espreitava.

Ninguém.

Já era noite completa, quando um entorpecimento irresistível se apoderou dele. O pobrezito vergou-se sobre as costas do canapé, estendeu as suas pernitas curtas e adormeceu.

Dormindo conseguiu o que não fizera acordado: seus roncos foram ouvidos pelo inspetor do colégio, e, daí a pouco, André, sem dar ainda acordo de si, era conduzido à mesa do refeitório, onde ia servir-se o chá.
Seu tipo, já de natural estranho, agora parecia fantástico sob a impressão do estremunhamento; e os estudantes, que o observavam em silêncio, abriram todos a rir, quando viram o inesperado colega atirar-se ao prato de pão com uma voracidade canina.

Mas André pouco se incomodou com isso e continuou a comer sofregamente, no meio das gargalhadas dos rapazes e dos gritos do inspetor que, sem ele próprio conter o riso, procurava chamá-los à ordem.

Por estes fatos apenas fez-se notar a sua entrada no colégio, visto que ele, depois da ceia, recolheu-se ao dormitório e acordou no dia seguinte, ao primeiro toque da sineta, sem ter trocado meia palavra com um só de seus companheiros.

Não procuravam as suas relações, nem ele as de ninguém, e, apesar das vaias e das repetidas pilhérias dos colegas, teria passado tranquilamente os primeiros dias da sua nova existência, se um incidente desagradável não o viesse perturbar.

Havia no colégio um rapaz que exercia sobre outros certa superioridade, nem só porque era dos mais velhos, como pelo seu gênio brigador e arrogante. Chamava-se Fonseca, e os companheiros o temiam a ponto de nem se animarem a fazer contra ele qualquer queixa ao diretor.

André atravessava numa ocasião o pátio do recreio, quando ouviu gritar atrás de si "Ó Coruja!".

Não fez caso. Estava já habituado a ser escarnecido, e tinha por costume deixar que a zombaria o perseguisse à vontade, até que ela cansasse e por si mesma se retraísse.

Mas o Fonseca, vendo que não conseguira nada com a palavra, correu na pista de André e ferrou-lhe um pontapé por detrás.

O pequeno voltou-se e arremeteu com tal fúria contra o agressor, que o lançou por terra. O Fonseca pretendeu reagir, mas o outro o segurou entre as pernas e os braços, tirando-lhe toda a ação do corpo.
Veio logo o inspetor, separou-os e, tendo ouvido as razões do Fonseca e dos outros meninos que presenciaram o fato, conduziu André para um quarto escuro, no qual teve o pequeno esse dia de passar todos os intervalos das aulas.

Sofreu o castigo e as acusações dos companheiros, sem o menor protesto e, quando se viu em liberdade, não mostrou por pessoa alguma o mais ligeiro ressentimento.

Depois desse fato, os colegas deram todavia em olhá-lo com certo respeito, e só pelas costas o ridicularizavam. Às vezes, do fundo de um corredor ou do meio de um grupo, ouvia gritar em voz disfarçada:
– Olha o filhote do padre! Olha o Coruja!

Ele, porém, fingia não dar por isso e afastava-se em silêncio.

Quanto ao mais, raramente comparecia ao recreio, e apresentava-se nas aulas sempre com a lição na ponta da língua.

No fim de pouco tempo, os próprios mestres participavam do vago respeito que ele impunha a todos; e, posto que estivessem bem longe de simpatizar com o desgracioso pequeno, apreciavam-lhe a precoce austeridade de costumes e o seu admirável esforço pelo trabalho.

Uma das particularidades de sua conduta, que mais impressionava aos professores, era a de que, apesar do constante mal que lhe desejavam fazer os colegas, ele jamais se queixava de nenhum, e tratava-os a todos da mesma forma que tratava ao

diretor e aos lentes, isto é, com a mesma sobriedade de palavras e a mesma frieza de gestos.

Em geral, era por ocasião da mesa que as indiretas dos seus condiscípulos mais se assanhavam contra ele. O Coruja, como já todos lhe chamavam, não tinha graça, nem distinção no comer; comia muito e sofregamente, com o rosto tão chegado ao prato que parecia querer apanhar os bocados com os dentes.

Coitado! Além do rico apetite de que dispunha, ele não recebia, à semelhança dos outros meninos, presentes de doce, requeijão e frutas que lhes mandavam as competentes famílias; não andava a papari car durante o dia com os outros; de sorte que, à hora oficial da comida, devorava tudo que lhe punham no prato, sem torcer o nariz a coisa alguma.

Um dia, porque ele, depois de comer ao jantar todo o seu pão, pediu que lhe dessem outro, a mesa inteira rebentou em gargalhadas; mas o Coruja não se alterou, e fez questão de que daí em diante lhe depusessem ao lado do prato dois pães em vez de um!

– Muito bem! – considerou o diretor. – É dos tais que pagam por meio e comem por dois! Seja tudo por amor de Deus!

Este capítulo do romance O Coruja, *do escritor maranhense Aluísio Azevedo, nascido em 1857 e falecido em Buenos Aires, em 1913, espelha bem a chegada à escola de um membro de camadas médias da população, numa cidade de província, durante os tempos do Império. O romance foi publicado em 1890, dentro das normas da escola naturalista: busca de objetividade na descrição do caráter psicológico, análise das relações sociais, um certo determinismo na consideração do destino das personagens. "Coruja" era o apelido do protagonista, André, que, no dizer do narrador, era extremamente feio, daí a alcunha. A aventura desse menino que se torna adulto tem algo a ver com o Brasil que sai de sua condição de ex-colônia e parte para um destino ignorado, vestido com "alguns conselhos do tutor", um "fato novo" feito da "batina velha" do pároco e depois de receber "uma palmada da criada".*

Não preciso remontar ao colégio, ainda que ali, provavelmente, tenha sido lançada no subsolo da minha razão a camada que lhe serviu de alicerce: o fundo hereditário do meu liberalismo. Meu pai nessa época (1864-1865) tinha terminado a sua passagem do campo conservador para o liberal, marcha inconscientemente começada desde a Conciliação (1853-57), consciente, pensada, desde o discurso que ficou chamado do *uti possidetis* (1862). Houve diversas migrações em nossa história política do lado liberal para o conservador. Os homens da Regência, que entraram na vida pública ou subiram ao poder representando a ideia de revolução, foram com a madureza dos anos restringindo as suas aspirações, aproveitando a experiência, estreitando-se no círculo de pequenas ambições e no desejo de simples aperfeiçoamento relativo, que constitui o espírito conservador. O senador Nabuco, porém, foi quem iniciou, guiou, arrastou um grande movimento em sentido contrário, do campo conservador para o liberal, da velha experiência para a nova experimentação, das regras hieráticas de governo para as aspirações ainda informes da democracia. Ele é quem encarnará em nossa História – entre a antiga "oligarquia" e a República, que deve sair dela no dia em que a escravidão se esboroar – o espírito de reforma. Ele é o nosso verdadeiro Lutero político, o fundador do livre-exame no seio dos partidos, o reformador da velha igreja *saquarema*, que, com os Torres, os Paulinos, os Eusébios, dominava tudo no país. Zacarias, Saraiva, Sinimbu, com os seus grandes e pequenos satélites, Olinda mesmo, em sua órbita independente, não fazem senão escapar-se pela tangente que ele traçou com a sua iniciativa intelectual, a qual parece um fenômeno da mesma ordem que o profetismo e que, por isso mesmo, só lhe consentia ter em política um papel quase imparcial: o de oráculo.

No colégio eu ainda não compreendia nada disto, mas sabia o liberalismo de meu pai, e nesse tempo o que ele dissesse ou pensasse era um dogma para mim: eu não tinha sido ainda invadido pelo espírito de rebeldia e independência, por essa petulância da mocidade que me fará mais tarde, na Academia, contrapor às vezes o meu modo de pensar ao dele, em lugar de apanhar religiosamente, como eu faria hoje, cada palavra sua.

Era natural que eu seguisse aos quinze e dezesseis anos a política de meu pai, mesmo porque essa devoção era acompanhada de um certo prazer, de uma satisfação de orgulho. Entre as sensações da infância que se me gravaram no espírito, lembra-me um dia em que, depois de ler o seu *Jornal*, o inspetor do nosso ano me chamou à mesa – era um velho ator do teatro São Pedro, que vivia da lembrança dos seus pequenos papéis e do culto de João Caetano – para dizer-me com grande mistério que meu pai tinha sido chamado a São Cristóvão para organizar o Gabinete. Filho de presidente do Conselho foi para mim uma vibração de amor-próprio mais forte do que teria sido, imagino, a do primeiro prêmio que o nosso camarada Rodrigues Alves tirava todos os anos. Eu sentia cair sobre mim um reflexo do nome paterno e elevava-me nesse raio: era um começo de ambição política que se insinuava em mim. A atmosfera que eu respirava em casa desenvolvia naturalmente as minhas primeiras fidelidades à causa liberal. Recordo-me de que nesse tempo tive uma fascinação por Pedro Luís, cuja ode à Polônia, *Os voluntários da morte*, eu sabia de cor. Depois, a questão dos escravos, em 1871, nos separou; mais tarde a nossa camaradagem na Câmara nos tornou a unir. Em casa eu via muito a Tavares Bastos, que me mostrava simpatia, todo o grupo político da época; era para mim estudante um desvanecimento descer e subir a rua do Ouvidor de braço com Teófilo Otôni; um prazer ir conversar no *Diário do Rio* com Saldanha Marinho e ouvir Quintino Bocaiuva, que me parecia o jovem Hércules da imprensa, e cujo ataque contra Montezuma, a propósito da capitulação de Uruguaiana, me deu a primeira ideia de um polemista destemido.

Na situação em que fui para São Paulo cursar o primeiro ano da Academia, eu não podia deixar de ser um estudante liberal. Desde o primeiro ano fundei um pequeno jornal para atacar o Ministério Zacarias. Meu pai, que apoiava esse ministério, escrevia-me que estudasse, me deixasse de jornais e sobretudo de atitudes políticas em que se podia ver, senão uma inspiração, pelo menos uma tolerância da parte dele. Eu, porém, prezava muito a minha *independência de jornalista*, a minha *emancipação de espírito*; queria sentir-me livre, julgava-me comprometido perante a minha *classe*, a acadêmica, e assim iludia, sem pensar desobedecer, o desejo de meu pai, que, provavelmente, não ligava grande importância à minha oposição ao ministério amigo. Nesse tempo as *Cartas de Erasmo*, que produziam no país uma revivescência conservadora, me pareciam a obra-prima da literatura política.

Joaquim Nabuco

COLÉGIO E ACADEMIA

As minhas ideias eram, entretanto, uma mistura e uma confusão; havia de tudo em meu espírito. Ávido de impressões novas, fazendo os meus primeiros conhecimentos com os grandes autores, com os livros de prestígio, com as ideias livres, tudo o que era brilhante, original, harmonioso, me seduzia e arrebatava por igual. Era o deslumbramento das descobertas contínuas, a eflorescência do espírito: todos os seus galhos cobriam-se espontaneamente de rosas efêmeras.

As *Palavras de um crente* de Lamennais, a *História dos Girondinos* de Lamartine, o *Mundo caminha* de Pelletan, os *Mártires da liberdade* de Esquiros eram os quatro Evangelhos da nossa geração, e o *Ahasverus* de Quinet o seu Apocalipse. Vitor Hugo e Henrique Heine creio que seriam os poetas favoritos. Eu, porém, não tinha (nem tenho) sistematizado, unificado sequer o meu lirismo. Lia de tudo igualmente. O ano de 1866 foi para mim o *ano* da

Revolução Francesa: Lamartine, Thiers, Mignet, Louis Blanc, Quinet, Mirabeau, Vergniaud e os Girondinos, tudo passa sucessivamente pelo meu espírito; a Convenção está nele em sessão permanente. Apesar disso, eu lia também Donoso Cortez e Joseph de Maistre, e até escrevi um pequeno ensaio, com a infalibilidade dos dezessete anos, sobre a Infalibilidade do Papa.

Posso dizer que não tinha ideia alguma, porque tinha todas. Quando entrei para a Academia, levava a minha fé católica virgem; sempre me recordarei do espanto, do desprezo, da comoção com que ouvi pela primeira vez tratar a Virgem Maria em tom libertino; em pouco tempo, porém, não me restava daquela imagem senão o pó dourado da saudade... Ao catolicismo só vinte e tantos anos mais tarde me será dado voltar por largos circuitos de que ainda um dia, se Deus me der vida, tentarei reconstruir o complicado roteiro. Basta-me dizer, por enquanto, que a grande influência literária que experimentei na vida, a embriaguez de espírito mais perfeita que se podia dar, pelo narcótico de um estilo de timbre sem igual em nenhuma literatura, o meu *coup de foudre* intelectual, foi a influência de Renan.

Politicamente o fundo liberal ficou intacto, sem mistura sequer de tradicionalismo. Seria difícil colher-se em todo o meu pensamento um resquício de tendência conservadora. Liberal, eu o era de uma só peça; o meu peso, a minha densidade democrática era máxima. Nesse tempo dominava a Academia, com a sedução da sua palavra e de sua figura, o segundo José Bonifácio.

Os líderes da Academia, Ferreira de Meneses, que, apesar de formado, continuava acadêmico e chefe literário da mocidade, Castro Alves, o poeta republicano de *Gonzaga*, bebiam-lhe as palavras, absorviam-se nele em êxtase. Rui Barbosa era dessa geração; mas Rui Barbosa, hoje a mais poderosa máquina cerebral do nosso país, que pelo número das rotações e força de vibração faz lembrar os maquinismos que impelem através das ondas os grandes transatlânticos, levou vinte anos a tirar do minério do seu talento, a endurecer e temperar o aço admirável que é agora o seu estilo.

As minhas ideias, porém, flutuavam, no meio das atrações diferentes desse período, entre a Monarquia e a República, sem preferência republicana, talvez somente por causa do fundo hereditário de que falei e da fácil carreira política que tudo me augurava. Um livro sedutor e interessante – é a minha impressão da época – o *dezenove de janeiro*, de Emílio Ollivier, tinha me deixado nesse estado de hesitação e de indiferença entre as duas formas de governo, e a *France nouvelle*, de Prévost-Paradol, que eu li com verdadeiro encanto, não conseguiu, apesar de todo o seu arrastamento, fixar a minha inclinação do lado da Monarquia parlamentar. O que me decidiu foi a *Constituição inglesa* de Bagehot. Devo a esse pequeno volume, que hoje não será talvez lido por ninguém em nosso país, a minha fixação monárquica inalterável; tirei dele, transformando-a a meu modo, a ferramenta toda com que trabalhei em política, excluindo somente a obra da abolição, cujo estoque de ideias teve para mim outra procedência.

Joaquim Nabuco nasceu no Recife em 1849 e morreu em Washington, em 1910. Formado em Direito, tornou-se tribuno abolicionista e no fim da vida, diante da República, continuou sendo um monarquista desencantado. Escreveu *Minha formação*, publicado em 1898, como um relato em que compendia a origem das ideias que povoavam seu mundo intelectual e o de sua geração. Um tanto quanto seco e árido, o relato de Nabuco tem seus melhores momentos na evocação e no memorialismo. No primeiro capítulo, aqui reproduzido, ele evoca seus tempos de escola e academia, desenhando um quadro típico da formação de um intelectual de elite, refinado e imbuído de ideais reformadores, durante os tempos do Segundo Império.

Machado de Assis
O caso

Damião fugiu do seminário às onze horas da manhã de uma sexta-feira de agosto. Não sei bem o ano, foi antes de 1850. Passados alguns minutos parou vexado; não contava com o efeito que produzia nos olhos da outra gente aquele seminarista que ia espantado, medroso, fugitivo. Desconhecia as ruas, andava e desandava, finalmente parou. Para onde iria? Para casa, não, lá estava o pai que o devolveria ao seminário, depois de um bom castigo. Não assentara no ponto de refúgio, porque a saída estava determinada para mais tarde; uma circunstância fortuita a apressou. Para onde iria? Lembrou-se do padrinho, João Carneiro, mas o padrinho era um moleirão sem vontade, que por si só não faria coisa útil. Foi ele que o levou ao seminário e o apresentou ao reitor:

— Trago-lhe o grande homem que há de ser – disse ele ao reitor.

— Venha – acudiu este –, venha o grande homem, contanto que seja também humilde e bom. A verdadeira grandeza é chã. Moço...

Tal foi a entrada. Pouco tempo depois fugiu o rapaz ao seminário. Aqui o vemos agora na rua, espantado, incerto, sem atinar com refúgio nem conselho; percorreu de memória as casas de parentes e amigos, sem se fixar em nenhuma. De repente, exclamou:

— Vou pegar-me com sinhá Rita! Ela manda chamar meu padrinho, diz-lhe que quer que eu saia do seminário...

Talvez assim...

Sinhá Rita era uma viúva, querida de João Carneiro; Damião tinha umas ideias vagas dessa situação e tratou de a aproveitar. Onde morava? Estava tão atordoado, que só daí a alguns minutos é que lhe acudiu a casa; era no largo do Capim.

— Santo nome de Jesus! Que é isto? – bradou sinhá Rita, sentando-se na marquesa, onde estava reclinada.

Damião acabava de entrar espavorido; no momento de chegar à casa, vira passar um padre, e deu um empurrão à porta, que por fortuna não estava fechada a chave nem ferrolho. Depois de entrar, espiou pela rótula, a ver o padre. Este não deu por ele e ia andando.

— Mas que é isto, sr. Damião? – bradou novamente a dona da casa, que só agora o conhecera. – Que vem fazer aqui?

Damião, trêmulo, mal podendo falar, disse que não tivesse medo, não era nada; ia explicar tudo.

— Descanse; e explique-se.

— Já lhe digo; não pratiquei nenhum crime, isso juro, mas espere.

Sinhá Rita olhava para ele espantada, e todas as crias, de casa, e de fora, que estavam sentadas em volta da sala, diante das suas almofadas de renda, todas fizeram parar os bilros e as mãos. Sinhá Rita vivia principalmente de ensinar a fazer renda, crivo e bordado. Enquanto o rapaz tomava fôlego, ordenou às pequenas que trabalhassem, e esperou. Afinal, Damião contou tudo, o desgosto que lhe dava o seminário; estava certo de que não podia ser bom padre; falou com paixão, pediu-lhe que o salvasse.

— Como assim? Não posso nada.

— Pode, querendo.

— Não – replicou ela abanando a cabeça –, não me meto em negócios de sua família, que mal conheço; e então seu pai, que dizem que é zangado!

Damião viu-se perdido.

Ajoelhou-se-lhe aos pés, beijou-lhe as mãos, desesperado.

— Pode muito, sinhá Rita; peço-lhe pelo amor de Deus, pelo que a senhora tiver de mais sagrado, por alma de seu marido, salve-me da morte, porque eu mato-me, se voltar para aquela casa.

da vara

Sinhá Rita, lisonjeada com as súplicas do moço, tentou chamá-lo a outros sentimentos. A vida de padre era santa e bonita, disse-lhe ela; o tempo lhe mostraria que era melhor vencer as repugnâncias e um dia... – não, nada, nunca – redarguia Damião, abanando a cabeça e beijando-lhe as mãos, e repetia que era a sua morte.

Sinhá Rita hesitou ainda muito tempo; afinal perguntou-lhe por que não ia ter com o padrinho.

– Meu padrinho? Esse é ainda pior que papai; não me atende, duvido que atenda a ninguém...

– Não atende? – interrompeu sinhá Rita ferida em seus brios. – Ora, eu lhe mostro se atende ou não...

Chamou um moleque e bradou-lhe que fosse à casa do sr. João Carneiro chamá-lo, já e já; e se não estivesse em casa, perguntasse onde podia ser encontrado, e corresse a dizer-lhe que precisava muito de lhe falar imediatamente.

– Anda, moleque.

Damião suspirou alto e triste. Ela, para mascarar a autoridade com que dera aquelas ordens, explicou ao moço que o sr. João Carneiro fora amigo do marido e arranjara-lhe algumas crias para ensinar. Depois, como ele continuasse triste, encostado a um portal, puxou-lhe o nariz, rindo:

– Ande lá, seu padreco, descanse que tudo se há de arranjar.

Sinhá Rita tinha quarenta anos na certidão de batismo, e vinte e sete nos olhos. Era apessoada, viva, patusca, amiga de rir; mas, quando convinha, brava como diabo. Quis alegrar o rapaz, e, apesar da situação, não lhe custou muito. Dentro de pouco, ambos eles riam, ela contava-lhe anedotas, e pedia-lhe outras, que ele referia com singular graça. Uma destas, estúrdia, obrigada a trejeitos, fez rir a uma das crias de sinhá Rita, que esquecera o trabalho, para mirar e escutar o moço. Sinhá Rita pegou de uma vara que estava ao pé da marquesa, e ameaçou-a:

– Lucrécia, olha a vara!

A pequena abaixou a cabeça, aparando o golpe, mas o golpe não veio. Era uma advertência; se à noitinha a tarefa não estivesse pronta, Lucrécia receberia o castigo do costume. Damião olhou para a pequena; era uma negrinha, magricela, um frangalho de nada, com uma cicatriz na testa e uma queimadura na mão esquerda. Contava onze anos. Damião reparou que tossia, mas para dentro, surdamente, a fim de não interromper a conversação. Teve pena da negrinha, e resolveu apadrinhá-la, se não acabasse a tarefa. Sinhá Rita não lhe negaria o perdão... Demais, ela rira por achar-lhe graça; a culpa era sua, se há culpa em ter chiste.

Nisto, chegou João Carneiro. Empalideceu quando viu ali o afilhado, e olhou para sinhá Rita, que não gastou tempo com preâmbulos. Disse-lhe que era preciso tirar o moço do seminário, que ele não tinha vocação para a vida eclesiástica, e antes um padre de menos que um padre ruim. Cá fora também se podia amar e servir a Nosso Senhor. João Carneiro, assombrado, não achou que replicar durante os primeiros minutos; afinal, abriu a boca e repreendeu o afilhado por ter vindo incomodar "pessoas estranhas", e em seguida afirmou que o castigaria.

– Qual castigar, qual nada! – interrompeu sinhá Rita. – Castigar por quê? Vá, vá falar a seu compadre.

– Não afianço nada, não creio que seja possível...

– Há de ser possível, afianço eu. Se o senhor quiser – continuou ela com certo tom insinuativo –, tudo se há de arranjar. Peça-lhe muito, que ele cede. Ande, senhor João Carneiro, seu afilhado não volta para o seminário; digo-lhe que não volta...

– Mas, minha senhora...

– Vá, vá.

João Carneiro não se animava a sair, nem podia ficar. Estava entre um puxar de forças opostas. Não lhe importava, em suma, que o rapaz acabasse clérigo, advogado ou médico, ou outra qualquer cousa, vadio que fosse; mas o pior é que lhe cometiam uma luta ingente com os sentimentos mais íntimos do compadre, sem certeza do resultado; e, se este fosse negativo, outra luta com sinhá Rita, cuja última palavra era ameaçadora: "digo-lhe que ele não volta". Tinha de haver por força um escândalo. João Carneiro estava com a pupila desvairada, a pálpebra trêmula, o peito ofegante. Os olhares que deitava a sinhá Rita eram de súplica, mesclados de um tênue raio de censura. Por que lhe não pedia outra coisa? Por que lhe não ordenava que fosse a pé, debaixo de chuva, à Tijuca, ou Jacarepaguá? Mas logo persuadir ao compadre que mudasse a carreira do filho... Conhecia o velho; era capaz de lhe quebrar uma jarra na cara. Ah! Se o rapaz caísse ali, de repente, apoplético, morto! Era uma solução – cruel, é certo, mas definitiva.

– Então? – insistiu sinhá Rita.

Ele fez-lhe um gesto de mão que esperasse. Coçava a barba, procurando um recurso. Deus do céu! Um decreto do papa dissolvendo a Igreja, ou, pelo menos, extinguindo os seminários, faria acabar tudo bem. João Carneiro voltaria para casa e ia jogar os três-setes. Imaginai que o barbeiro de Napoleão era encarregado de comandar a batalha de Austerlitz... Mas a Igreja continuava, os seminários continuavam, o afilhado continuava, cosido à parede, olhos baixos, esperando, sem solução apoplética.

– Vá, vá – disse sinhá Rita dando-lhe o chapéu e a bengala.

Não teve remédio. O barbeiro meteu a navalha no estojo, travou da espada e saiu à campanha. Damião respirou; exteriormente deixou-se estar na mesma, olhos fincados no chão, acabrunhado. Sinhá Rita puxou-lhe desta vez o queixo.

– Ande jantar, deixe-se de melancolias.

– A senhora crê que ele alcance alguma coisa?

– Há de alcançar tudo – redarguiu sinhá Rita cheia de si. – Ande, que a sopa está esfriando.

Apesar do gênio galhofeiro de sinhá Rita, e do seu próprio espírito leve, Damião esteve menos alegre ao jantar que na primeira parte do dia. Não fiava do caráter mole do padrinho. Contudo, jantou bem; e, para o fim, voltou às pilhérias da manhã. À sobremesa, ouviu um rumor de gente na sala, e perguntou se o vinham prender.

– Hão de ser as moças.

Levantaram-se e passaram à sala. As moças eram cinco vizinhas que iam todas as tardes tomar café com sinhá Rita, e ali ficavam até o cair da noite.

As discípulas, findo o jantar delas, tornaram às almofadas do trabalho. Sinhá Rita presidia a todo esse mulherio de casa e de fora. O sussurro dos bilros e o palavrear das moças eram ecos tão mundanos, tão alheios à teologia e ao latim, que o rapaz deixou-se ir por eles e esqueceu o resto. Durante os primeiros minutos, ainda houve da parte das vizinhas certo acanhamento, mas passou depressa. Uma delas cantou uma modinha, ao som da guitarra, tangida por sinhá Rita, e a tarde foi passando depressa. Antes do fim, sinhá Rita pediu a Damião que contasse certa anedota que lhe agradara muito. Era a tal que fizera rir Lucrécia.

– Ande, senhor Damião, não se faça de rogado, que as moças querem ir embora. Vocês vão gostar muito.

Damião não teve remédio senão obedecer. Mau grado o anúncio e a expectação, que serviam a diminuir o chiste e o efeito, a anedota acabou entre risadas das moças. Damião, contente de si, não esqueceu Lucrécia e olhou para ela, a ver se rira também. Viu-a com a cabeça metida na almofada para acabar a tarefa. Não ria; ou teria rido para dentro, como tossia.

Saíram as vizinhas, e a tarde caiu de todo. A alma de Damião foi-se fazendo tenebrosa, antes da noite. Que estaria acontecendo? De instante a instante, ia espiar pela rótula, e voltava cada vez mais desanimado. Nem sombra do padrinho. Com certeza, o pai fê-lo calar, mandou chamar dois negros, foi à polícia pedir um pedestre, e aí vinha pegá-lo à força e levá-lo

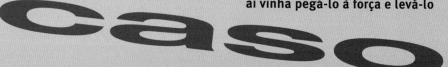

O caso passou-se "antes de 1850". Este conto de Machado de Assis, publicado no livro *Páginas recolhidas*, de 1899, tem por moldura as perspectivas educacionais na Corte ao tempo da consolidação do Segundo Império. Ou seja, para as camadas médias desfavorecidas, uma perspectiva de guarida, nem sempre bem recebida, no seminário; para as camadas pobres e da escravaria, ou ex-escravaria, o ensino de alguma prenda que garantisse a sobrevivência do educando... e da educadora, ou educador. Um pouco como na concepção que criou entre nós, nos anos 1930, o chamado "ensino profissionalizante". E no âmago de tudo, como verá o leitor, a volúpia cruel da traição.

ao seminário. Damião perguntou a sinhá Rita se a casa não teria saída pelos fundos; correu ao quintal, e calculou que podia saltar o muro. Quis ainda saber se haveria modo de fugir para a rua da Vala, ou se era melhor falar a algum vizinho que fizesse o favor de o receber. O pior era a batina; se sinhá Rita lhe pudesse arranjar um rodaque, uma sobrecasaca velha... Sinhá Rita dispunha justamente de um rodaque, lembrança ou esquecimento de João Carneiro.

– Tenho um rodaque do meu defunto – disse ela, rindo –, mas para que está com esses sustos? Tudo se há de arranjar, descanse.

Afinal, à boca da noite, apareceu um escravo do padrinho, com uma carta para sinhá Rita. O negócio ainda não estava composto; o pai ficou furioso e quis quebrar tudo; bradou que não, senhor, que o peralta havia de ir para o seminário, ou então metia-o no Aljube ou na presiganga. João Carneiro lutou muito para conseguir que o compadre não resolvesse logo, que dormisse a noite, e meditasse bem se era conveniente dar à religião um sujeito tão rebelde e vicioso. Explicava na carta que falou assim para melhor ganhar a causa. Não a tinha por ganha; mas no dia seguinte lá iria ver o homem, e teimar de novo. Concluía dizendo que o moço fosse para a casa dele.

Damião acabou de ler a carta e olhou para sinhá Rita. Não tenho outra tábua de salvação, pensou ele. Sinhá Rita mandou vir um tinteiro de chifre, e na meia folha da própria carta escreveu esta resposta: "Joãozinho, ou você salva o moço, ou nunca mais nos vemos". Fechou a carta com obreia, e deu-a ao escravo, para que a levasse depressa. Voltou a reanimar o seminarista, que estava outra vez no capuz da humildade e da consternação. Disse-lhe que sossegasse, que aquele negócio era agora dela.

– Hão de ver para quanto presto! Não, que eu não sou de brincadeiras!

Era a hora de recolher os trabalhos. Sinhá Rita examinou-os, todas as discípulas tinham concluído a tarefa. Só Lucrécia estava ainda à almofada, meneando os bilros, já sem ver; sinhá Rita chegou-se a ela, viu que a tarefa não estava acabada, ficou furiosa, e agarrou-a por uma orelha.

– Ah! malandra!

– Nhanhã, nhanhã! Pelo amor de Deus! Por Nossa Senhora que está no céu.

– Malandra! Nossa Senhora não protege vadias!

Lucrécia fez um esforço, soltou-se das mãos da senhora, e fugiu para dentro; a senhora foi atrás e agarrou-a.

– Anda cá!

– Minha senhora, me perdoe! – tossia a negrinha.

– Não perdoo, não. Onde está a vara?

E tornaram ambas à sala, uma presa pela orelha, debatendo-se, chorando e pedindo; a outra dizendo que não, que a havia de castigar.

– Onde está a vara?

A vara estava à cabeceira da marquesa, do outro lado da sala. Sinhá Rita, não querendo soltar a pequena, bradou ao seminarista:

– Sr. Damião, dê-me aquela vara, faz favor?

Damião ficou frio... Cruel instante! Uma nuvem passou-lhe pelos olhos. Sim, tinha jurado apadrinhar a pequena, que por causa dele, atrasara o trabalho...

– Dê-me a vara, sr. Damião!

Damião chegou a caminhar na direção da marquesa. A negrinha pediu-lhe então por tudo o que houvesse mais sagrado, pela mãe, pelo pai, por Nosso Senhor...

– Me acuda, meu sinhô moço!

Sinhá Rita, com a cara em fogo e os olhos esbugalhados, instava pela vara, sem largar a negrinha, agora presa de um acesso de tosse. Damião sentiu-se compungido; mas ele precisava tanto sair do seminário! Chegou à marquesa, pegou na vara e entregou-a a sinhá Rita.

59

A nor

Adolfo Caminha

Logo no dia seguinte à chegada do Zuza – uma segunda-feira luminosa de outubro, muito azul no alto, com irradiações no granito das calçadas e uma aragem insensível quase a arrepiar a fronde espessa dos arvoredos da praça do Patrocínio – Maria do Carmo foi recebida na Escola Normal com um chuveiro imprevisto de "parabéns" que as normalistas lhe davam à guisa de presentes de ano.

– Parabéns! Parabéns! – repetiam arrastando os pés para trás, abrindo alas, como se cortejassem uma princesa. Tinham combinado saudá-la pela chegada do Zuza com esse espírito irrequieto de colegial despeitado que se apraz em chacotear outro, e talvez com uma ponta de inveja a mordicá-las por dentro.

A praça permanecia numa quietação abençoada, com os seus renques de mungubeiras muito sombrias, verde-escuras e eternamente frescas, a desafiar, frente a frente, a pujança outonal dos cajueiros em flor que os liceístas castigavam a pedradas.

Meninos apregoavam numa voz clara e vibrante:

– Loteria do Pará, 30 contos!

O edifício da Escola Normal, a um canto do quadrilátero, pintadinho de fresco, cinzento, com as janelas abertas à claridade forte do dia, tinha o aspecto alegre de uma casa de noivos acabada de criar-se.

Maria estava radiante! Que extraordinária alegria infiltrava-se-lhe na alma, que excelente disposição moral! Acordara mais cedo que nos outros dias, como se tivesse de ir a alguma festa matinal, a algum passeio no campo, espane-jando-se toda numa delícia incomensurável, feliz como uma ave que solta o primeiro voo. Mas ao entrar na escola desapontou deveras. Seriam onze horas. O diretor ainda não havia chegado. Raparigas de todos os tamanhos, trajando branco, azul e rosa conversavam animadas de livro na mão, formando grupos, rindo, no vestíbulo que separava a sala de música do gabinete de ciências naturais, no pavimento superior.

Maria entrou vivamente alegre, de braço com a Lídia, dando – bom dia! – às colegas, uma bonita orquídea no peito, toda de branco, apertada por uma cinta. Mas a sua delicada suscetibilidade estremeceu ante a insólita manifestação que se lhe fazia, e uns tons de rosa desmaiados – um ligeiro rubor – coloriam-lhe o moreno claro das faces. "Aceitava os parabéns, como não? Muito obrigada,

malista

muitíssimo obrigada! Queriam debicá-la? Corujas! Fossem debicar a avó!"

Uma gargalhada irrompeu do grupo indiscreto, clamorosa e prolongada.

– Meninas! – fez a Lídia. – Isso não são modos!

– Olha a baronesa!

– Como está grande!

– Sua *incelência*!...

Maria a custo pôde abafar a raiva que lhe sacudia os nervos. Sentou-se à varanda que dizia para uns terrenos devolutos do lado de Benfica, mordicando a pele dos beiços, trombuda, cara fechada, a olhar o arvoredo com um ar afetado de absoluta indiferença.

Continuava o ruído. Havia um jogo contínuo de ditinhos picantes acompanhados de risadinhas sublinhadas – uma queria um botão de flor de laranjeira, da grinalda, outra desejava apenas um copito de *aluá*, essa outra contentava-se com um beijo na "noiva", aquela queria ser madrinha do "primeiro filho"...

Começaram a atirar-lhe bolinhas de papel.

Maria marcava compasso com o pé, furiosa, sem ver nada diante dos olhos.

– Já basta! – disse a Lídia abrindo os braços como para afastar as outras. – Tudo tem limite. Vocês estão se excedendo...

– Umas ignorantes! – saltou Maria acordando. – Umas idiotas que querem levar a gente a ridículo por uma coisa à toa. Ainda hei de mostrar!...

– O diretor, o diretor! – veio avisar a Jacintinha, uma feiosa, de olho vazado, com sinais de bexiga no rosto, e que estava acabando de decorar alto a lição de geografia.

Foi como se tivesse dito para um bando de crianças traquinas:

– Aí vem o *tutu*!

Houve uma debandada: umas embarafustaram pela sala de música, outras pela de ciências, outras, finalmente, deixaram-se ficar em pé, lendo a meia voz muito sérias. Fez-se um silêncio respeitoso, e daí a pouco surgiu no alto da escada a figura antipática do diretor, um sujeito baixo, espadaúdo, cara larga e cheia com uma pronunciada cavidade na calota do queixo, venta excessivamente grande e chata dilatando a um sestro especial, cabelo grisalho descendo pelas têmporas em costeletas compactas e brancas, olhos miúdos e vivos, testa inteligente...

Maria respirou com alívio.

Mas assim que o diretor deu as costas, entrando para o seu gabinete, recomeçou o zunzum de vozes finas, a princípio baixinho, depois num crescendo.

O sol obrigou-a a fechar o livro. Ergueu-se e foi para a aula, carrancuda, extremamente bela com o seu vestidinho de cassa, apertado na cinta delgada.

Ao meio-dia, pontualmente, chegou o professor de geografia, o Berredo, um homenzarrão, alto, grosso e trigueiro, barba espessa e rente, quase cobrindo o rosto, olhos pequenos e concupiscentes.

Cumprimentou o diretor, muito afetuoso, limpando o suor da testa. E consultando o relógio:

– Meio-dia! São horas de dar meu recado. Com licença.

Contavam-se na sala de aula pouco mais de umas dez alunas, quase todas de livro aberto sobre as carteiras, silenciosas agora, à espera do professor. Maria ocupava um dos bancos da primeira fila.

Ao entrar o Berredo, houve um arrastar de pés, todas simularam levantar-se, e o ilustre preceptor sentou-se, na forma do louvável costume, passeando o olhar na sala, vagarosamente, com bonomia paternal – tal um pastor de ovelhas a velar o casto rebanho.

A sala era bastante larga para comportar outras tantas discípulas, com janelas para a rua e para os terrenos devolutos, muito ventilada. Era ali que funcionavam as aulas de ciências físicas e naturais, em horas diferentes das de geografia. Não se via um só mapa, uma só carta geográfica nas paredes, onde punham sombras escuras peles de animais selvagens colocadas por cima de vidraças que guardavam, intactos, aparelhos de química e física, redomas de vidro bojudas e reluzentes, velhas máquinas pneumáticas nunca servidas, pilhas elétricas de Bunsen, incompletas, sem amálgamas de zinco, os condutores pendentes num abandono glacial; coleções de minerais, numerados, em caixinhas, no fundo da sala, em prateleiras volantes... Nenhum indício, porém, de esfera terrestre.

O professor pediu um compêndio que folheou de relance. – Qual era a lição? A Oceânia? Pois bem...

– Diga-me, senhora d. Maria do Carmo: A Oceânia é ilha ou continente?

Maria fechou depressa o compêndio que estivera lendo, muito embaraçada, e, fitando o *mestre*, batendo com os dedos na carteira, com um risinho:

– Somente uma parte da Oceânia pode ser considerada um continente.

– Perfeitissimamente bem!

E perguntou, radiante, como se chama essa parte da Oceânia que pode ser considerada *continente*; explicou demorada e categoricamente a natureza das ilhas australianas, elogiando as belas paisagens claras de Nova Zelândia, a sua vegetação opulenta, as riquezas do seu solo, o seu clima, a sua fauna, com entusiasmo de *touriste*, animando-se pouco e pouco, dando pulinhos intermitentes na cadeira de braços que gemia ao peso de seu corpo.

Maria, muito séria, sem mover-se, ouvia com atenção, o olhar fixo nos olhos do Berredo, bebendo-lhe as palavras, admirando-o, adorando-o quase, como se visse nele um doutor em ciências, um sábio consumado, um grande espírito. Decididamente era um talento, o Berredo! Gostava imenso de o ouvir falar, achava-o eloquente, claro, explícito, capaz de prender um auditório ilustrado. Era a sua aula predileta, a de geografia, o Berredo tornava-a mais interessante ainda. Os outros, o professor de francês e o de ciências, nem por isso; davam sua lição, como papagaios, e – adeus, até amanhã. O Berredo, não senhores, tinha um excelente método de ensino, sabia atrair a atenção das alunas com descrições pitorescas e pilhérias encaixadas a jeito no fio do discurso.

– Muitas ilhas da Oceânia – dizia ele, coçando a barba – são habitadas por selvagens antropófagos, como os da América antes de sua descoberta...

– Imaginem as senhoras, que horror! Homens devorando-se uns aos outros, comendo-se com a mesma satisfação, com a mesma voracidade, com o mesmo canibalismo com que nós outros, civilizados, trincamos um *beef-steak* ao almoço...

Houve uma casquinada de risos à surdina.

– Agora se o Zuza te come – disse baixinho, por trás de Maria do Carmo, uma moçoila de pincenez. – Toma cuidado, menina, o bicho tem cara de antropófago...

– E, note-se – continuou o Berredo –, as próprias mulheres não escapam à fúria das tribos inimigas: devoram-se também...

– Virgem! – fez Maria com espanto...

– As senhoras com certeza preferem viver no Ceará a habitar a Papuásia...

– Credo! – fizeram muitas a uma voz.

– E no Brasil há desses selvagens? – perguntou estouvadamente uma loira que se escondia na última fila, estirando o pescoço.

O pedagogo sorriu, passando a mão cabeluda na barba; e muito delicado, num tom benévolo:

– Atualmente existem poucos... Restos de tribos extintas...

E continuou a falar com a loquacidade de um sacerdote a pregar moral, explicando a vida e costumes dos selvagens da Nova Zelândia, citando Júlio Verne, cujas obras recomendava às normalistas como um "precioso tesouro de conhecimentos úteis e agradáveis" – lessem Júlio Verne nas horas de ócio; era sempre melhor do que perder tempo com leituras sem proveito, muitas vezes impróprias de uma moça de família...

– Vá esperando... – murmurou a Lídia.

– Eu estou certo – dizia o Berredo, convicto – de que as senhoras não leem livros obscenos, mas refiro-me a esses romances sentimentais que as moças geralmente gostam de ler, umas historiazinhas fúteis de amores galantes, que não significam absolutamente coisa alguma e só servem de transtornar o espírito às incautas... Aposto em como quase todas as senhoras conhecem a *Dama das camélias*, a *Lucíola*.

Quase todas conheciam.

– ...Entretanto, rigorosamente, são péssimos exemplos...

Tomou um gole d'água, e continuando:

– Nada! As moças devem ler somente o grande Júlio Verne, o propagandista das ciências. Comprem a *Viagem ao centro da Terra*, *Os filhos do capitão Grant* e tantos outros romances úteis, e encontrarão neles alta soma de ensinamentos valiosos, de conhecimentos práticos...

O contínuo veio anunciar que estava terminada a hora.

Dias depois o Berredo lecionava, como de costume, a seu bel-prazer, derreado na larga cadeira de espaldar, quando o contínuo, fazendo uma mesura, anunciou "S. Exa. o sr. presidente da Província", e imediatamente assomou à porta da sala o ilustre personagem, mostrando a esplêndida dentadura num sorriso fidalgo, com o peito da camisa deslumbrante de alvura, colarinhos muito altos e tesos, gravata de seda cor de creme onde reluzia uma ferradura de ouro polido, bigodes torcidos imperiosamente: um belíssimo tipo de sulista aristocrata. Estava um pouco queimado da viagem a Baturité.

O Berredo desceu logo do estrado a cumprimentá-lo com o seu característico aprumo de homem que viajara à Europa. Todas as alunas ergueram-se.

– Como passa V. Exa., bem? Estava agora mesmo...

O presidente pediu que não se incomodasse, que continuasse. Acompanhavam-no, como sempre, o José Pereira e o Zuza.

Maria, ao dar com os olhos do estudante, ficou branca, um calafrio gelou-lhe a espinha, baixou a cabeça, fria, fria, como se tivesse diante um juiz inflexível.

S. Exa., tomou assento entre o professor e o diretor. José Pereira e o Zuza sentaram-se nas extremidades da mesa.

As alunas tinham-se formalizado, muito respeitosas, imóveis quase, de livro aberto, com medo à chamada. Houve um silêncio.

– Pode continuar – disse o presidente para o Berredo. E este, inalterável:

– V. Exa., não deseja argumentar?...

– Não, não. Obrigado...

– Neste caso...

E para as discípulas:

– Diga-me a sra. d. Sofia de Oliveira, quantos são os polos da Terra? Veja como responde, é uma pequena recapitulação. Não se acanhe. Quantos são os polos da Terra?

O Berredo lembrou-se de fazer uma ligeira recapitulação para dar ideia do adiantamento das suas alunas.

Sofia de Oliveira era uma pequerrucha de olhos acesos, morena, verdadeiro tipo de cearense: queixo fino, em ângulo agudo, fronte estreita, olhos negros e inteligentes.

– Quantos são os polos da Terra? – fez ela olhando para o teto como procurando a resposta, embatucada. – Os polos?... Os polos são quatro.

Risos.

– Quatro? Pelo amor de Deus! Tenha a bondade de nomeá-los.

– Norte, Sul, Leste e Oeste.

Nova hilaridade.

– Está acanhada – desculpou o Berredo voltando-se para o presidente. – Até é uma das minhas melhores alunas. – Não confunda – tornou para a normalista. – Olhe que são polos e não pontos cardiais...

Outro disparate:

– Há uma infinidade de polos...

– Ora! Adiante... d. Maria do Carmo.

Maria estremeceu, embatucando também, sem dizer palavra, sufocada. A presença do Zuza anestesiava-a, incomodava-lhe atrozmente. Sob a pressão do olhar magnético do estudante, que a fixava, sua fisionomia transformou-se.

– Então, d. Maria?... Também está acanhada?

– Passe adiante – pediu o Zuza compadecido.

Duas lágrimas rorejaram nas faces da normalista caindo com um sonzinho seco sobre a carteira. Estava numa de suas crises nervosas. Outras duas lágrimas acompanharam as primeiras, vieram outras,

outras, e Maria, cobrindo o rosto com o seu lencinho de renda, desatou a chorar escandalosamente.

– Sente-se incomodada? – tornou o Berredo.

– D. Maria! Olhe...Tenha a bondade de levantar a cabeça...

– Está nervosa – disse o presidente com o seu belo ar de cético elegante.

– Pudores de donzela – murmurou o diretor. – Isto acontece.

O Berredo passou a mão no bigode, desapontado, e encontrando o olhar faiscante da Lídia: – A senhora... Quantos são os polos da Terra?

– Dois: o polo Norte e o polo Sul.

– Perfeitissimamente! – confirmou o professor batendo com o pé no estrado e esfregando as mãos satisfeito – Dois, minhas senhoras – disse mostrando dois dedos abertos em ângulo –, dois! O polo Norte, que é o extremo norte da linha imaginária que passa pelo centro da Terra, e o polo Sul, isto é, a outra extremidade diametralmente oposta; eis aqui está! Está ouvindo, d. Sofia? Está ouvindo, d. Maria do Carmo? São dois os polos da Terra!

– Estou satisfeito – disse o presidente erguendo-se.

Arrastar de cadeiras e pés, zunzum de vozes, e S. Exa. grave, correto e calmo, retirou-se com o seu estado-maior.

O Zuza ferrou em Maria do Carmo um olhar tão demorado e comovido que chegava a meter pena. Os seus óculos de ouro, muito límpidos e translúcidos, tinham um brilho de cristal puro. Trazia na botoeira do redingote claro (o Zuza gostava de roupas claras) uma flor microscópica.

Alguém murmurou ao vê-lo passar:

– Sempre correto!

Maria deixou-se ficar sucumbida, de cabeça baixa, mordicando a ponta do lenço, com uma lágrima retardada a tremeluzir-lhe na asa do nariz, desesperada, revoltada contra si mesma, que não soubera responder uma coisa tão simples... que vergonha, que humilhação!, pensava.

Não saber quantos polos tem a Terra! E quem havia de responder? A Lídia, logo a Lídia! O Zuza agora ficava fazendo um juízo muito triste a seu respeito e não a procuraria mais... Ah! era muito tola decididamente! E jurava consigo "não ter mais vergonha de homem algum".

Pediu licença ao professor e retirou-se antes de findar-se a aula para evitar os gracejos das colegas, voltando à casa sem a Lídia, sozinha, acaçapada, inconsolável.

Uma vez no seu discreto quartinho, bateu a porta com força, despiu-se às carreiras, desabotoando os colchetes com espalhafato, aos empuxões, impaciente, até ficar em camisa, e atirou-se à rede soltando um grande suspiro. Esteve muito tempo a pensar no acadêmico, na "figura triste" que fizera na aula, em mil outras coisas por associação de ideias, com o olhar, sem ver, numa velha oleografia do "Cristo abrindo os braços e mostrando o coração à humanidade", que estava na parede.

Era uma desgraçada, suspirava tomada de desânimo. Todas tinham seus namorados, viviam felizes, com o futuro mais ou menos garantido, amando, gozando; todas tinham seu dia de felicidade, e ela?

Era como uma gata borralheira, sem pai nem mãe, obrigada a suportar os desaforos de um padrinho muito grosseiro que até a proibia de casar. Nem amigas tinha. A Lídia, essa parecia-lhe uma desleal, fingida, hipócrita; não viram como ela tinha dado o *quinau* na aula? Uma ingrata... Sim, está visto que havia de ter um fim muito triste...

O verdadeiro era fugir com o primeiro sujeito que lhe aparecesse, fugir para fora do Ceará, ir-se de uma vez... Estava cansada de viver naquela casa...

E revoltava-se contra os padrinhos, contra a sociedade, contra Deus, contra tudo, num desespero febril, ansiando por uma vida feliz,

independente, livre de cuidados ao lado de um homem que a soubesse compreender, que lhe fizesse todas as vontades.

Por seu gosto não iria mais à Escola Normal para coisíssima alguma. Estava muito bem educada, não precisava de aprender em colégio, já não era criança.

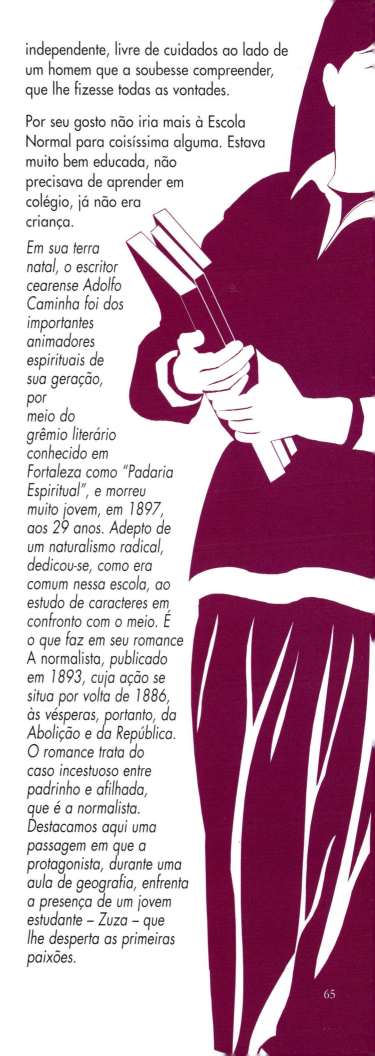

Em sua terra natal, o escritor cearense Adolfo Caminha foi dos importantes animadores espirituais de sua geração, por meio do grêmio literário conhecido em Fortaleza como "Padaria Espiritual", e morreu muito jovem, em 1897, aos 29 anos. Adepto de um naturalismo radical, dedicou-se, como era comum nessa escola, ao estudo de caracteres em confronto com o meio. É o que faz em seu romance A normalista, *publicado em 1893, cuja ação se situa por volta de 1886, às vésperas, portanto, da Abolição e da República. O romance trata do caso incestuoso entre padrinho e afilhada, que é a normalista. Destacamos aqui uma passagem em que a protagonista, durante uma aula de geografia, enfrenta a presença de um jovem estudante – Zuza – que lhe desperta as primeiras paixões.*

Artur Azevedo
Plebiscito

IV

A cena passa-se em 1890.

A família está toda reunida na sala de jantar.

O senhor Rodrigues palita os dentes, repimpado numa cadeira de balanço. Acabou de comer como um abade.

Dona Bernardina, sua esposa, está muito entretida a limpar a gaiola de um canário belga.

Os pequenos são dois, um menino e uma menina. Ela distrai-se a olhar para o canário. Ele, encostado à mesa, os pés cruzados, lê com muita atenção uma das nossas folhas diárias.

Silêncio.

•••

De repente, o menino levanta a cabeça e pergunta:

– Papai, que é plebiscito?

O senhor Rodrigues fecha os olhos imediatamente para fingir que dorme.

O pequeno insiste:

– Papai?

Pausa:

– Papai?

Dona Bernardina intervém:

– Ó seu Rodrigues, Manduca está lhe chamando. Não durma depois do jantar que lhe faz mal.

O senhor Rodrigues não tem remédio senão abrir os olhos.

– Que é? Que desejam vocês?

– Eu queria que papai me dissesse o que é plebiscito.

– Ora essa, rapaz! Então tu vais fazer doze anos e não sabes ainda o que é plebiscito?

– Se soubesse não perguntava.

O senhor Rodrigues volta-se para dona Bernardina, que continua muito ocupada com a gaiola:

– Ó senhora, o pequeno não sabe o que é plebiscito!

– Não admira que ele não saiba, porque eu também não sei.

– Que me diz?! Pois a senhora não sabe o que é plebiscito?

– Nem eu, nem você; aqui em casa ninguém sabe o que é plebiscito.

– Ninguém, alto lá! Creio que tenho dado provas de não ser nenhum ignorante!

– A sua cara não me engana. Você é muito prosa. Vamos: se sabe, diga o que é plebiscito! Então? A gente está esperando! Diga!...

– A senhora o que quer é enfezar-me!

– Mas, homem de Deus, para que você não há de confessar que não sabe? Não é nenhuma vergonha ignorar qualquer palavra. Já outro dia foi a mesma coisa quando Manduca lhe perguntou o que era proletário. Você falou, falou, falou, e o menino ficou sem saber!

– Proletário – acudiu o senhor Rodrigues – é o cidadão pobre que vive do trabalho mal remunerado.

– Sim, agora sabe porque foi ao dicionário; mas dou-lhe um doce, se me disser o que é plebiscito sem se arredar dessa cadeira!

– Que gostinho tem a senhora em tornar-me ridículo na presença destas crianças!

– Oh! ridículo é você mesmo quem se faz. Seria tão simples dizer: "Não sei, Manduca, não sei o que é plebiscito; vai buscar o dicionário, meu filho".

O senhor Rodrigues ergue-se de um ímpeto e brada:

– Mas se eu sei!

– Pois, se sabe, diga!

– Não digo para me não humilhar diante de meus filhos! Não dou o braço a torcer! Quero conservar a força moral que devo ter nesta casa! Vá para o diabo!

E o senhor Rodrigues, exasperadíssimo, nervoso, deixa a sala de jantar e vai para o seu quarto, batendo violentamente a porta.

No quarto havia o que ele mais precisava naquela ocasião: algumas gotas de água de flor de laranja e um dicionário...

•••

A menina toma a palavra:

– Coitado de papai! Zangou-se logo depois do jantar! Dizem que é tão perigoso!

– Não fosse tolo – observa dona Bernardina – e confessasse francamente que não sabia o que é plebiscito!

– Pois sim – acode Manduca, muito pesaroso por ter sido o causador involuntário de toda aquela discussão –, pois sim, mamãe; chame papai e façam as pazes.

– Sim! sim! façam as pazes! – diz a menina em tom meigo e suplicante. – Que tolice! Duas pessoas que se estimam tanto zangarem-se por causa do plebiscito!

Dona Bernardina dá um beijo na filha, e vai bater à porta do quarto:

– Seu Rodrigues, venha sentar-se; não vale a pena zangar-se por tão pouco.

O negociante esperava a deixa. A porta abre-se imediatamente. Ele entra, atravessa a casa, e vai sentar-se na cadeira de balanço

– É boa! – brada o senhor Rodrigues depois de largo silêncio – É muito boa! Eu! Eu ignorar a significação da palavra *plebiscito*! Eu!...

A mulher e os filhos aproximam-se dele.

O homem continua num tom profundamente dogmático:

– Plebiscito...

E olha para todos os lados a ver se há por ali mais alguém que possa aproveitar a lição.

– Plebiscito é uma lei decretada pelo povo romano, estabelecido em comícios.

– Ah! – suspiram todos, aliviados.

– Uma lei romana, percebem? E querem introduzi-la no Brasil! É mais um estrangeirismo!...

O maranhense Artur Azevedo tornou-se mais conhecido como um homem de teatro, autor de comédias encantadoras como A capital federal *e* O mambembe, *além de inúmeras revistas de ano, burletas e até uma ou outra peça séria, que reinaram nos palcos do Rio de Janeiro durante o fim do Império e o começo da República. Mas foi também um grande cultivador de contos, em geral leves, evocativos, engraçados. Como este "Plebiscito", publicado em* Contos fora da moda, *de 1893, em que o autor explora as vicissitudes da educação doméstica.*

Crônica

Está sabido que o assunto magno é a plataforma política do futuro presidente. Nem a chuva contínua, nem a estreia de Sarah Bernhardt, nem as casas desmoronadas, nem as festas à oficialidade da Pátria conseguiram desviar de tal assunto a atenção e o interesse de todos.

Essa "plataforma", lida pelo candidato no fim de um banquete suntuoso, foi o prato mais anunciado, mais esperado e mais saboreado do menu. Em vão as sopas e os polmes, os pastéis e os paparichos, os refogados de molho cheiroso e as empanadas de caça, os imensos peixes nadando em caldos preciosos, os gordos perus atulhados de túbaras e farofa, desafiaram o apetite dos convivas; em vão, rebrilhando nas taças e nos cálices de cristal, cruzavam os seus raios fúlgidos o desmaiado topázio do Chateau-Yquem, a granada escura do Chambertin, o ardente rubi do Porto, os diamantes boliçosos do Pommery; em vão! Os convivas esperavam a "plataforma", prato novo e inédito, artisticamente temperado e cozinhado pelo Brillat-Savarin da Política com a assistência e a ajuda dos marmitons da Coligação...

•••

Não é de agora, vós todos o sabeis, o uso de aproveitar um banquete como veículo da expansão das ideias e dos programas.

A mesa é a sociedade, a união a cordialidade...

Já um filósofo escreveu que a vida humana pode ser simbolicamente representada por dous móveis: o Leito, onde nascemos, onde amamos, onde dormimos e onde morremos, e a Mesa, onde nos alimentamos, onde folgamos, onde estudamos e onde trocamos ideias.

A Mesa, assim como reúne as famílias, reúne também as sociedades. Direi mais: toda Sociedade bem constituída é a reprodução de uma Mesa doméstica bem servida. Assim,

Olavo Bilac

vede o que é a Mesa, nas casas de família: à cabeceira, o chefe da casa, o pater-familias, detentor do poder e da autoridade; à sua direita, a Uxor, a Mater, a Companheira fiel; depois, em gradação de importância ou de idade, os filhos, os amigos, os apaniguados, os "encostados"; e, em torno, os serviçais solícitos, que passam os pratos, mudam os talheres, enchem os copos. Na Sociedade, o pater-familias é o chefe do Estado; a Uxor, que está ao seu lado, é a Lei; a seguir, os privilegiados da casa, ou da inteligência, ou do dinheiro, os que têm os empregos e a influência, os conselheiros e os executores de ordens, os auxiliares; e, em torno, de pé, servindo os que comem, o Povo, que não come –, ou come depois, contentando-se com as sobras...

Em todas as eras, a Mesa tem sido não só um pretexto para a reunião de estômagos, mas também um pretexto para a reunião de espíritos. Cenáculo, que é hoje quase sinônimo de concílio, vem de *cenare*, ceiar. Foi ceiando que Jesus fez o seu pacto imortal com os discípulos; foi sobre o cenáculo que desceu o Espírito Santo, em línguas de fogo.

Na velha Grécia, era comendo e bebendo que os Filósofos transmitiam aos seus alunos o conhecimento das eternas verdades; e, quando enfeixavam em um livro as suas lições, esses Filósofos quase sempre davam ao livro o título de "Banquete": há o Banquete de Platão, o Banquete de Xenofonte, o Banquete dos Sete Sábios de Plutarco, o Banquete dos Sofistas de Ateneu...

Não se compreende Política sem banquetes: em todos os países civilizados é nos banquetes que os grandes homens exprimem as suas ideias; teve bastante razão aquele poeta francês que escreveu:

"c'est en dinant qu'on gouverne les hommes..."

...

Voltemos à "plataforma"...

Foi, como já disse, o prato mais anunciado, mais esperado, mais saboreado do menu.

"Adubado por mão de mestre, cozido a ponto, nem muito cru, nem muito passado, nem muito desprovido de especiarias, nem muito carregado de excitantes, é um prato que honra a culinária republicana!" – foi a opinião, creio eu, de todos os convivas que o comeram.

Eu, que não era conviva, não o comi. Cheirei-o apenas, de longe, esticando para ele o nariz ansioso. Direis, sem dúvida, que, por isso, não o posso criticar... Por quê? Tão intimamente ligados estão, no homem, o olfato e o paladar, que, sem o concurso simultâneo dos dois, não há prato que de todo agrade, nem vinho que de todo o saiba. Bebei um copo do bom Bourgogne, com as narinas bem abertas, recebendo o seu capitoso vapor, e vereis que delícia! Mas enchei de novo o copo e esgotai-o de novo, com o nariz tapado, e já o vinho não parecerá o mesmo... Eu apenas cheirei a "plataforma", é verdade; mas isso me bastou para achar que faltou um condimento...

Claro está que ninguém pede a minha opinião sobre o prato. Mas, se o não comi, como conviva, no banquete, tenho de comê-lo depois – como cidadão e como contribuinte. E, parece-me justo que eu peça, no bocado que me vai caber, mais uma pitadinha de sal...

•••

A "plataforma" é minuciosa acerca dos problemas da política, das finanças, das indústrias, da lavoura, do comércio, da viação, da defesa em mar e em terra. Todas essas iguarias e todos esses temperos foram sabiamente misturados, em doses fartas e racionais. Mas o tempero da instrução pública?

Há um trecho que se refere a isso; mas esse trecho, que ocupa na publicação dos jornais 24 linhas de impressão, é incolor e obscuro. Li-o e reli-o várias vezes, espaçando os seus períodos, virando e revirando as suas frases, pesando as suas palavras, procurando apanhar e apalpar a sua significação e a sua alma – e confesso que saí desse longo e aturado estudo com esta convicção: só há ali uma referência vaga à instrução secundária e superior e nenhuma referência à instrução primária.

Ora, o que eu devo, como cidadão e como homem, dizer ao eminente autor da "plataforma" é isto:

"Desculpe-me vossa excelência –, mas é preciso, enquanto é tempo, carregar a mão neste tempero! Nós não temos, no Brasil, vários problemas temerosos; temos um só, mas temerosíssimo problema: o da instrução. O problema da instrução não é um problema: é O Problema. O Brasil é uma agremiação de analfabetos. E uma agremiação humana qualquer pode ter boas finanças, boa lavoura, bom comércio, boa indústria, bom Exército, boa Marinha; se não tiver instrução, poderá ser tudo o que quiserem, mas nunca será uma nação. O ilustre estadista, que, antes da "plataforma" de vossa excelência, serviu aos convivas do banquete a "plataforma" da Coligação, fez referências entusiásticas ao povo japonês, ao seu Exército, à sua Marinha... Mas reflita vossa excelência nisto: o Japão venceu por ter soldados e marinheiros que sabem ler: toda a indenização que o Japão recebeu da China (duzentos mil contos de réis) foi empregada na construção de escolas e na difusão do ensino; o Japão é forte, o Japão é poderoso, o Japão venceu a Rússia, porque mantém atualmente nas suas escolas primárias uma frequência constante de cinco milhões de crianças. E o Brasil... a respeito do Brasil, neste assunto, nem é bom falar! Desculpe-me vossa excelência! Mas julgo que, de todos os temperos com que vossa excelência adubou o seu excelente prato, este tempero da instrução pública foi usado com uma desconsoladora parcimônia!"

•••

Aí está o que eu devo dizer, com franqueza, ao autor da "plataforma".

Uma consideração, porém, me está desde já consolando...

Programas são programas: nem tudo o que eles prometem é sempre cumprido, nem tudo o que eles esquecem deixa sempre de ser feito. Um bom cozinheiro sempre está em tempo de melhorar os pratos que prepara.

É possível que o problema da instrução, tão levemente tocado na "plataforma", de Afonso Pena – Candidato, ainda venha a ser o problema que maior atenção e maior carinho mereça do patriotismo de Afonso Pena – Presidente.

Ouça-me Deus –, e o Diabo seja surdo!

O. B.

O poeta Olavo Brás Martins dos Guimarães Bilac, cujo nome já era um verso alexandrino, nasceu em 1865 e morreu em 1918, no Rio de Janeiro. Foi dos escritores brasileiros que mais ardorosamente abraçou causas cívicas, como o serviço militar obrigatório e a escola pública de primeiro grau. Nesta crônica, publicada na Gazeta de Notícias *do Rio de Janeiro, Bilac comenta a plataforma política do então candidato e futuro presidente Afonso Pena, criticando-lhe o descaso para com a "instrução pública". Esta crônica nunca havia sido publicada em livro e consta aqui graças à gentileza do prof. dr. Antonio Dimas, da Universidade de São Paulo, que a localizou.*

"Tudo o que este mundo encerra é propriedade do brâmane, porque ele, por seu nascimento eminente, tem direito a tudo o que existe."

(Código de Manu)

Na minha peregrinação sentimental por este mundo, fui ter, não sei como, à cidade de Batávia, na ilha de Java.

É fama que os franceses ignoram sobremodo a geografia; mas estou certo de que, entre nós, pouca gente tem notícias seguras dessa ilha e da capital das Índias Neerlandesas.

É pena, pois é da Terra um dos recantos mais originais e cheio de surpreendentes mistérios que se vão aos poucos desvendando aos olhos atônitos da nossa pobre humanidade.

Lá, Dubois achou partes do esqueleto do *Pithecanthropus erectus*; e o doido do Nietzsche tinha admiração por certas trepadeiras dessa curiosa ilha, porque, dizia ele, amorosas do sol, se enrodilhavam pelos carvalhos e, apoiadas neles, elevavam-se acima dos mais altos galhos dessas árvores veneráveis, banhavam-se na luz e davam a sua glória em espetáculo.

Os restos do afastado ancestral do homem que Dubois encontrou, não os vi quando lá estive.

Trepadeiras e cipós vi muitos, mas carvalho não vi nenhum. Nietzsche, que lá não esteve, certamente julgou que Java tinha alguma semelhança com Saxe ou com a Suíça.

A massa de hindus, de chineses, de anamitas, de malaios e javaneses, porém, esmaga a banalidade pretensiosa daquelas holandesas rechonchudas que estão pedindo a sua imediata volta às monótonas campinas da pátria, com as suas vacas nédias, os seus clássicos moinhos de vento e a ligeira névoa que parece sempre cobri-las, para readquirirem o necessário relevo das suas pessoas.

Não falando no famoso jardim botânico dos arredores, Batávia, como São Paulo ou Cuiabá, possui estabelecimentos e sociedades de ciência e de arte dignas de atenção.

A sua academia de letras é muito conhecida na rua principal da cidade, e os literatos da ilha brigam e guerreiam-se cruamente, para ocuparem um lugar nela. A pensão que recebem é módica, cerca de cinco patacas, por mês, na nossa moeda; eles, porém, disputam o *fauteuil* acadêmico por todos os processos imagináveis. Um destes é o empenho, o nosso "pistolão", que procuram obter de quaisquer mãos, sejam estas de amigos, de parentes, das mulheres, dos credores ou, mesmo, das amantes dos acadêmicos que devem escolher o novo confrade.

Há de parecer que, por tão pouco, não valia a pena disputar acirradamente, como fazem, tais posições. É um engano. O sujeito que é acadêmico tem facilidade em arranjar bons empregos na diplomacia, na alta administração; e a grande burguesia da terra, burguesia de acumuladores de empregos, de políticos de honestidade suspeita, de leguleios afreguesados, de

Harakashy e as

Não eram precisos os carvalhos nem as tais trepadeiras muito vulgarmente, como todas as plantas, amorosas da luz, para tornar Java interessante, porque só o aspecto mesclado de sua população, a confusão do seu pensamento religioso, as suas antiguidades búdicas e os seus vulcões descomunais seduzem e prendem a atenção do peregrino desgostoso ou do sábio esquadrinhador.

Por meses e meses, o tédio mais principesco desfaz-se naquelas terras de sol candente e orgia vegetal que, talvez, com a Índia e os grandes lagos da África, sejam os únicos lugares da Terra que não foram ainda banalizados inteiramente.

Creio que não será assim por muito tempo. Lá estão os holandeses; e edificaram até na cidade de Batávia, um bairro europeu, chamado na língua deles Weltevreden (paz do mundo), cujas damas se vestem e têm todos os tiques periódicos das moças de Hong Kong ou de Petrópolis.

Nos olhos das mulheres do bairro europeu, não há senão a mui terrena ânsia da fortuna; mas, nos olhares negros, luminosos, magnéticos das javanesas há coisas, do Além, o fundo do mar, o céu estrelado, o indecifrável mistério da sempre misteriosa Ásia. Também há volúpia e há morte.

médicos milagrosos ou de ricos desavergonhados, cujas riquezas foram feitas à sombra de iníquas e aladroadas leis – essa burguesia, continuando, tem em grande conta o título de membro da academia, como todo outro qualquer, e o acadêmico pode bem arranjar um casamento rico ou coisa equivalente.

Lá, a literatura não é uma atividade intelectual imposta ao indivíduo, determinada nele, por uma maneira muito sua e própria do seu feitio mental; para os javaneses, é, nada mais, nada menos, que um jogo de prendas, uma sorte de sala, podendo esta ser cara ou barata.

Os médicos que, em Java, têm outra denominação, como veremos mais tarde, são os mais constantes fregueses da academia. Estão sempre a bater-lhe na porta, apesar de não ter a medicina nada que ver com a literatura.

Pertencendo à academia de letras – é o que imagino – como que eles ganham maior confiança dos clientes e mais segurança no emprego dos remédios. Assim, talvez, pensem eles e também o povo, tanto que a clínica lhes aumenta logo que entram para a ilustre companhia javanesa.

É bem possível que as suas letras e a sua fascinação pela academia visem somente a tal resultado, porquanto, entre eles, a rivalidade na clínica é terrível e mais ainda quando se trata de competir com colegas estrangeiros. Usam contra estes das mais desleais armas.

Um houve, natural de um pequeno país da Europa e de extração campônia, que só as pôde manter à distância, usando de armas e processos grosseiramente saloios. Estava sempre de varapau em punho e foi o meio mais eficaz que encontrou, para não lhe caluniarem e lhe prejudicarem a clínica.

A literatura desses doutores e cirurgiões é das mais estimadas naquelas terras; e isto, por dois motivos: porque é feita por doutores e porque ninguém a lê e entende.

O critério literário e artístico dos médicos de Java não é o de Hegel, de Schopenhauer, de Taine, de Brunetière ou de Guyau. Eles não perdem tempo com semelhante gente. Não admitem que a obra literária tenha por fim manifestar um certo caráter saliente ou essencial do assunto que se tem em vista, mais completamente do que o fazem os fatos reais. Literatura não é fazer entrar no patrimônio do espírito humano, com auxílio dos processos e métodos artísticos, tudo o que interessa o uso da vida, a direção da conduta e o problema do destino. Não, absolutamente não.

Os doutores javaneses de curar não entendem literatura assim. Para eles, é boa literatura a que é constituída por vastas compilações de coisas de sua profissão, escritas laboriosamente em um jargão enfadonho com fingimentos de língua arcaica.

Curioso é que a primeira qualidade exigida em um livro de estudo é a sua perfeita, completa clareza, que só pode ser obtida com a

predicados, nenhuma mulher perde de todo a vaidade; e a visita de uma notabilidade hipocrática fazia falar a vizinhança. Foi chamado o homem, o doutor Lhovehy, uma celebridade retumbante, professor, membro de várias academias, inclusive a de letras e a de história e geografia.

Ele foi de carro, com a visita paga adiantadamente: 150 florins. Em chegando junto ao doente, com trejeitos de mau ator foi falando assim:

– Até agora quem no há tratado?

– O doutor Nepuchalyth.

– Mister é que tenhais sempre atilamento com esses físicos incautos. Eles são homens que não curam senão por experiência e costume; e é tão bom de enganar os néscios não afeitos ao bom proceder dos físicos de valia que dão cor a facilmente serem enganados por eles e o pior é que alguns cientes físicos ou por contentar todos os do povo e não querer trabalhar ou especular as curas, vão-se com o parecer deles; e porque ser aprazível ao povo faz ao físico ganhar mais moedas, usam logo em princípio as suas mezinhas deles.

Depois de ter pronunciado esse exórdio com toda a solenidade teatral e doutoral, o Garcia de Orta não anunciado, da sublime escola de Java, examinou o doente e receitou em grego. Quase ao sair, a mulher perguntou-lhe:

– Doutor, qual a dieta?

escolas de Java

Lima Barreto

máxima simplicidade de escrever, além de um encadeamento naturalmente lógico de suas partes, evitando-se tudo o que distraia a atenção do leitor daquilo que se quer ensinar.

Vou explicar-me melhor e os leitores verão como os sábios javaneses prendem a atenção, poupam o esforço mental dos seus discípulos, empregando termos obsoletos e locuções que desde muito estão em desuso.

Suponhamos que um médico nosso patrício se proponha a escrever um tratado qualquer de patologia e empregue a linguagem de João de Barros mesclada com a do padre Vieira, sem esquecer a de Alexandre Herculano. Eis aí em que consiste a literatura suculenta dos doutores javaneses; e todos de lá lhes admiram as obras escritas em tal patoá ininteligível. Darei um exemplo, servindo-me do nosso idioma.

Antes, porém, de dar essa mostra do modo de escrever dos esculápios de lá, dar-lhes-ei o de falar, com uma anedota que me contaram lá mesmo – porque lá há também irreverentes e observadores. Uma família média, tendo o chefe doente e vendo que a moléstia não dava volta com o modesto médico assistente, resolveu chamar uma das celebridades da medicina javanesa. A mulher do doente era quem mais queria isto, porque, embora possam ser excelentes, com todos os bons

– Polho cozido ou caldo dele.

A mulher voltou para junto do marido, sem ter compreendido a dieta, pois temeu mostrar-se ignorante em face do sábio, indagando o que era polho.

Logo que a viu, o marido ralhou-a com doçura:

– Filha, eu não dizia a você que esses médicos famosos não servem para nada?... Este que você trouxe fala que ninguém o entende, como se a gente falasse para isso... Receita umas mixórdias misteriosas... Sabe você de uma coisa? Continuo com o doutor Nepuchalyth, ali da esquina. Este ao menos tem juízo e não inventou um modo de falar para ele só entender.

O exemplo de que falei acima é o que se encontra em obras de um famoso doutor lá de Java. Cito um único, mas poderia citar muitos. O javanês, doutor de curas, queria dizer: "Sou de opinião que a febre deve ser combatida na sua causa".

Julgou isto vulgar, indigno do seu título e das suas prerrogativas consuetudinárias, e escreveu provocando a máxima admiração dos seus leitores, da seguinte forma:

"Erro, quere parescer-me, é não se atentar donde provém tal febre com incendimento e modorra, para só tratá-la às rebatinhas, tão de pronto como se mesmo fora ela a doença, senão consequência muita vez de vitais desarranjos imigos da sã vida e onde o físico de recado achará a fonte ou as fontes do mal que deixa assi o corpo sem os bons e sãos aspeitos de sua habitual composição".

Depois de uma beleza destas, a sua entrada na academia foi certa e inevitável, pois é nessa espécie de *pot-pourri* de estilos de tempos desencontrados, com o emprego de um vocabulário senil, tirado à sorte; de salada de feitios de linguagem de épocas diferentes, de modismos de séculos afastados uns dos outros, que a gente inteligente de Java encontra a mais alta expressão da sua oca literatura. Há exceções, devo confessar. Continuo, sem me deter nelas.

A ciência javanesa está muito adiantada. Nunca se fez lá a mais insignificante descoberta; nunca um sábio javanês edificou uma teoria qualquer.

Penso que tal se dá por haver precisão disso; os da estranja suprem as necessidades da mentalidade javanesa.

O sábio da Batávia é o contrário de todos os outros sábios do mundo. Não é um modesto professor que vive com seus livros, seus algarismos, suas retortas ou *éprouvettes*. O sábio de Java, ao contrário, é sempre um ricaço que foge dos laboratórios, dos livros, das retortas, dos cadinhos, das épuras, dos microscópios, das equatoriais, dos telescópios, das cobaias, tem cinco ou seis empregos, cada qual mais afanoso, e não falta às festas mundanas.

A presunção de cientista, entretanto, não há quem lá não a tome. Basta que um sujeito tenha aprendido um pouco de álgebra ou folheado um compêndio de anatomia, para se julgar cientista e se encher de um profundo desdém por toda a gente, sobretudo pelos literatos ou poetas. Contudo todos desse gênero querem sê-lo e, em geral, são péssimos.

Vou lhes contar um caso que se passou com o doutor Karitschá Lanhi, quando foi nomeado diretor do câmbio do Banco Central de Java. Esse doutor era professor da Escola de Sapadores, da qual mais adiante falarei, e por isso se julgou no direito de pleitear o lugar do banco. No dia seguinte de sua nomeação, o seu subalterno imediato foi perguntar-lhe qual a taxa de câmbio que devia ser afixada.

– Sempre para a alta. Qual foi a taxa de ontem?

O empregado retrucou:

– 18 5/17, doutor.

O sábio pensou um pouco e determinou:

– Afixe: 18 5/21, senhor Hatati.

O homem reprimiu o espanto e todo o banco riu-se de tão seguro financeiro que lhe caía do céu, por descuido. Não houve remédio senão demitir-se ele uma semana depois de nomeado.

São assim os graves sábios de Java.

Não nos afastemos, porém, do nosso estudo.

Das grandes artes técnicas, a mais avançada, como era de esperar, é a medicina. O tratamento geralmente empregado é o do vestuário médico. Consiste ele em usar o doutor certo traje para curar certa moléstia. Para sarar bexigas, o médico vai em ceroulas; para congestão de fígado, sobrecasaca e cartola; para tuberculose, tanga e chapéu de palha de coco; antraz, de casaca etc. etc.

Este curioso método foi descoberto recentemente em um país próximo que o repudiou, mas veio revolucionar a medicina da grande ilha. Os físicos locais adotaram-no imediatamente e aumentaram o preço das visitas e redobraram a caça aos empregos, para atender às despesas com a indumentária e os aviamentos.

Estava a ponto de esquecer-me de falar no ensino da célebre ilha do arquipélago de Sonda, pois tanto me alonguei no estudo dos seus médicos, que vou ter a ele com pressa.

Existe uma universidade com três faculdades superiores: a de "Sapadores', a de "Cortadores", e a de "Físicos". Os cursos destas faculdades duram cerca de cinco anos, mas cada uma delas tem um subcurso menor, de dois ou três anos. A de "Sapadores" tem o de "consertadores de picaretas"; a de "Cortadores" o de "embrulhadores"; e a de "Físicos", o de "cobradores".

Nas margens do Jacarta, rio que banha Batávia, quem não tem um título dado por uma dessas faculdades, não pode ser nada, porquanto, aos poucos, os legisladores da terra e a estupidez do povo foram exigindo para exercer os grandes e pequenos cargos do Estado, quer os políticos, quer os administrativos, um qualquer documento universitário de sabedoria.

Todos, por isso, tratam de obtê-lo, e é a mais dura vicissitude da vida ser reprovado no curso. É raro, mas acontece. Os jovens javaneses empregam toda espécie de meios para não serem reprovados, menos estudar. Essa contingência pueril da "bomba", na sociedade javanesa, leva às almas dos moços daquelas paragens um travo tão amargo de desconforto que toda a felicidade que lhes chegar posteriormente não o atenuará, e muito menos será capaz de dissolvê-lo.

E mesmo que ele se acredite por sua própria iniciativa, mais valiosa e mais segura que os papéis oficiais; por mais aptidões que demonstre sem título – tem que vegetar em lugares subalternos e dar o que tem de melhor aos outros titulados, para que figurem estes como capazes. Ele escreverá as cartas de amor; mas os beijos não serão nele.

Por um curioso fenômeno sociológico, as ideias bramânicas de casta se enxertaram nas caducas concepções universitárias do medievo europeu e foram dar nas ilhas de Sonda, sob o pretexto de ensino, nessa estranha e original concepção do doutor javanês. Aproveito a ocasião para avisar os leitores que essa concepção religioso-universitária também existe na República de Bruzundanga.

Creio, porém, que ela é originária da grande ilha da Malásia donde foi ter àquela república, por caminho que não descobri.

Como todo moço que tem legítimas ambições naquele recanto do nosso planeta, Harakashy, um javanês que foi muito meu amigo mais tarde, conseguiu entrar para a Escola dos Sapadores, a fim de acreditar-se na sociedade em que vivia, e ter o seu lugar sob o sol, com o título que a faculdade dava. Era malaio com muitas gotas de sangue holandês nas veias, mas sem fortuna nem família. No começo, as coisas foram indo, ele passou; mas, em breve, Harakashy desandou e foi reprovado umas dez vezes, na universidade.

Em absoluto, não houve injustiça. O meu amigo nada sabia, porque ingenuamente deduzira dos fatos que a principal condição para ser aprovado, nos exames de Java, é não saber. Enganava-se, porém, supondo que tal homenagem fosse prestada a todos. Recebem-na os filhos dos grandes dignatários da colônia, dos ricaços, dos homens de negócios que sabem levantar capitais; mas escolares que não têm tal scendência, como o meu amigo, estão talhados para ingrossar a estatística dos reprovados, a fim de comprovar o rigor que há nos estudos da Universidade de Batávia.

Dá-se isto, não por culpa total dos professores; mas pelas solicitações de toda a sociedade batavense que quer seus lentes universitários, homens de salão, de teatros caros, de bailes de alto bordo; e eles, para aumentar as suas rendas, que custeiem esse luxo, têm que viver ajoujados aos ministros que dão empregos, ou aos *brasseurs d'affaires* que lhes pedem emprestados os nomes para apadrinhar empresas honestas, semi-honestas e mesmo desonestas, em troco de boas gorjetas.

Quem meu filho beija, minha boca adoça – diz o nosso povo. Em uma sociedade que se modelou assim, não era possível que o meu Harakashy fosse lá das pernas.

Entretanto, eu o conheci e o senti muito inteligente, culto, amigo dos livros e todo ele saturado de anseios espirituais. Gostava muito de filosofia, de letras e, sobretudo, de história. Leu-me ensaios e eu achei muito bem escritos, revelando uma grande cultura e um grande poder de evocar.

Mas, Java é muito estúpida e não admite inteligência senão nos "sapadores", nos físicos e nos "cortadores".

Ainda não lhes disse o que são os tais "cortadores". São estes assim como os nossos advogados e o seu emblema é uma tesoura, devido a ser, senão de regra, mas de praxe, de tradição que toda a defesa ou acusação judiciária tenha o maior número de citações possíveis e tais peças são mais estimadas quando as referências aos autores consultados vêm nelas coladas com os próprios retalhos dos livros aludidos. A tesoura é instrumento próprio para isto e, dessa maneira, enriquece os "cortadores", pois os arrazoados dessa natureza são muito bem pagos, embora lhes estraguem as bibliotecas que alcançam muito baixas licitações quando vão a leilão.

Atribuí o desastre da vida escolar do meu amigo ao fato de ele não ter nenhum jeito para qualquer das grandes profissões liberais que a Batávia oferece aos seus filhos.

Se Harakashy nascesse em França ou em outro país civilizado, naturalmente a sua própria vocação encaminhá-lo-ia para uma aplicação mental, de acordo com a sua feição de espírito; mas, em Java, tinha que ser uma daquelas três coisas, se quisesse figurar como inteligente. Não achando campo para a sua atividade cerebral, muito pouco atraído para o estudo das "picaretas automáticas", muito orgulhoso para bajular os professores e aceitar aprovações por comiseração, o meu amigo ficou naquela exuberante terra sem norte, sem rumo, absolutamente sem saber o que fazer.

Ensinava para vestir-se e comer. E todos que o conheciam desde menino admiravam-se que, ao infante galhardo dos seus primeiros anos, se houvesse substituído nele um rapaz macambúzio, isolado, amargo e cruel nas suas conversas camarárias, resumindo sempre uma profunda tristeza.

Aos profundos, parecerá vão; aos superficiais parecerá tolo – tão grandes consequências para tão fracas causas.

Não me animo a discutir, mas lembro que o amor tem qualquer cousa de parecido...

Visitei-o sempre. Amei-o na sua desordem de espírito, imensa e ambiciosa de fazer o Grande e o Novo. Em uma das minhas visitas, encontrei-o no seu modesto quarto, deitado em uma espécie de enxerga, fumando e tendo um gordo livro ao lado.

Eu entrava sem me anunciar. Trocamos algumas palavras e ele me disse logo após:

– Fizeram muito bem em não me deixar ir adiante.

– E essa!

– Não te admires. Continuo a estudar história e estou convencido.

– Como?

– Lê este manuscrito.

Passou-me então um códice fortemente encadernado em couro. Era o livro que tinha ao lado. Pude ler o título: *História da Universidade de Batávia com a biografia dos seus mais distintos alunos, por Degni-Hatdy. – 1878.*

– Quem é este Degni-Hatdy? – perguntei.

– Foi um gênio, meu caro. Um gênio de escola... Recebeu medalhas, diplomas, prêmios... Vive ainda, mas ninguém o conhece mais.

– É de interesse, a memória?

– É, e bastante, pois traz a lista dos alunos ilustres da universidade.

– Quais foram?

– Newton, Huyghens, Descartes, Kant, Pasteur, Claude Bernard, Darwin, Lagrange...

– Chega.

– Ainda: Dante e Aristóteles.

– Uff!

– Gente de primeira, como vês; e, quando soube, tive orgulho de ter sido de alguma forma colega deles; mas...

Por aí acendeu um cigarro, tirou duas longas fumaças com a languidez javanesa e continuou com a pachorra batava:

– Mas, como te dizia, bem cedo tive vergonha de ter um dia passado pela minha mente que eu era capaz de emparelhar-me com tais gênios. É verdade que não sabia terem eles frequentando a universidade... Vou esconder-me em qualquer buraco, para me resgatar de tamanha pretensão.

Saí. Ainda o vi durante alguns dias; mas, bem depressa, desapareceu dos meus olhos. Pobre rapaz! Onde estará?

Lima Barreto nasceu no Rio de Janeiro, em 1881, e aí faleceu em 1922. Foi crítico devastador da fatuidade da sociedade fluminense, sensível às dificuldades das classes pobres e ao racismo latente. Não lhe escapou o bacharelismo oco que por vezes tomava conta da formação acadêmica. Daí saiu este conto-crônica "Harakashy e as escolas de Java", publicado em livro postumamente, na coletânea Histórias e sonhos. *Alegoricamente, Lima Barreto fala das escolas da longínqua Java; mas adverte: "Aproveito a ocasião para avisar os leitores que essa concepção religioso-universitária também existe na República de Bruzundanga", isto é, o Brasil, que, segundo ele, tinha a forma de um presunto pendurado ao contrário.*

O colocador de pronomes

Monteiro Lobato

Aldrovando Cantagalo veio ao mundo em virtude dum erro de gramática.

Durante sessenta anos de vida terrena pererecou como um peru em cima da gramática.

E morreu, afinal, vítima dum novo erro de gramática.

Mártir da gramática, fique este documento da sua vida como pedra angular para uma futura e bem merecida canonização.

Havia em Itaoca um pobre moço que definhava de tédio no fundo de um cartório. Escrevente. Vinte e três anos. Magro. Ar um tanto palerma. Ledor de versos lacrimogêneos e pai duns acrósticos dados à luz no *Itaoquense*, com bastante sucesso.

Vivia em paz com as suas certidões quando o frechou venenosa seta de Cupido. Objeto amado: a filha mais moça do coronel Triburtino, o qual tinha duas, essa Laurinha, do escrevente, então nos 17, e a do Carmo, encalhe da família, vesga, madurota, histérica, manca da perna esquerda e um tanto aluada.

Triburtino não era homem de brincadeiras. Esguelara um vereador oposicionista em plena sessão da Câmara e desde aí se transformou no tutu da terra. Toda gente lhe tinha um vago medo; mas o amor, que é mais forte que a morte, não receia sobrecenhos enfarruscados nem tufos de cabelos no nariz.

Ousou o escrevente namorar-lhe a filha, apesar da distância hierárquica que os separava. Namoro à moda velha, já se vê, pois que nesse tempo não existia a gostosura dos cinemas. Encontros na igreja, à missa, troca de olhares, diálogos de flores – o que

havia de inocente e puro. Depois, roupa nova, ponta de lenço de seda a entremostrar-se no bolsinho de cima e medição de passos na rua d'Ela, nos dias de folga. Depois, a serenata fatal à esquina, com o *Acorda, donzela...* sapecado a medo num velho pinho de empréstimo. Depois, bilhetinho perfumado.

Aqui se estrepou...

Escrevera nesse bilhetinho, entretanto, apenas quatro palavras, afora pontos exclamativos e reticências:

Anjo adorado!

Amo-lhe!

Para abrir o jogo bastava esse movimento de peão.

Ora, aconteceu que o pai do anjo apanhou o bilhetinho celestial e, depois de três dias de sobrecenho carregado, mandou chamá-lo à sua presença, com disfarce de pretexto – para umas certidõezinhas, explicou.

Apesar disso o moço veio um tanto ressabiado, com a pulga atrás da orelha.

Não lhe erravam os pressentimentos. Mal o pilhou portas aquém, o coronel trancou o escritório, fechou a carranca e disse:

– A família Triburtino de Mendonça é a mais honrada desta terra, e eu, seu chefe natural, não permitirei nunca – nunca, ouviu? – que contra ela se cometa o menor deslize.

Parou. Abriu uma gaveta. Tirou de dentro o bilhetinho cor-de-rosa, desdobrou-o.

– É sua esta peça de flagrante delito?

O escrevente, a tremer, balbuciou medrosa confirmação.

– Muito bem! – continuou o coronel em tom mais sereno. – Ama, então, minha filha e tem a audácia de o declarar... Pois agora...

O escrevente, por instinto, ergueu o braço para defender a cabeça e relanceou os olhos para a rua, sondando uma retirada estratégica.

– ... é casar! – concluiu de improviso o vingativo pai.

O escrevente ressuscitou. Abriu os olhos e a boca, num pasmo. Depois, tornando a si, comoveu-se e com lágrimas nos olhos disse, gaguejante:

– Beijo-lhe as mãos, coronel! Nunca imaginei tanta generosidade em peito humano! Agora vejo com que injustiça o julgam aí fora!...

Velhacamente o velho cortou-lhe o fio das expansões.

– Nada de frases, moço, vamos ao que serve: declaro-o solenemente noivo de minha filha!

E, voltando-se para dentro, gritou:

– Do Carmo! Venha abraçar o teu noivo!

O escrevente piscou seis vezes e, enchendo-se de coragem, corrigiu o erro.

– Laurinha, quer o coronel dizer...

O velho fechou de novo a carranca.

– Sei onde trago o nariz, moço. Vassuncê mandou este bilhete a Laurinha dizendo que ama-"lhe". Se amasse a ela deveria dizer amo-"te". Dizendo "amo-lhe" declara que ama a uma terceira pessoa, a qual não pode ser senão a Maria do Carmo. Salvo se declara amor à minha mulher...

– Oh, coronel...

– ...ou à preta Luzia, cozinheira. Escolha!

O escrevente, vencido, derrubou a cabeça, com uma lágrima a escorrer rumo à asa do nariz. Silenciaram ambos, em pausa de tragédia. Por fim o coronel, batendo-lhe no ombro paternalmente, repetiu a boa lição da sua gramática matrimonial.

– Os pronomes, como sabe, são três: da primeira pessoa – quem fala, e neste caso vassuncê; da segunda pessoa – a quem se fala, e neste caso Laurinha; da terceira pessoa – de quem se fala, e neste caso do Carmo, minha mulher ou a preta. Escolha!

Não havia fuga possível.

O escrevente ergueu os olhos e viu do Carmo que entrava, muito lampeira da vida, torcendo acanhada a ponta do avental. Viu também sobre a secretária uma garrucha com espoleta nova ao alcance do maquiavélico pai. Submeteu-se e abraçou a urucaca, enquanto o velho, estendendo as mãos, dizia teatralmente:

– Deus vos abençoe, meus filhos!

No mês seguinte, solenemente, o moço casava-se com o encalhe, e onze meses depois vagia nas mãos da parteira o futuro professor Aldrovando, o conspícuo sabedor da língua que durante cinquenta anos a fio coçaria na gramática a sua incurável sarna filológica.

Até aos dez anos não revelou Aldrovando pinta nenhuma. Menino vulgar, tossiu a coqueluche em tempo próprio, teve o sarampo da praxe, mais a caxumba e a catapora. Mais tarde, no colégio, enquanto os outros enchiam as horas de estudo com invenções de matar o tempo – empalamento de moscas e moidelas das respectivas cabecinhas entre duas folhas de papel, coisa de ver o desenho que sai – Aldrovando apalpava com erótica emoção a gramática de Augusto Freire da Silva. Era o latejar do furúnculo filológico que o determinaria na vida, para matá-lo, afinal... Deixeimo-lo, porém, evoluir e tomemo-lo quando nos serve, aos quarenta anos, já a descer o morro, arcado ao peso da ciência e combalido de rins.

Lá está ele em seu gabinete de trabalho, fossando à luz dum lampião os pronomes de Filinto Elisio. Corcovado, magro, seco, óculos de latão no nariz, careca, celibatário impenitente, dez horas de aulas por dia, 200 mil réis por mês e o rim volta e meia a fazer-se lembrado. Já leu tudo. Sua vida foi sempre o mesmo poento idílio com as veneráveis costaneiras onde cabeceiam os clássicos lusitanos. Versou-os um por um com mão diurna e noturna. Sabe-os de cor, conhece-os pela morrinha, distingue pelo faro uma seca de Lucena duma esfalfa de Rodrigues Lobo. Digeriu todas as patranhas de Fernão Mendes Pinto. Obstruiu-se da broa encruada de fr. Pantaleão do Aveiro. Na idade em que os rapazes correm atrás das raparigas, Aldrovando escabichava belchiores na pista dos mais esquecidos mestres da boa arte de maçar. Nunca dormiu entre braços de mulher. A mulher e o amor – mundo, diabo e carne eram para ele os alfarrabios freiráticos do quinhentismo, em cuja soporosa verborreia espapaçava os instintos lerdos, como porco em lameiro.

Em certa época viveu três anos acampado em Vieira. Depois vagabundeou, como um Robinson, pelas florestas de Bernardes.

Aldrovando nada sabia do mundo atual. Desprezava a natureza, negava o presente. Passarinho, conhecia um só: o rouxinol de Bernardim Ribeiro. E se acaso o sabiá de Gonçalves Dias vinha bicar "pomos de Hesperides" na laranjeira do seu quintal, Aldrovando esfogueteava-o com apóstrofes:

– Salta fora, regionalismo de má sonância!

A língua lusa era-lhe um tabu sagrado que atingira a perfeição com fr. Luiz de Sousa, e daí pra cá, salvo lucilações esporádicas, vinha chafurdando no ingranzéu barbaresco.

– A ingresia de hoje – declamava ele – está para a Língua, como o cadáver em putrefação está para o corpo vivo.

E suspirava, condoído dos nossos destinos:

– Povo sem língua!... Não me sorri o futuro de Vera Cruz...

E não lhe objetassem que a língua é organismo vivo e que a temos a evoluir na boca do povo.

– Língua? Chama você língua à garabulha bordalenga que estampam periódicos? Cá está um desses galicígrafos. Deletreemo-lo ao acaso.

E, baixando as cangalhas, lia:

– *Teve lugar ontem...* É língua esta espurcícia negral? Ó meu seráfico frei Luiz, como te conspurcam o divino idioma estes sarrafaçais da moxinifada!

– ... *no Trianon...* Por que, Trianon? Por que este perene barbarizar com alienígenos arrevezos? Tão bem ficava – a *Benfica*, ou, se querem neologismo de bom cunho – o *Logretório*... Tarelos é que são, tarelos!

E suspirava deveras compungido.

– Inútil prosseguir. A folha inteira cacografa-se por este teor. Ai! Onde param os boas letras d'antanho? Fez-se peru o níveo cisne. Ninguém atende a lei suma – Horácio! Impera o desprimor, e o mau gosto vige como suprema regra. A galica intrujice é maré sem vazante. Quando penetro num livreiro o coração se me confrange ante o pélago de óperas barbarescas que nos vertem cá mercadores de má morte. E é de notar, outrossim, que a elas se vão as preferências do vulgacho. Muito não faz que vi com estes olhos um gentil mancebo preferir uma sordícia de Oitavo Mirbelo, *Canhenho duma dama de servir*[1], creio, à ... adivinhe ao quê, amigo? *À Carta de Guia* do meu divino Francisco Manoel!...

– Mas a evolução...

– Basta. Conheço às sobejas a escolástica da época, a "evolução" darwínica, os vocábulos macacos – pitecofonemas que "evolveram", perderam o pêlo e se vestem hoje à moda de França, com vidro no olho. Por amor a frei Luiz, que ali daquela costaneira escandalizado nos ouve, não remanche o amigo na esquipática sesquipedalice.

---

[1] Octave Mirbeau, *Journal d'une femme de chambre*. Paris, Folio, 1984. [Ed. bras. *Segredos de alcova*. Rio de Janeiro, Vecchi, 1959.]

Um biógrafo ao molde clássico separaria a vida de Aldrovando em duas fases distintas: a estática, em que apenas acumulou ciência, e a dinâmica, em que, transfeito em apóstolo, veio a campo com todas as armas para contrabater o monstro da corrupção.

Abriu campanha com memóravel ofício ao Congresso, pedindo leis regressivas contra os ácaros do idioma.

– "Leis, senhores, leis de Dracão, que diques sejam, e fossados, e alcaçares de granito prepostos à defensão do idioma. Mister sendo, a forca se restaure, que mais o baraço merece quem conspurca o sacro patrimônio da sã vernaculidade, que quem ao semelhante a vida tira. Vede, senhores, os pronomes, em que lazeira jazem..."

Os pronomes, aí!, eram a tortura permanente do professor Aldrovando. Doía-lhe como punhalada vê-los por aí pré ou pospostos contrarregras elementares do dizer castiço. E sua representação alargou-se nesse pormenor, flagelante, concitando os pais da pátria à criação dum Santo Ofício gramatical.

Os ignaros congressistas, porém, riram-se da memória, e grandemente piaram sobre Aldrovando as mais cruéis chalaças.

– Quer que instituamos patíbulo para os maus colocadores de pronomes! Isto seria autocondenar-nos à morte! Tinha graça!

Também lhe foi à pele a imprensa, com pilhérias soezes. E depois, o público. Ninguém alcançara a nobreza do seu gesto, e Aldrovando, com a mortificação na alma, teve que mudar de rumo. Planeou recorrer ao púlpito dos jornais. Para isso mister foi, antes de nada, vencer o seu velho engulho pelos "galicígrafos de papel e graxa". Transigiu e, breve, desses "pulmões da pública opinião" apostrofou o país com o verbo tonante de Ezequiel. Encheu colunas e colunas de objurgatórias ultravioletas, escritas no mais estreme vernáculo.

Mas não foi entendido. Raro leitor metia os dentes naqueles intermináveis períodos engrenados à moda de Lucena; e ao cabo da aspérrima campanha viu que pregara em pleno deserto. Leram-no apenas a meia dúzia de Aldrovandos que vegetam sempre em toda parte, como notas resinguentas da sinfonia universal.

A massa dos leitores, entretanto, essa permaneceu alheia aos flamivomos pelouros da sua colubrina sem raia. E por fim os "periódicos" fecharam-lhe a porta no nariz, alegando falta de espaço e coisas.

– Espaço não há para as sãs ideias – objurgou o enxotado –, mas sobeja, e pressuroso, para quanto recende à podriqueira!... Gomorra! Sodoma! Fogos do ceu virão um dia alimpar-vos a gafa!... – exclamou, profético, sacudindo à soleira da redação o pó das cambaias botinas de elástico.

Tentou em seguida ação mais direta, abrindo consultório gramatical.

– Têm-n'os os físicos (queria dizer médicos), os doutores em leis, os charlatas de toda espécie. Abra-se um para a medicação da grande enferma, a língua. Gratuito, já se vê, que me não move amor de bens terrenos.

Falhou a nova tentativa. Apenas moscas vagabundas vinham esvoejar na salinha modesta do apóstolo. Criatura humana nem uma só lá apareceu a fim de remendar-se filologicamente.

Ele, todavia, não esmoreceu.

– Experimentemos processo outro, mais suasório.

E anunciou a montagem da "Agência de Colocação de Pronomes e Reparos Estilísticos".

Quem tivesse um autógrafo a rever, um memorial a expungir de cincas, um calhamaço a compor-se com os "afeites" do lídimo vernáculo, fosse lá que, sem remuneração nenhuma, nele se faria obra limpa e escorreita.

Era boa a ideia, e logo vieram os primeiros originais necessitados de ortopedia, sonetos a consertar pés de versos, ofícios ao governo pedindo concessões, cartas de amor.

Tais, porém, eram as reformas que nos doentes operava Aldrovando, que os autores não mais reconheciam suas próprias obras. Um dos clientes chegou a reclamar.

– Professor, v. s. enganou-se. Pedi limpa de enxada nos pronomes, mas não que me traduzisse a memória em latim...

Aldrovando ergueu os óculos para a testa:

– E traduzi em latim o tal ingranzéu?

– Em latim ou grego, pois que o não consigo entender...

Aldrovando empertigou-se.

– Pois, amigo, errou de porta. Seu caso é ali com o alveitar da esquina.

Pouco durou a Agência, morta à míngua de clientes. Teimava o povo em permanecer empapado no chafurdeiro da corrupção...

O rosário de insucessos, entretanto, em vez de desalentar exasperava o apóstolo.

– Hei de influir na minha época. Aos tarelos hei de vencer. Fogem-me à ferula os maráus de pau e corda? Ir-lhes-ei empós, fila-los-ei pela gorja... Salta rumor!

E foi-lhes "empós". Andou pelas ruas examinando dísticos e tabuletas com vícios de língua. Descoberta a "asnidade", ia ter com o proprietário, contra ele desfechando os melhores argumentos catequistas.

Foi assim com o ferreiro da esquina, em cujo portão de tenda uma tabuleta – "Ferra-se cavalos" – escoicinhava a santa gramática.

– Amigo – disse-lhe pachorrentamente Aldrovando –, natural a mim me parece que erre, alarve que és. Se erram paredros, nesta época de ouro da corrupção...

O ferreiro pôs de lado o malho e entreabriu a boca.

– Mas da boa sombra do teu focinho espero – continuou o apóstolo –, que ouvidos me darás. Naquela tábua um dislate existe que seriamente à língua lusa ofende. Venho pedir-te, em nome do asseio gramatical, que o expunjas.

– ? ? ?

– que reformes a tabuleta, digo.

– Reformar a tabuleta? Uma tabuleta nova, com a licença paga? Estará acaso rachada?

– Fisicamente, não. A racha é na sintaxe. Fogem ali os dizeres à sã gramaticalidade.

O honesto ferreiro não entendia nada de nada.

– Macacos me lambam se estou entendendo o que v. s. diz...

– Digo que está a forma verbal com eiva grave. O "ferra-se" tem que cair no plural, pois que a forma é passiva e o sujeito é "cavalos".

O ferreiro abriu o resto da boca.

– O sujeito sendo "cavalos" – continuou o mestre –, a forma verbal é "ferram-se" –, "ferram-se cavalos!"

– Ahn! – respondeu o ferreiro –, começo agora a compreender. Diz v. s. que...

– ... que "ferra-se cavalos" é um solecismo horrendo e o certo é "ferram-se cavalos".

– V. s. me perdoe, mas o sujeito que ferra os cavalos sou eu, e eu não sou plural. Aquele "se" da tabuleta refere-se cá a este seu criado. É como quem diz: Serafim ferra cavalos – Ferra Serafim cavalos. Para economizar tinta e tábua abreviaram o meu nome, e ficou como está: Ferra Se (rafim) cavalos. Isto me explicou o pintor, e entendi-o muito bem.

Aldrovando ergueu os olhos para o céu e suspirou.

– Ferras cavalos e bem merecias que te fizessem eles o mesmo!... Mas não discutamos. Ofereço-te dez mil réis pela admissão dum "m" ali...

– Se v. s. paga...

Bem empregado dinheiro! A tabuleta surgiu no dia seguinte dessolecismada, perfeitamente de acordo com as boas regras da gramática. Era a primeira vitória obtida e todas as tardes Aldrovando passava por lá para gozar-se dela.

Por mal seu, porém, não durou muito o regalo. Coincidindo a entronização do "m" com maus negócios na oficina, o supersticioso ferreiro atribuiu a macaca à alteração dos dizeres e lá raspou o "m" do professor.

A cara que Aldrovando fez quando no passeio desse dia deu com a vitória borrada! Entrou furioso pela oficina adentro, e mascava uma apóstrofe de fulminar quando o ferreiro, às brutas, lhe barrou o passo.

– Chega de caraminholas, ó barata tonta! Quem manda aqui, no serviço e na língua, sou eu. E é ir andando, antes que eu o ferre com bom par de ferros ingleses!

O mártir da língua meteu a gramática entre as pernas e moscou-se.

– "Sancta simplicitas!" – ouviram-no murmurar na rua, de rumo à casa, em busca das consolações seráficas de fr. Heitor Pinto. Chegado que foi ao gabinete de trabalho, caiu de borco sobre as costaneiras venerandas e não mais conteve as lágrimas, chorou...

O mundo estava perdido e os homens, sobre maus, eram impenitentes. Não havia desviá-los do ruim caminho, e ele, já velho, com o rim a rezingar, não se sentia com forças para a continuação da guerra.

– Não hei de acabar, porém, antes de dar a prelo um grande livro onde compendie a muita ciência que hei acumulado.

E Aldrovando empreendeu a realização de um vastíssimo programa de estudos filológicos. Encabeçaria a série um tratado sobre a colocação dos pronomes, ponto onde mais claudicava a gente de Gomorra.

Fê-lo, e foi feliz nesse período de vida em que, alheio ao mundo, todo se entregou, dia e noite, à obra magnífica. Saiu trabuco volumoso, que daria três tomos de 500 páginas cada um, corpo miúdo. Que proventos não adviriam dali para a lusitanidade! Todos os casos resolvidos para sempre, todos os homens de boa vontade salvos da gafaria! O ponto fraco do brasileiro falar resolvido de vez! Maravilhosa coisa...

Pronto o primeiro tomo – *Do pronome Se* – anunciou a obra pelos jornais, ficando à espera das chusmas de editores que viriam disputá-la à sua porta. E por uns dias o apóstolo sonhou as delícias da estrondosa vitória literária, acrescida de gordos proventos pecuniários.

Calculava em 80 contos o valor dos direitos autorais, que, generoso que era, cederia por 50. E 50 contos para um velho celibatário como ele, sem família nem vícios, tinha a significação duma grande fortuna. Empatados em empréstimos hipotecários, sempre eram seus 500 mil réis por mês de renda, a pingarem pelo resto da vida na gavetinha onde, até então, nunca entrara pelega maior de 200. Servia, servia!... E Aldrovando, contente, esfregava as mãos de ouvido alerta, preparando frases para receber o editor que vinha vindo...

Que vinha vindo mas não veio, ai!... As semanas se passaram sem que nenhum representante dessa miserável fauna de judeus surgisse a chatinar o maravilhoso livro.

– Não me vêm a mim? Salta rumor! Pois me vou a eles!

E saiu em via sacra, a correr todos os editores da cidade.

Má gente! Nenhum lhe quis o livro sob condições nenhumas. Torciam o nariz, dizendo: "Não é vendável!"; ou: "Por que não faz antes uma cartilha infantil aprovada pelo governo?".

Aldrovando, com a morte n'alma e o rim dia a dia mais derrancado, retesou-se nas últimas resistências.

– Fa-la-ei imprimir à minha custa! Ah, amigos! Aceito o cartel. Sei pelejar com todas as armas e irei até ao fim. Bofé!...

Para lutar era mister dinheiro e bem pouco do vilíssimo metal possuía na arca o alquebrado Aldrovando. Não importa! Faria dinheiro, venderia móveis, imitaria Bernardo de Pallissy, não morreria sem ter o gosto de acaçapar Gomorra sob o peso da sua ciência impressa. Editaria ele mesmo um por um todos os volumes da obra salvadora.

Disse e fez.

Passou esse período de vida alternando revisão de provas com padecimentos renais. Venceu. O livro compôs-se, magnificamente revisto, primoroso na linguagem como não existia igual.

Dedicou-o a fr. Luiz de Souza:

À memória daquele que me sabe as dores,

O Autor.

Mas não quis o destino que o já trêmulo Aldrovando colhesse os frutos de sua obra. Filho dum pronome impróprio, a má colocação doutro pronome lhe cortaria o fio da vida.

Muito corretamente havia ele escrito na dedicatória: *... daquele que me sabe...* e nem poderia escrever doutro modo tão conspícuo colocador de pronomes.

Maus fados intervieram, porém – até os fados conspiram contra a língua! – e por artimanha do diabo que os rege empastelou-se na oficina esta frase. Vai o tipógrafo e recompõe-na a seu modo... *d'aquele que sabe-me as dores*... E assim saiu nos milheiros de cópias da avultada edição.

Mas não antecipemos.

Pronta a obra e paga, ia Aldrovando recebê-la, enfim. Que glória! Construíra, finalmente, o pedestal da sua própria imortalidade, ao lado direito dos sumos cultores da língua.

A grande ideia do livro, exposta no capítulo VI – *Do método automático de bem colocar os pronomes* – engenhosa aplicação duma regra mirífica por meio da qual até os burros de carroça poderiam zurrar com gramática, operaria como o "914" da sintaxe, limpando-a da avariose produzida pelo espiroqueta da pronominuria.

A excelência dessa regra estava em possuir equivalentes químicos de uso na farmacopeia alopata, de modo que a um bom laboratório fácil lhe seria reduzi-la a ampolas para injeções hipodérmicas, ou a pílulas, pós ou poções para uso interno.

E quem se injetasse ou engulisse uma pílula do futuro PRONOMINOL CANTAGALO, curar-se-ia para sempre do vício, colocando os pronomes instintivamente bem, tanto no falar como no escrever. Para algum caso de pronomorreia agudo, evidentemente incurável, haveria o recurso do PRONOMINOL N. 2, onde entrava a estriquinina em dose suficiente para libertar o mundo do infame sujeito.

Que glória! Aldrovando prelibava essas delícias todas quando lhe entrou casa adentro a primeira carroçada de livros. Dois brutamontes de mangas arregaçadas empilharam-n'os pelos cantos, em rumas que lá se iam; e concluso o serviço um deles pediu:

– Me dá um mata-bicho, patrão!...

Aldrovando severizou o semblante ao ouvir aquele "Me" tão fora dos mancais, e tomando um exemplo da obra ofertou-a ao "doente".

– Toma lá. O mau bicho que tens no sangue morrerá asinha às mãos deste vermífugo. Recomendo-te a leitura do capítulo sexto.

O carroceiro não se fez rogar; saiu com o livro, dizendo ao companheiro:

– Isto no "sebo" sempre renderá cinco tostões. Já serve!...

Mal se sumiram, Aldrovando abancou-se à velha mesinha de trabalho e deu começo à tarefa de lançar dedicatórias num certo número de exemplares destinados à crítica. Abriu o primeiro, e estava já a escrever o nome de Rui Barbosa quando seus olhos deram com a horrenda cinca:

"daquele QUE SABE-ME as dores".

– Deus do céu! Será possível?

Era possível. Era fato. Naquele, como em todos os exemplares da edição, lá estava, no hediondo relevo da dedicatória a fr. Luiz de Souza, o horripilantíssimo – "que sabe-me...".

Aldrovando não murmurou palavra. De olhos muito abertos, no rosto uma estranha marca de dor – dor gramatical inda não descrita nos livros de patologia – permaneceu imóvel uns momentos.

Depois empalideceu. Levou as mãos ao abdômen e estorceu-se nas garras de repentina e violentíssima ânsia.

Ergueu os olhos para frei Luiz de Souza e murmurou:

– *Luiz! Luiz! Lamma Sabacthani?!*

E morreu.

De quê não sabemos – nem importa ao caso. O que importa é proclamarmos aos quatro ventos que com Aldrovando morreu o primeiro santo da gramática, o mártir número um da Colocação dos Pronomes.

Paz à sua alma.

O pedantismo tão típico de muitos letrados brasileiros – esse é o tema central deste conto de Monteiro Lobato, que se tornou famoso tanto por sua luta pela prospecção do petróleo no Brasil, na primeira metade do século XX quanto por sua obra infantil em torno do Sítio do Picapau Amarelo. O conto foi publicado em Negrinha, *em 1924, e seu personagem é o desajeitado e compulsivo professor Aldrovando, que nasceu e morreu em virtude da colocação dos pronomes e, diz o narrador, "pererecou como um peru em cima da gramática" durante seus 60 anos de vida.*

Memórias sentimentais de João Miramar

Oswald de Andrade

Perigo das armas

Entrei para a escola mista de d. Matilde.

Ela me deu um livro com cem figuras para contar a mamãe a história do rei Carlos Magno.

Roldão num combate espetou com um pau a gengiva aflita do Maneco que era filho da venda da esquina e mamãe botou no fogo a minha Durindana.

Maria da Glória

Preta pequenina do peso das cadeias. Cabelos brancos e um guarda-chuva.

O mecanismo das pernas sob a saia centenária desenrolava-se da casa lenta à escola pela manhã branca e de tarde azul.

Ia na frente bamboleando maleta pelas portas lampiões eu menino.

Felicidade

Napoleão que era um grande guerreiro que Maria da Glória conheceu em Pernambuco disse que o dia mais feliz da vida dele foi o dia em que eu fiz a minha primeira comunhão.

Fraque do ateu

Saí de d. Matilde porque marmanjo não podia continuar na classe com meninas.

Matricularam-me na escola modelo das tiras de quadros nas paredes alvas escadarias e um cheiro de limpeza.

Professora magrinha e recreio alegre começou a aula da tarde um bigode de arame espetado no grande professor seu Carvalho.

No silêncio tic tac da sala de jantar informei mamãe que não havia Deus porque Deus era a natureza.

Nunca mais vi o seu Carvalho que foi para o Inferno.

Bolacha Maria

Passava os dias na sala violeta de monsieur Violet. Ele nunca abria a janela da rua mas eram quatro horas por causa de uma escola da vizinhança que os meninos passavam conversando e jogando tostão e bolinha.

Lá dentro uma máquina de costura saía da gare.

Amanhecia na saleta abandonada pelo mestre.

Era Madô de meias baixas saias curtas e pela mão vacilante nos palmitos o último rebento dos Violet. Ficava sorrindo pesquisando meus livros desenhos mapas do secreto Mundo.

O guri despegava a mãozinha do braço distraído e fazia a volta científica da poltrona e gritava cabelos amostras.

Ela era um jorro das mangas rendadas das pernas louras abertas.

Iam-se numa procissão de passos. Longe a máquina voltava à plataforma quieta da costura.

Derrapagem

Não disse nada do que queria dizer a Madô.

Um dia surpreso entrei num ajuntamento junto à casa porque o professor tinha ficado defunto carteiro e havia um pobre caixão na sala de velas.

A viúva envelhecida era um peito de tábuas. E num canto Madô chorava o destino das Madalenas.

Colégio

Malta escabriavam salas brancas e corredores perfeitos com barulhento fumoir na aula de desenho de seu Peixotinho.

O diretor vermelho saía do solo atrás da barriga e da batina.

E com modos autoritários simpatizou cínico comigo o ruivo José Chelinini.

Cidade de Rimbaud

Mamãe queria que eu fosse o melhor dos alunos mas na abertura esplanada onde os outros bolavam caía vida do tinir das forjas e dos bondes no recorte de apitos e pregões.

A campainha era um balado de sonoridades.

A grita meridiana estourava bola de sabão na queda entre os goals dum último kick de altura.

E recolhiam-se os retardatários às filas formadas para eu deixar de escutar a cidade última atrás da carranca em andor dos vigilantes.

*A prosa fragmentária de Oswald de Andrade (São Paulo, 1890-1954),
em alguns capítulos telegráficos do romance* Memórias sentimentais
de João Miramar, *também se ocupou da formação escolar. Com uma
rapidez meteórica, vai de creche, ou quase, à academia, passando
pelas esperanças que cercavam a elite paulistana em relação à escola.*

A esperança

Eu não conheço hoje em dia no Brasil, nem de ouvir falar, classe tão desmoralizada como a dos estudantes. É uma espécie decadente. Em franca degeneração. Quase desaparecida.

Principiou a cair com a República. Até 89 era uma força viva e inteligente. A meninada da Academia de São Paulo sobretudo durante mais de meio século orientou política e intelectualmente o país. Bem ou mal não importa saber agora. Mas o fato é que orientou. Do Largo de S. Francisco a rapaziada falava o Brasil. A Academia como um microfone recebia versos e discursos que espalhava por toda esta vastidão de terra.

Mas desde o 15 de Novembro positivista tem sido uma tristeza. Ninguém mais ouve falar em mocidade acadêmica. O "aviário canoro" do poeta só recebe periquitos. E produz funcionários públicos.

Um horror. Não há mais estudantes. E o que ainda é pior: não há mais moços. Nem um para remédio. Há politiqueiros e bajuladores. Isso sim. Em quantidade. Cabos eleitorais natos. Futuros advogados administrativos por vocação. Membros das maiorias parlamentares por temperamento. Pessoalzinho sem vontade e sem opinião. Sem mocidade principalmente.

Foi-se há muito o tempo em que as questões acadêmicas eram nacionais e vice-versa. Desapareceram os movimentos coletivos. Morreram as revistas, os centros literários, políticos e científicos, os comícios, as passeatas, as estudantadas. Nada disso existe mais. A mocidade agora usa pasta e veste fraque. Lê o *Diário Oficial*. Congratula-se telegraficamente com os excelentíssimos senhores doutores presidentes do Estado e da República. É grave, comedida e inútil. Ou então joga ping-pong. Faz exibições de muque nos bordéis. Vaia estupidamente qualquer Marinetti. Embebeda-se

da Pátria

Antônio de Alcântara Machado

nos bares alemães. Foge diante da polícia. Lê Júlio Dantas. Dá dó.

Os dois sinais mais dolorosos da decadência acadêmica para mim são a politiquice e a falta de espírito.

Nas escolas superiores de hoje ninguém se interessa pelos problemas políticos ou sociais da gente brasileira. Sobre tais assuntos a mocidade não tem opinião. E nas raríssimas vezes em que esta se manifesta é sempre para aplaudir a ação altamente patriótica dos beneméritos governos.

As dissenções políticas são todas elas internas. Cada escola superior possui o seu centro. E a rapaziada briga por causa da presidência desse centro. Formam-se dois partidos. A luta entre eles é a mais sórdida e mesquinha possível. O calouro mal entra na escola é logo abordado pelos cabos eleitorais da oposição e do governo (assim se denominam os partidos). E começam as intrigas, os ódios, as calúnias, os mil recursos da politiquice imunda.

O pior é que nessa miséria muitas vezes colaboram os professores. Disfarçadamente. Os estudantes se batem sob a direção de uma vontade oculta. Nos gestos e nas palavras de muitos há sempre qualquer cousa de secreto e inexplicável. Um laço misterioso os irmana. Quem passou por qualquer das nossas escolas superiores sabe da existência nelas de um poder superior e onipotente que prepara os seus golpes na sombra, move fios invisíveis, faz e

desfaz sem aparecer. Daí a série de perseguições e outras baixezas semelhantes que a gente testemunha mas não sabe como justificar. Baixezas cujos efeitos se fazem sentir até mesmo fora do ambiente escolar.

Tudo isso mata no estudante qualquer manifestação de independência e franqueza. E o que se chama política acadêmica não passa de um resumo rasteiro da nossa política nacional no que esta tem de mais torpe: a organização e os propósitos.

O estudante durante os cinco anos do seu curso, mais do que qualquer outra coisa, estuda a ciência da politicalha. E sai bacharel formado no assunto. Porque o curso é prático, essencialmente prático. Assim se ensinassem na Academia de São Paulo, por exemplo, as tricas do direito internacional privado como se ensinam os segredos da cozinha eleitoral. Então sim. Cada bacharel seria um Bevilacqua e um Molinaro ao mesmo tempo. Para glória do direito e honra da nação.

Da falta de espírito é até desagradável falar. Ela põe a gente jururu. Desilude. Abate. Desanima. Tão grande é. Tão inelutável parece. Tão irremediável se apresenta.

Já não quero me referir à ausência de espírito literário ou científico. Essa é absoluta. E os movimentos que de vez em quando surgem são de tal ordem que não chegam a vingar. Felizmente. Eu sinto não poder reproduzir aqui o artigo de apresentação de um jornalzinho há pouco aparecido na Faculdade de Direito de

São Paulo. Jornalzinho que (penso eu) não foi além do primeiro número. Como era de justiça e a decência requeria. Só vendo o tal. Um sublimado portentoso de asneiras. Em estilo de anúncio de salão de engraxate.

Não, não, não. Já não é desse espírito que se trata. Mas daquele outro, daquele peralta de troça e alegria que em todos os tempos e em toda a parte foi sempre o privilégio e a força dos moços. Dos moços das escolas principalmente. Coitado dele. Engarrafou-se. Hoje só se manifesta nas passeatas dos calouros pelo centro da cidade e nos enterros muito idiotas que ridicularizam unicamente os que o promovem. Há muito tempo a cidade não assiste a uma estudantada de espírito, a uma dessas manifestações ruidosas e divertidas com que a mocidade num teatro destrói a glória imerecida de um artista ou na praça pública ri da nulidade importante de um figurão. Qual o quê. Não há mais desenvoltura para isso. Nem coragem. A pateada dos moços de hoje é feita com tanta falta de graça e oportunidade que dá sempre resultados contraproducentes. E o entusiasmo deles só se revela em geral quando se trata de homenagear com discursos, banda de música e lanternas venezianas os ilustres cidadãos que presidem aos nossos destinos. Ah, ai, só os trouxas não pensam no dia de amanhã. É preciso ir preparando desde logo o terreno para a obtenção fácil dos empregos públicos na época da formatura. Para ser delegado de polícia não basta querer. Não senhor. É preciso poder também. E só pode quem agrada, aplaude, jura fidelidade. O resto é poesia.

A desgraçada politiquice acabou de vez com a famosa solidariedade acadêmica. Transformou colegas em inimigos. Criou rivalidades. Tornou impossível a participação de todas as realizações de uma ideia por simpática e excelente que fosse.

Durante os meus cinco anos de Academia só uma vez eu vi invocada essa decantada solidariedade. Por um quintoanista moreno e magro que havia levado uns trancos de um soldado no galinheiro do Cassino Antártica. Em vez de ficar quieto e tratar de não se meter mais a sebo o sujeitinho entrou no dia seguinte pela Academia a dentro berrando como um possesso. Ele tinha apanhado de um reles soldado de polícia. Tinha direito a uma vingança tremenda portanto. Não que lhe tivesse doído muito a surra que levou. Mas é que essa surra ofendia diretamente os brios da mocidade acadêmica. Porque naquele momento como em todos os momentos de sua vida de estudante ele era uma encarnação linguiça e café com leite da juventude estudiosa. Nele pois o soldado quis maltratar toda a classe acadêmica. E assim por diante (com muitos pontos de exclamação que eu não ponho porque implico com eles).

Eu fiquei impressionadíssimo com todo aquele berreiro. Tanto que procurei logo saber que altas funções estava o sujeitinho exercendo no galinheiro do Cassino Antártica por delegação da juventude paulista. Mas não se tratava de nada disso. Nem de cousa parecida. O negócio era muito diferente. E a surra muitíssimo justa. O tal havia ocupado um lugar que estava reservado. Não quis devolvê-lo ao dono. Por isso apanhou do dono. Berrou. Protestou. Esperneou. Apanhou do soldado de serviço. Nada mais lógico. Nada mais correto.

Foi essa a única vez que se apelou para a solidariedade acadêmica na escola do Largo de São Francisco de 1919 a 1923. Juro.

Um ambiente assim desanima os inteligentes e os bem-intencionados. Ninguém se abalança a lançar uma ideia ou promover um movimento. Para que agitar águas paradas? Para trazer à tona as imundícies? Antes vender ovos de jacaré. É bem capaz de dar mais resultado. Aqui entre nós que ninguém nos ouça.

Eu dou umas gargalhadas muito gostosas sempre que me lembro de uma das razões que levaram os homens da Assembleia Constituinte a indicar São Paulo para sede de um dos cursos jurídicos projetados: o seu clima frio. Achavam eles que o clima frio era o mais próprio para o estudo como disse um deles (Carneiro da Cunha). Essa gente antiga era de uma ingenuidade que só vendo. Ambicionaram faculdades-geladeiras. Pois é. E o resultado aí está: a temperatura aca-

...ou endurecendo os cérebros e as energias. A mocidade de hoje é frigorificada. Que nem os produtos da Armour.

Se o Brasil for contar com ela está frito. Nunca o imenso colosso gigante conseguirá se manter de pé. Porque quase todas as nossas escolas superiores não são hoje em dia mais do que máquinas de fabricar funcionários públicos. Pior ainda: entre cem estudantes cinquenta pelo menos já são terceiros-escriturários e alguns até chefes de repartição. A faculdade para eles não passa também de uma repartição pública. Onde as promoções vêm fatalmente de tempos em tempos. E onde em lugar da aposentadoria com todos os vencimentos a gente acaba ganhando um diploma qualquer com direito ao retrato no quadro, ao anelão de rubi, ao título de doutor e a outras belezas que tais inclusive fazer discursos e ir à cadeia sem ser para ficar ainda que mereça.

Enfim é bom esquecer que o projeto da comissão de instrução pública os cursos jurídicos ao Brasil começa assim: "Haverão duas universidades, uma na cidade de São Paulo outra na de Olinda".

Esse princípio justifica o resto. Eu acho.

E a frase do visconde de São Leopoldo – "O Tietê vale bem o Mondego" – então? Escangalhou com tudo. Deu um azar medonho. É o caso de riscá-la dos anais. Também acho.

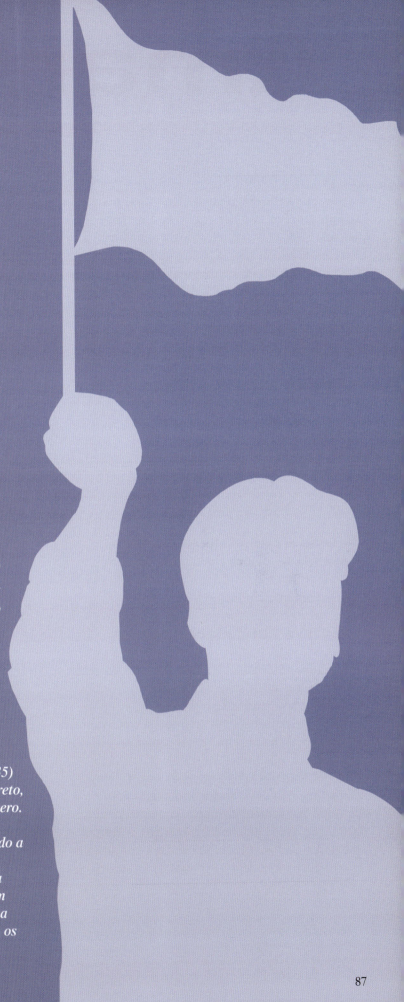

O escritor modernista Alcântara Machado (1901-1935) consagrou, em sua breve vida, um estilo agressivo, direto, de crônica, que abriu novas possibilidades para o gênero. Ele estudara na Faculdade de Direito de São Paulo, junto às Arcadas do Largo de São Francisco, chegando a ser o orador do Centro Acadêmico XI de Agosto em 1922, ano da Semana de Arte Moderna. Por isso essa sua crônica de 27 de novembro de 1926, publicada em seu livro Cavaquinho e saxofone *(nome de sua coluna no jornal), tem o sabor de um ajuste de contas – com os estudantes de seu tempo e talvez consigo mesmo.*

Amar, Verbo

É coisa que se ensine o amor? Creio que não. Ela crê que sim. Por isso não foi no jardim, deve se guardar. Quer mostrar que o dever supera os prazeres da carne, supera. Carlos desfolha uma rosa. Sob as glicínias da pérgola braceja de tal jeito que o chão todo se pontilha de lilá.

– Ih! vou contar pra mamãe que você está estragando as plantas!
– Não me amole!
– Amolo, pronto! Mamãe! Mamãe! Me largue! Feio! Mamãe!
– Me dá um beijo!
– Não dou!
– Dá!
– Mamãe! olhe Car-los! ai!...

Aldinha aos berros pela casa.

Ele não fez por mal, quis beijar e machucou. Aldinha chora. A culpa é de quem? De Carlos.

Carlos é um menino mau.

Fräulein fazia Maria Luísa estudar no piano pequenos Lieder populares dum livro em quarto com figuras coloridas. Lhe dava também pecinhas de Schubert e alegros de Haydn. Pra divertir, fez ela decorar uma transcrição fácil da "Canção da Estrela", do Tanhäuser. As crianças já cantavam em uníssono o "Tannenbaum" e um cantar-de-estrada mais recente, que pretendia ser alegre mas era pândego. Fräulein fazia a segunda voz. E falava sempre que não deviam cantar maxixes nem foxtrotes. Não entendia aquele sarapintado abuso da síncopa. Auf Flügeln des Gesanges...[1] Ritmo embalador e casto. O samba lhe dava uns arrepios de espinha e uma alegria... musical? Desprezível. Só Wagner soubera usar a síncopa no noturno do Tristão.

[1] "Nas asas do canto", canção conhecidíssima, bastante melosa, de Mendelssohn.

Carlos também cantava o Tannenbaum mas desafinava. Não tinha voz nenhuma. Porém descobrira o perfume das rosas. Perfume sutil e fugitivo, ôh! A boniteza das vistas!... Às vezes se surpreendia parado diante das sombras misteriosas. As tardes, o lento cair das tardes... Tristes. Surgia nele esse gosto de andar escoteiro, cismando. Cismando em quê? Cismando, sem mais nada. Devia de ter felicidades quentes além... Estava pertinho do suspiro, sem alegria nem tristeza, suspiro, no silêncio amigo do luar.

– Mamãe! Olhe Carlos!

Fräulein tinha poucas relações na colônia, achava-a muito interesseira e inquieta. Sem elevação. Preferia ficar em casa nos dias de folga relendo Schiller, canções e poemas de Goethe. Porém com as duas ou três professoras a que mais se ligava pela amizade da instrução igual, discutia Fausto e Werther. Não gostava muito desses livros, embora tivesse a certeza que eram obras-primas.

Também com essas amigas, alguns camaradas, um pintor, professores saía nalgum domingo raro em piqueniques pelo campo. Às vezes também o grupo se reunia na casa de Fräulein Kothen, professora de piano, línguas e bordados. Depois do café embaçado com um pingo arisco de leite, a conversa mudava de alegria. Todos sinceros. E de Wagner, de Brahms, de Beethoven se falava.

Uma frase sobre Mahler associava à conversa a ideia de política e dos destinos do povo alemão, o tom baixava. O mistério penoso das inquietações baritonava aquelas almas, inchadas de amor pela grande Alemanha. Frases curtas. Elipses. Queimava cada lábio, saboroso, um gosto de conspiração. Que conspiram eles? Sossegue, brasileiro, por enquanto não conspiram nada. Mas a França... Tanta parolagem bombástica, Humanidade, Liberdade, Justiça... não sei que mais! E estraçalhar um povo assim... lhe dar

Intransitivo

Mário de Andrade

morte lenta. Por que não matara duma vez, quando pediu armistício o invencido povo do Reno?... die Fluten des Rheines

Schützen uns zwar, doch ach! was sind nun Fluten und Berge...
Jenen schrecKlichen Volke, das wie ein Gewitter daherzieht!...[2]
Versos de Goethe não faltam na ocasião, fremiam de amor. Não conspiravam nada. Desconversava um pouco a sociedade, porém um pouco só, porque alimentava aqueles exilados a confiança do futuro. Por isso criticavam com justeza a figura do Kaiser. Todos republicanos. Porque a Alemanha era republicana. Mas ao concordarem que o Kaiser devia ter morrido, não é que ecoa na voz deles, insopitável, quase soluçante, o pesar por aquele rei amado, rei tão grande, morto em vida e de morte chué!

– Devia morrer!...
– Devia morrer.

Esconde as lágrimas, Fräulein. É verdade que são duas apenas. Os olhos vibram já de veneração e entusiasmo sem crítica: alguém no silêncio fala da vida e obras de Bismarck. Frau Benn trouxe a cítara. Pois cantemos em coro as canções da velha Alemanha. Vibra a sala. O acorde admirável sobe lentamente, se transforma pesadamente, cresce, cresce, morre aos poucos no pianíssimo grave, cheio de unção.

Os homens cantavam melhor que as mulheres.

Levara as meninas à missa. Ao voltar, por desfastio dominical, perturbara o sono egípcio da biblioteca de Sousa Costa, e viera pro jardim sob a pérgola, entender aplicadamente uma elegia de Camões. O sol de dezembro escaldava as sombras curtas. No vestido

[2] ... As ondas do Reno / Nos protegem, é certo, mas ah! de que valem agora ondas e montanhas. / Para esse povo terrível que avança feito tempestade!...

alvíssimo vinham latejar as frutinhas da luz. O rosal estalava duro, gotejando no ar um cheiro pesado que arrastava.

Carlos descera do bonde e entrava no jardim, vinha do clube. Fräulein viu ele chegar como sem ver, escondida na leitura. Ele hesitou. Enveredou pra pérgola.

– Bom dia, Fräulein!
– Bom dia, Carlos. Nadou muito?
– Assim.

Agora sorria com esse sorriso enjeitado dos que não agem claro e... procedendo mal? Porque! Passara a perna esquerda sobre a mesa branca, semissentado. Balançava-a num ritmo quase irregular. Quase. E olhava sobre a mesa uma folha perdida com que a mão brincava. Os esapontados se deixam olhar, Fräulein examinou Carlos.

Essa foi, sem que para isso tivesse uma razão mais forte, a imagem dele que conservaria nítida por toda a vida. O rapazinho derrubara o braço desocupado sobre a perna direita retesa. Assim, ao passo que um lado do corpo, rijo, quase reto, dizia a virilidade guapa duma força crescente ainda, o outro, apoiado na mesa, descansando quebrado em curvas de braço e joelho, tinha uma graça e doçura mesmo femínea, jovialidade!

De repente entregou os olhos à moça. Trouxe-os de novo para a brincadeira da folha e da mão. Fräulein sabia apreciar tanta meninice pura e tão sadia. Felizes ambos nessa intimidade.

– Vou trocar de roupa!

Na verdade ele fugia. Não tinha ainda a ciência de prolongar as venturas, talvez nem soubesse que estava feliz. Fräulein sorriu pra ele, inclinando de leve a cabeça bruna manchada de sol. Carlos se afastou com passo marinheiro, balançando, bem apoiado no chão. A cabeça bem plantada na touceira do suéter. Entrou na casa sem olhar pra trás.

Mas Fräulein o enxerga por muito tempo ainda, se afastando. Vitorioso sereno. Como um jovem Siegfried.

Depois do almoço as crianças foram na matinê do Royal. Estou falando brasileiro. Fräulein acompanhou-as. Carlos acompanhou. Acompanhou quem?

– É! Você nunca vinha na matinê e agora vem só pra amolar os outros! Vá pro seu futebol que é melhor! Ninguém carece da sua companhia...
– Que tem, Maria, eu ir também!
– Olhe o automóvel como está! Machuca todo o vestido da gente!

Com efeito o automóvel alugado é pequeno pra cinco pessoas, se apertaram um pouco. E como são juntinhas as cadeiras do Royal!

Carlos não repara que tem entreatos nos quais os rapazotes saem queimar o cigarro, engolir o refresco. Se ele não fuma... Mas não tem rapazote que não goste de passar em revista as meninetas. Carlos não fuma. Se deixa ficar bem sentadinho, pouco mexe. Olha sempre pra diante fixo. Vermelho. Distraído. Isso: quebrado pelos calores de dezembro, nada mais razoável. O espantoso é perceber que ela derrubou o programa, ergue-o com servilidade possante.

– Está gostando, Fräulein?

Ao gesto de calor que ela apenas esboça, faz questão de guardar sobre os joelhos o jérsei verde. Tudo com masculina proteção. Isso a derreia. Como está quente! O certo é que o corpo dela utrapassa as bordas da cadeira todo o mundo se queixa das cadeiras do Royal. Há, talvez me engane, um contato. Dura pouco? Dura muito? Dura toda a matinê, vida feliz foge tão rápida!... Principalmente quando a gente acompanha uma senhora e três meninas. De repente Carlos quase abraça Fräulein, debruçando pra ver se do outro lado dela as irmãzinhas, portem-se bem, heim!... Compra balas. Ajuda as meninas a descer do automóvel na volta, e tão depressa que ainda paga o motorista antes de Fräulein, eu que pago! Subindo a escada, por que arroubos de ternura não

sei, abraça de repente Maria Luísa, lhe afunda uns lábios sem beijo nos cabelos.

– Ai, Carlos! Não faça assim! Você me machuca! Desta vez ele não machucou. Machucou sim. Porém nas epidermes da vaidade, que Maria Luísa se pens mocinha e se quer tratada com distinção.

Porém o menino já está longe e agora havemos de segui-lo até o fim, entrou no quarto. Mais se deixou cair, sem escolha, numa cadeira qualquer, boca movendo numa expressão de angústia divina Quereria sorrir... Quereria, quem sabe? Um pouco de pranto, o pranto abandonado faz vários anos, talvez agora lhe fizesse bem... Nada disso. O romancista é que está complicando o estado de alma do rapaz. Carlos apenas assunta sem ver o quadrado vazio do céu. Uma final sublime, estranha sensação... Que avança, aumenta... Sorri bobo no ar. Pra não estar mais assim esfregando lentamente, fortemente, as palmas das mãos uma na outra, aperta os braços entre as pernas encolhidas, musculosas. Não pode mais, faltou-lhe o ar. Todo o corpo se retesou numa explosão e pensou que morria. Pra se salvar murmura:

– Fräulein!

Baixam rápidos do Empíreo os anjos do Senhor, asas, muitas asas. Tatalam produzindo brisa fria que refrigera as carnes exasperadas do menino. As massagens das mãos angélicas pouco a pouco lhe relaxam os músculos espetados, Carlos se larga todo em beata prostração. Os anjos roçam pela epiderme dele esponjas celestiais. Essas esponjas apagam tudo, sensações estranhas, ardências e mesmo qualquer prova de delito. Na alma e no corpo. Ele não fez por mal! São coisas que acontecem. Porém, apesar de sozinho, Carlos encafifou.

Acham muita graça nisso os anjos, lhe passando nos olhos aquela pomada que deixa seres e vida tal-e-qual a gente quer.

São Rafael nos céus escreve:

nº 9.877.524.953.407:

Carlos Alberto Sousa Costa.
Nacionalidade: Brasileiro.

Estado social: Solteiro.
Idade: Quinze (15) anos.
Profissão: (um tracinho).
Intenções: (um tracinho).
Observações extraordinárias:
 (um tracinho).
"REGISTRO DO AMOR SINCERO."

Outro dia Fräulein voltou duma dessas reuniões na casa da amiga, com um maço de revistas e alguns livros. Um médico recém-chegado da Alemanha e convicto de Expressionismo, lhe emprestara uma coleção de *Der Sturm* e obras de Schikele, Franz Werfel e Casimiro Edschmid.
Fräulein quase nada sabia do Expressionismo nem de modernistas. Lia Goethe, sempre Schiller e os poemas de Wagner. Principalmente. Lia também bastante Shakespeare traduzido. Heine. Porém Heine caçoara da Alemanha, lhe desagradava que nem Schopenhauer, só as canções. Preferia Nietzsche mas um pouquinho só, era maluco, diziam. Em todo caso Fräulein acreditava em Nietzsche. Dos franceses, admitia Racine e Romain Rolland. Lidos no original.

Seguiu página por página livros e revistas ignorados. Compreendeu e aceitou o Expressionismo, que nem alemão medíocre aceita primeiro e depois compreende. O que existe deve ser tomado a sério. Porque existe. Aquela procissão de imagens afastadíssimas, e contínuo adejar por alturas filosóficas metafísicas, aquela eterna grandiloquência sentimental... E a síntese, a palavra solta desvirtuando o arrastar natural da linguagem... De repente a mancha realista, ver um bombo pam! de chofre... Eram assim. Leu tudo. E voltou ao seu Goethe e sempre Schiller.

Se lhe dessem nova coleção de algum mensário inovador, mais livros, leria tudo página por página. Aceitaria tudo. Compreenderia tudo? Aceitaria tudo. Para voltar de novo a Goethe. E sempre Schiller.

O caso evolucionava com rapidez. Muita rapidez, pensava Fräulein. Mas Carlos era ardido, tinha pressa. Por outra: não é que tivesse pressa exatamente, porém não sabia somar.

A aritmética nunca foi propícia aos brasileiros. Nós não somamos coisa nenhuma. Das quatro operações, unicamente uma nos atrai, a multiplicação, justo a que mais raro frequenta os sucessos deste mundo vagarento.

De resto, nós já sabemos que Carlos estragava tudo. Castigos da multiplicação. Ele compreendeu enfim, devido aquele fato lamentável apagado pela esponja dos arcanjos, que gostava mesmo de Fräulein. Principiou não querendo mais sair de casa. De primeiro era o dia inteirinho na rua, futebol, lições de inglês, de geografia, de não sei que mais e natação, tarde com os camaradas e inda por cima, depois da janta, cinema. Agora? Vive na saia de Fräulein. Sempre desapontado, que dúvida! Mas porém na saia de Fräulein. Sorri aquele sorriso enjeitado, geralmente de olhos baixos, cheio de mãos. De repente fixa a moça na cara destemido pedindo. Pedindo o quê? Vencendo. Fräulein se irrita: sem-vergonha!

Mas na verdade Carlos nem sabia bem o que queria. Fräulein é que sentia-se quebrar. Tinha angústias desnecessárias, calores, fraqueza. Em vão o homem-do-sonho trabalhava teses e teorias. Em vão o homem-da-vida pedia vagares e método, que estas coisas devem seguir normalmente até o cume do Itatiaia.

– Fräulein largue disso. Venha tocar um pouco pra mim!...

Voz queixosa. Voz cantante. Voz molenga.

– Não posso, Carlos. Preciso pregar estes botões.
– Ora venha!... Você ensina piano pra mim, ensina?
– Carlos, não me incomode.
– Então me ensine a pregar botões, vá!... me dá a agulha...
– Você me perturba, menino!
– Perturba!... (risinho) Ora, Fräulein! Perturba no quê! Imagine! Estou perturbando Fräulein! (baixinho churriando) Toca sim?... Deixa de enjoamento!...
– Você é impossível, Carlos.

Ia pro piano. Folheava os cadernos sonoros. Atacava, suponhamos, a op. 81 ou os Episoden, de Max Reger. Tocava aplicadamente, não errava nota. Não mudava uma só indicação dinâmica. Porém fazia melhor o diminuendo que o crescendo...

Carlos muito atento, debruçado sobre o piano. Na verdade ele não escutava nada, todo olhos para a pianista, esperando o aceno dela pra virar a página. Pouco a pouco – não ouvia mas a música penetrava nele – pouco a pouco sentia pazes imberbes. Os anseios adquiriam perspectivas. Nasciam espaço, distâncias, planos, calmas... Placidez.

Fräulein para e volta pra costura. Carlos solitariamente macambúzio, sem pensar em nada, se afasta. Jardim. Passeia as mãos amputadas pelas folhagens e flores. Agora não estraga mais nada. Considera o céu liso. Não está cansado. Incapaz de fazer coisa alguma. Maria Luísa passa, ele estira a perna. Movimento reflexo e pura memória muscular. Maria Luísa se viu obrigada a pular.

– Conto pra mamãe, bruto!... Vá bulir com Fräulein!

Ele apenas sorri, na indiferença. Não quer agir, não sente o gosto de viver. Fosse noutro momento, Maria Luísa não saía dali sem chorar. Porém Carlos agora como que apenas se deixa existir. Existirá?

Aquilo dura tempo, bastante tempo.

Há todo um estudo comparativo a fazer entre a naftalina Max Reger e os brometos em geral.

Agora qualquer passagem mais pequena pro ditado. Estavam mais silenciosos que nunca. Prolongavam as lições e, pelas partes em que estas se dividiam, observavam machucados a aproximação do fim. No entanto eram horas de angústia aquelas! Em 30 dias partira esse bom tempinho de amor nascente, no qual as almas ainda não se utilizam do corpo. Porque nada sabem ainda. Os dois? Ponhamos os dois. Fräulein notava que desta feita era diferente. E quando a lição acabava, saindo da biblioteca, surpreendia os dois aquela como consciência de libertação, arre! Mas se fosse possível renovariam a angústia imediatamente, era tão bom!

Fräulein folheou o livro. A página cantou uns versos de Heine. Servia.

– Esta.

Carlos voz grave, quase lassa murmurou:

Du schönes Fischermädchen
Treibe den Kahn ans Land;

Komm zu mir und setze dich nieder,
Wir Kosen, Hand in Hand.
Leg'an mein Herz dein Köpfchen
Und fürcht dich nicht so sehr:
Vertraust du dich doch sorglos
Täglich dem wilden Meer!
Mein Herz gleicht ganz dem Meere,
Hat Sturm und Ebb und Flut,
Und manche schöne Perle
In seiner Tiefe ruht.[3]

– Entendeu, Carlos?

Ela repetia sempre "Carlos", era a sensualidade dela. Talvez de todos... Se você ama, ou por outra se já deseja no amor, pronuncie baixinho o nome desejado. Veja como ele se moja em formas transmissoras do encosto que enlanguesce. Esse ou essa que você ama, se torna assim maior, mais poderoso. E se apodera de você. Homens, mulheres, fortes, fracos... Se apodera.

E pronunciado, assim como ela faz, em frente do outro, sai e se encosta no dono, é beijo. Por isso ela repete sempre, como de-já-hoje, inutilmente:
– Entendeu, Carlos?

E ele jogando um dos tais risinhos alastrados com que desaponta sempre:

– Quase! Mas adivinhei!

Eis aí uma das coisas com que Fräulein não se dava bem. Pra ela era preciso entender sempre o significado das palavras, senão não compreendia mesmo. Estes brasileiros?!.. Uma preguiça de estudar!.. Qual de vocês seria capaz de decorar, que nem eu, página por página, o dicionário de Michaelis pra vir para o Brasil? Não vê! Porém quando careciam de saber, sabiam. Adivinhavam. Olhe agora: Que podia Carlos entender, se ignorava o sentido de muitas daquelas palavras? Ríspida:

– Então diga o que é.

O menino, meio enfiado, vai vivendo:

---

[3] Vem, linda peixeirinha, /Trégua aos anzóis e aos remos! / Senta-te aqui comigo, / Mãos dadas conversemos. / Inclina a cabeçinha, / E não temas assim: / Não te fias do oceano? / Pois fia-te de mim! / Minh'alma, como o oceano, / Tem tufões, correntezas, / E muitas lindas pérolas / Jazem nas profundezas. (Tradução de Manuel Bandeira)

É que eles ficaram sentados na praia, de mãos dadas muito juntinhos. Depois ele deitou a cabeça no ombro dela. (Carlos abaixava a dele e já não ria.) Depois... (lhe deu aquela vergonha de saber o que não sabia. Ficou muito azaranzado). A segunda estrofe não entendo nada. Vertraust... que que é vertraust!... Mas depois o coração deles principiou fazendo que nem o mar...

– Deles não, Carlos. Dele só.
– Deles! Ganz: todos! Aqui quer dizer dos dois, dela também!
– Você está adivinhando, Carlos! Mein Herz, o coração dele parecia com o mar. Ganz gleicht: parecia, era como, tal e qual.
– Hmm...
Desconsolado. Sensação de pobreza, isolamento...

– Não sei mais!

Ela, muito suave, extasiada:

– Você está falando certo, Carlos! Continue!
– O coração dele estava tal e qual o mar... Em tempestade...

E de repente transfigurado, numa confissão de olhos úmidos, arrebatou todos os símbolos murmurando:

– Mas ele tinha muitas péloras no coração!

Queria dizer pérolas porém saiu péloras, o que que a gente há de fazer com a comoção!

Fräulein ríspida:

– Escreva agora.

Ríspida, porque de outro jeito não se salvava mesmo. Careceria pra abafar o... desejo? Desejo, tampar o peito com a cabeça dele. Pampampam... acelerado. Lhe beijar os cabelos os olhos, os olhos a testa muito, muito muito... Sempre! Ficarem assim!... Sempre... Depois ele voltava do trabalho na cidade escura... Depunha os livros na escrivaninha... Ela trazia a janta... Talvez mais três meses, pronto o livro sobre *O apelo da natureza na obra dos Minnesänger*. Comeriam quase em silêncio...

Carlos também estava escrevendo letras muito alheias. Era uma angústia cada vez mais forte, intolerável já. Como respirar? Pérolas... Pra que pérolas!... que ideia

de Heine! A hora ia acabar... As letras se desenhavam mais lentas, sem gosto, prolongando a miséria e a felicidade. A fala de Fräulein, seca, riscava as palavras do ditado em explosões ácidas navalhando a entressombra. Acabava desoladamente:

–... Tiefe ruht.

Se levantou libertada. Porém no papel surgia em letras infelizes "tiefe ruth", e deu-se então que Fräulein não pôde mais consigo. Se despejou sobre o menino, com o pretexto de corrigir:

– Vou escrever com a mão de você mesmo – disfarçou.

O rosto se apoiou nos cabelos dele. Os lábios quase que, é natural, sim: tocaram na orelha dele. Tocaram por acaso, questão de posição. Os seios pousaram sobre um ombro largo, musculoso, agora impassível escutando. Chuvarada de ouro sobre a abandonada barca de Dânae... Carlos... êta arroubo interior, medo? Vergonha? Aterrorizado! Indizível doçura... Carlos que nem pedra. Fräulein com a mão dele escreveu em letras palhaças: "Tiefe ruht".

Não tinham mais nada pra se falar, não tinham. Quando saíram da biblioteca, pela primeira vez, uma desesperada felicidade de acabar com aquilo. Porém só Carlos desta vez é que não sabia bem direito o que era o "aquilo".

Este romance do modernista Mário de Andrade (São Paulo, 1893-1945) tem por núcleo a educação doméstica de um jovem da elite paulistana, feita por uma imigrante alemã. A educação, que inicialmente se prende aos temas escolares, termina por entrar pelo inevitável tema sexual, e o que se vê é a iniciação do jovem nas formas do prazer. Apresentamos um dos trechos básicos do romance, em que o tema do ensinamento do amor vem à tona. A edição do texto está acompanhada de notas por Telê Porto Ancona Lopez.

Teste

Carlos Drummond de Andrade

Antigamente as professoras usavam óculos e não eram bonitas. Por isso mesmo o ensino se fazia com dificuldades horríveis e ninguém aprendia a ler e escrever, ou aprendia sem gosto, para se utilizar desses conhecimentos lendo ou escrevendo artigos contra a feiura das professoras. Feiura respeitável, que se apoiava na palmatória, na varinha de marmelo inquieta sobre a mesa, e no capacete de papel que, apesar de tudo, era o lado mais ameno da escola e dava à gente uma ilusão tímida de Carnaval. Todo mundo se julgava profundamente infeliz, e as professoras também.

Hoje elas são bonitas e não usam óculos. O ensino mudou. Vieram uns senhores de nomes estranhos mais simpáticos – o dr. Decroly, o dr. Kerchensteiner, o dr. Dewey – que substituíram com vantagem as barbas do barão de Macaúbas e o cavanhaque severo de Felisberto de Carvalho. Veio também uma palavra nova, rápida e feliz, uma palavra que a gente apenas começa a pronunciar e já acabou: teste. Há testes de tudo: de aritmética, de linguagem, de geografia e de inteligência. A escola ficou interessantíssima. Os alunos são testados pelas professoras e estas, por sua vez, se deixam testar pelo dr. Simon, aquele doce e grave dr. Simon, que achou as professoras mais adiantadas do que as estagiárias e as diretoras mais adiantadas ainda do que as professoras: exatamente na ordem hierárquica. Depois de tudo isso, testar é um prazer, e eu testo, você testa, ele testa.

O último exercício desse gênero a que me foi dado assistir foi um teste de absurdos. A professora dizia uma frase absurda e, de relógio na mão, esperava a classe corrigir. Por exemplo: "Na rua São Paulo, um homem caiu da bicicleta, de cabeça para baixo, e morreu instantaneamente. Foi conduzido ao hospital mas há receio de que ele não fique bom". Todo mundo viu logo que isso não podia ser e que o sujeito estava morto mesmo.

O segundo exemplo foi mais trágico: "Acharam no mato o corpo de um rapaz cortado em 18 pedaços. Dizem que ele se suicidou. Será exato?" A maioria repeliu imediatamente essa hipótese, mas um garoto a admitiu, lembrando que o rapaz podia ter obtido aquela porção de pedaços cortando os dedos. Com quê? indagou outro. Ele não respondeu e a classe passou-lhe um trote.

Deixei para o fim a terceira pergunta, não propriamente porque ela envolva uma anedota engraçada – e não envolve – mas porque faz pensar. A professora disse que tinha sete irmãos: "Pedro, Arthur, Joaquina, Janjão, Romualdo, e eu". Certo? Houve um momento amargo de indecisão. Afinal, uma garotinha de sete anos descobriu: "Errado! A gente não pode ser irmão de si mesmo".

Sussurro de aprovação do auditório. Mas um menino experimentado e de óculos, ruga precoce na testa, levantou-se para protestar: "Está errado. Onde se viu a gente ter tanto irmão num tempo desses?"

Esta crônica faz parte da coleção que o poeta publicou no jornal Minas Gerais, *órgão oficial dos Poderes do Estado, com o pseudônimo de Antonio Crispim. Ela foi publicada em 24 de abril de 1930. Precocemente, Drummond, que entrava nos 28 anos, tratava jocosamente da mecanização do ensino por meio dos testes objetivos, que 40 anos depois se tornariam verdadeira mania nacional, a ponto de se fazerem campanhas para restabelecer questões de resposta discursiva nos vestibulares.*

Capitães da

João Grande passa por debaixo da ponte – os pés afundam na areia – evitando tocar no corpo dos companheiros que já dormem. Penetra no trapiche. Espia um momento indeciso até que nota a luz da vela do Professor. Lá está ele, no mais longínquo canto do casarão, lendo à luz de uma vela. João Grande pensa que aquela luz ainda é menor e mais vacilante que a da lanterna da "Porta do Mar" e que o Professor está comendo os olhos de tanto ler aqueles livros de letra miúda. João Grande anda para onde está o Professor, se bem durma sempre na porta do trapiche, como um cão de fila, o punhal próximo da mão, para evitar alguma supresa.

Anda entre os grupos que conversam, entre as crianças que dormem, e chega para perto do Professor. Acocora-se junto a ele e fica espiando a leitura atenta do outro.

João José, o Professor, desde o dia em que furtara um livro de histórias numa estante de uma casa da Barra, se tornara perito nesses furtos. Nunca, porém, vendia os livros, que ia empilhando num canto do trapiche, sob tijolos, para que os ratos não os roessem. Lia-os todos numa ânsia que era quase febre. Gostava de saber coisas e era ele quem, muitas noites, contava aos outros histórias de aventureiros, de homens do mar, de personagens heroicos e lendários, histórias que faziam aqueles olhos vivos se espicharem para o mar ou para as misteriosas ladeiras da cidade numa ânsia de aventuras e de heroísmo. João José era o único que lia correntemente entre eles e, no entanto, só estivera na escola ano e meio. Mas o treino diário da leitura despertara completamente sua imaginação e talvez fosse ele o único que tivesse uma certa consciência do heroico das suas vidas. Aquele saber, aquela vocação para contar histórias, fizera-o respeitado entre os Capitães da Areia, se bem fosse franzino, magro e triste, o cabelo moreno caindo sobre os olhos apertados de míope. Apelidaram-no de Professor porque num livro furtado ele aprendera a fazer mágicas com lenços e níqueis e também porque, contando aquelas histórias que lia e muitas que inventava, fazia a grande e misteriosa mágica de os transportar para mundos diversos, fazia com que os olhos vivos dos Capitães da Areia

Areia

Jorge Amado

brilhassem como só brilham as estrelas da noite da Bahia. Pedro Bala nada resolvia sem o consultar e várias vezes foi a imaginação do Professor que criou os melhores planos de roubo. Ninguém sabia, no entanto, que um dia, anos passados, seria ele quem haveria de contar em quadros que assombrariam o país a história daquelas vidas e muitas outras histórias de homens lutadores e sofredores. Talvez só o soubesse Don'Aninha, a mãe do terreiro da Cruz de Opô Afonjá, porque Don'Aninha sabe de tudo que Yá lhe diz através de um búzio nas noites de temporal.

João Grande ficou muito tempo atento à leitura. Para o negro aquelas letras nada diziam. O seu olhar ia do livro para a luz oscilante da vela, e desta para o cabelo despenteado do Professor. Terminou por se cansar e perguntou com sua voz cheia e quente:

– Bonita, Professor?

Professor desviou os olhos do livro, bateu a mão descarnada no ombro do negro, seu mais ardente admirador:

– Uma história porreta, seu Grande. – Seus olhos brilhavam.

– De marinheiro?

– É de um negro assim como tu. Um negro macho de verdade.

– Tu conta?

– Quando findar de ler eu conto. Tu vai ver só que negro...

E volveu os olhos para as páginas do livro. João Grande acendeu um cigarro barato, ofereceu outro em silêncio ao Professor e ficou fumando de cócoras, como que guardando a leitura do outro.

Em Capitães da Areia, *romance publicado em 1937, Jorge Amado espelha a vida dos rapazes e meninos de rua e do porto de Salvador. Um desses personagens é chamado de "o Professor", alcunha que ganhou "desde o dia em que furtara um livro de história de uma casa da Barra". Tendo frequentado a escola, embora por pouco tempo, o Professor é o único no grupo que sabe ler correntemente – e virá a ser, mais tarde, o escritor que evocará os feitos daqueles tempos e daquelas ruas.*

Cyro Martins

Sem Rumo

Capítulo XIII

Os dedos ardiam, encolhidos e roxos. Nariz não tinha mais. Apenas uma bola de neve na cara, abaixo dos olhos e acima da boca. Nos pés parece que leva sapatilhas. Parece. Mal tateava as rédeas. Por sorte, era voluntário o douradilho. Galopeava a uma simples agachada de corpo pra frente. De vez em quando desestribava os pés e espichava as pernas, encostando-as nas paletas do montado. Um calor de sangue vivo e impetuoso, de músculos que se contraem, passava das carnes do animal para a sua pele arrepiada.

Quando Chiru chegou ao baixo, apesar do sol alto, só nos corguinhos estreitos a água corria. No mais, nos poços quietos, nas pisadas dos animais nos banhadinhos onde houvesse água parada, a superfície era um vidro, reluzindo ao sol. A cada pisada do petiço, estralejava um ruído de caquerio de garrafa. O campo todo era um lençol. Só nos

altos começavam a verdejar os pastos, mas de um verde descorado, de folhas queimadas. Nas ladeiras, as reses magras ainda mascavam, deitadas, o pasto comido na véspera. Muitas não levantariam mais. Outras, com um impulso na cola, talvez.

Nada no campo se movia. Nem as árvores solitas – um umbu de tapera no topete da coxilha, o espinilho de tronco liso e fino da cabeceira da sanguinha e o mata-olho do fundo do potreiro grande. Estavam estaqueadas no ar, mais delgada a silhueta, a ramaria mais distante do chão, não serviam de abrigo a ninguém, nem a homens nem a animais.

No que varou a sanga, Chiru galopeou. Ao coroar a coxilha, encontrou os colegas, gurizada da vizinhança, campeira e alarife como ele. Até o colégio, foi um surumbumba, correndo carreiras e califórnias, esquecidos do frio.

Chegaram. Casa fechada. Seu Maneco ainda dormia, como era comum. Aglomeraram-se no oitão batido de sol. A geada levantava mansinha, sem vento.

Zequinha Flores, sardento e ruivo, magriça, alto, sacou do bolso uma tava. Palmeou o osso, nticante, num desafio. E no soflagrante dois paus de fósforos caíram acolherados, no chão úmido, de terra batida, topando a parada. Como dois galitos de rinha que apenas se emplumam, Chiru e Zequinha tramaram-se, caprichando nos tiros de duas voltas e volta e meia. A princípio foi silencioso o jogo, precavido. Mas logo começaram as apostas de fora. E a cancha coalhou-se de fósforos, moedinhas de tostão, fivelas, aperos dos pingos, lápis, canetas, pedras de escrever, tudo valia no jogo. Cada qual se esmerando mais em mostrar-se arriscador na sorte. Chiru tinha mão certeira ao largar a tava num tiro de volta e meia. Seria, quando grande, bom clavador. Ademais, demonstrava serenidade e coragem no escorar paradas.

Zequinha, menos seguro no tiro, mais irrequieto e menos valente, tinha, no entanto, um algo, um jeito, um toque, um alinho arrogante no corpo todo, deixando adivinhar o jogador de raça que crescia nele.

De repente, a porta abriu-se. De olhos inchados de tanto dormir, a cara por lavar, o professor berrou, estrugiu como um raio, esparramando a gurizada vagabunda, sem-vergonha, perdida, que bem estas foram as suas palavras.

Eram dez horas.

Manuel Garcia, compenetrado, procurando impor-se, fez os alunos entrarem para a aula. Completavam uma dúzia. Chamou seis. Enfileirou-os na sua frente. Tirou da gaveta a palmatória de cinco furos. E puxou, com ganas, meia dúzia de bolos em cada um. Depois repetiu o mesmo ensinamento para a segunda turma.

– E agora, estudem, seus vagabundos, malcriados!

Marcou a lição energicamente: estudar o alfabeto manuscrito do "a" até "p" de diante pra trás e de trás pra diante!

Deixou-os ali no "estudo" e foi pra cozinha tomar mate com a mulher.

Às onze e meia reapareceu, lavado, penteado, paletó preto, bombacha estreita, lenço branco no pescoço. Sim, de lenço branco! Não podia dispensar o lenço branco – distintivo do Partido.

Tomou a lição. Ninguém soube a lição. Nova descompostura e soltou os alunos com a ameaça de que, se no outro dia não soubessem ainda, repetiria o mesmo castigo, com mais energia.

A gurizada saiu a galope, às gargalhadas, toureando-se uns aos outros.

Manuel Garcia ficou parado na porta, bestificado diante do espetáculo. O que seria dele, do seu colégio, da sua vida, depois que os alunos aprendessem o ABC? Quem o mandara ser tão estúpido a ponto de vender baratinho a "laranja" e o "andorinha"? Além do ABC, tudo era uma cerração pra ele. Mas não, não havia perigo, aquela gurizada baguala nunca passaria do ABC. Além disso, o seu voto no dr. Borges seria uma garantia incondicional...

Um cenário estranho para muitos e muitos brasileiros: de manhãzita, o guri vai a cavalo para a escola, e os cascos do animal vão quebrando e fazendo estalar as lâminas cristalinas de gelo, que a noite fria depôs no descampado. O gaúcho Cyro Martins, que estreou na literatura em 1934 e faleceu em 1995, fez parte de uma geração que a partir dos anos 30 inaugura nas letras brasileiras o ciclo do "gaúcho a pé", empobrecido, despojado da primitiva grandeza, quase sempre mais lendária do que real, que abandona o campo e vem para a cidade. Desse ciclo faz parte o romance Sem rumo, *de 1937, em que se misturam cenas de diagnóstico social com outras de reminiscência. Esta que aqui se apresenta parece ser das últimas, e no romance desfruta de uma certa autonomia.*

D. MARIA

Graciliano Ramos

A mulher gorda chamou-me, deu-me uma cadeira, examinou-me a roupa, o couro cabeludo, as unhas e os dentes. Em seguida abriu a caixinha branca, retirou o folheto:

– Leia.
– Não senhora – respondi confuso.

Ainda não havia estudado as letras finas, menores que as da carta de A B C. Necessário que me esclarecessem as dificuldades.

D. Maria resolveu esclarecê-las, mas parou logo, deixou-me andar só no caminho desconhecido. Parei também, ela me incitou a continuar. Percebi que os sinais miúdos se assemelhavam aos borrões da carta, aventurei-me a designá-los, agrupá-los, numa cantiga lenta que a professora corrigia. O exercício prolongou-se e arrisquei a perguntar até onde era a lição.

– Está cansado? – sussurrou a mulher.
– Não senhora.
– Então vamos para diante.

Isto me pareceu desarrazoado: exigiam de mim trabalho inútil. Mas obedeci. Obedeci realmente com satisfação. Aquela brandura, a voz mansa, a consertar-me as barbaridades, a mão curta, a virar a folha, apontar a linha, o vestido claro e limpo, tudo me seduzia. Além disso a extraordinária criatura tinha um cheiro agradável. As pessoas comuns exalavam odores fortes e excitantes, de fumo, suor, banha de porco, mofo, sangue. E bafos nauseabundos. Os dentes de Rosenda eram pretos de sarro de cachimbo; André Laerte usava um avental imundo; por detrás dos baús de couro, brilhantes de tachas amarelas, escondiam-se camisas ensanguentadas.

Agora, livre das emanações ásperas, eu me tranquilizava. Mas não estava bem tranquilo: tinha a calma precisa para arrumar, sem muitos despropósitos, as sílabas que se combinavam em períodos concisos. Dominava os receios e a tremura, desejava findar a obrigação antes que estalasse a cólera da professora. Com certeza ia estalar: impossível manter-se um vivente naquela serenidade, falando baixo.

A cólera não se manifestou – e explorei diversas páginas. Então d. Maria me interrompeu, fez-me alguns elogios moderados. Pedi-lhe que marcasse a lição. Indicou vagamente o meio do livro.

– E o princípio?

Declarou que não valia a pena repisar as folhas já lidas e conservou-me perto dela. Provavelmente era recomendação de meu pai. Ao apresentar-me, exagerara-me a rudeza e a teimosia. Um pretexto: isolava-me, temendo que me corrompesse, permitia-me raros companheiros inocentes. Às vezes esquecia a vigilância, autorizava os passeios ao cercado, onde o moleque José e os garotos vadiavam.

Findo o embaraço, fechei o volume e observei os colegas. A caixa de pinho, a roupa de fustão branco e os sapatos roxos incutiam-me alguma segurança. No íntimo julgava-me fraco. Tinham-me dado esta convicção e era difícil vencer o acanhamento.

Começou vida nova. Semanas e semanas tentei ambientar-me. Não me exibia natural e chinfrim, diligenciava por qualquer modo compensar as minhas deficiências. Exprimia-me deploravelmente. E pouco tempo nos deixavam para comunicações. Na ausência da professora, abandonávamos os nossos lugares, cochichávamos. Vários tipos mostraram-me indiferença ou antipatia, e Cecília, cheia de arestas e orgulhosa, arrepiou-se, empinou-se, a boca torcida, um desdém tão grande nos olhinhos acesos que me desviei vexado, com receio de molestá-la.

Isso me privou de excelentes mestres. Na verdade os melhores que tive foram indivíduos ignorantes. Graças a eles, complicações eruditas enfraqueceram, traduziram-se em calão.

Felizmente d. Maria encerrava uma alma infantil. O mundo dela era o nosso mundo, aí vivia farejando pequenos mistérios nas cartilhas. Tinha dúvidas numerosas, admitia a cooperação dos alunos, e cavaqueiras democráticas animavam a sala. Certo dia apareceu na gaveta da mesa um objeto com feitio de lápis. Lápis graúdo, alvacento numa extremidade, escuro na outra. Que seria? Toda a aula foi interrogada, examinou o pedaço de madeira, apalpou-o, mordeu-o, balançou a cabeça e estirou o beiço indecisa. D. Maria recolheu-se, ponderou, afinal sugeriu que talvez aquilo fosse medida para seu Antônio Justino cortar fumo. Seu Antônio Justino cortava sem medida o fumo de corda. E a raspadeira de borracha, imprestável e sem ponta, ficou sobre a mesa, a desafiar-nos a argúcia, a inspirar-nos humildade, junto à palmatória. A escola exigia palmatória, mas não consta que o modesto emblema de autoridade e saber haja trazido lágrimas a alguém. D. Maria nunca o manejou. Nem sequer recorria às ameaças. Quando se aperreava, erguia o dedinho, uma nota desafinava na voz carinhosa – e nós nos alarmávamos. As manifestações de desagrado eram raras e breves. A excelente criatura logo se fatigava da severidade, restabelecia a camaradagem, rascunhava palavras e algarismos, que reproduzíamos.

Não me ajeitava a esse trabalho: a mão segurava mal a caneta, ia e vinha em sacudidelas, a pena caprichosa fugia da linha, evitava as curvas, rasgava o papel, andava à toa como uma barata doida, semeando borrões. De nada servia pegarem-me os dedos, tentarem dominá-los: resistiam, divagavam, pesados, úmidos, e a tinta se misturava ao suor, deixava na folha grandes manchas. D. Maria olhava os estragos com desânimo, procurava atenuá-los debalde. As consolações atormentavam-me, e eu tinha a certeza de que não me corrigiria.

Uma vez em que me extenuava na desgraçada tarefa percebi um murmúrio:

– Lavou as orelhas hoje?
– Lavei o rosto – gaguejei atarantado.
– Perguntei se lavou as orelhas.
– Então? Se lavei o rosto, devo ter lavado as orelhas.

D. Maria, num discurso, afastou-me as orelhas do rosto, aconselhou-me a tratar delas cuidadosamente.

Isto me encheu de perturbação e vergonha. Se a mulher me desse cocorotes ou bolos, eu me zangaria, mas aquela advertência num rumor leve deixou-me confuso, de olhos baixos, com desejo de meter-me na água, tirar do corpo as impurezas que ofendiam vistas exigentes. Nunca minha família se ocupava com semelhantes ninharias, e a higiene era considerada luxo. Lembro-me de ter ouvido alguém condenar certa hóspeda que, antes de ir para a cama, pretendia banhar-se:

– Moça porca.

A observação da mestra pareceu-me descabida, mas affigi-me, esquivei-me, a exames desagradáveis, e à noite dormi pouco. Na manhã seguinte levantei-me cedo, abri a janela da sala de jantar, cheguei-me ao lavatório de ferro, enchi a bacia, vagarosamente, para não acordar as pessoas e o papagaio. Ainda havia um pretume no quintal e silêncio nos quartos. Fiquei talvez uma hora a friccionar-me, a ensaboar-me, até que o sol nasceu e as dobradiças das portas rangeram. Fui olhar-me ao espelho da sala: as orelhas se arroxeavam, como se tivessem recebido puxavantes. Estariam bem limpas? As mãos se engelhavam, insensíveis, mas isto não tinha importância. O que me preocupava eram as orelhas. Continuei a asseá-las rigoroso, e ao cabo de uma semana surgiram nelas esfoladuras e gretas que dificultaram as esfregações.

A professora notou o exagero, segredou-me que deixasse as orelhas em paz. Desobedeci: havia contraído um hábito e receava outra admoestação, pior que insultos e gritos.

Minha mãe tinha engordado muito em alguns meses. As bochechas estavam murchas e os braços finos, mas a barriga crescia, os pés inchavam. Nervosa, movia-se a custo, arriava no marquesão, cuspindo nas gravuras do romance, abanando-se no calor. Não nos víamos pela manhã. Arranjava-me só. E engolido o café, largava-me para a escola deserta.

Sinhá e seu Antônio Justino vinham ensinar-me o catecismo. Depois a sala se povoava, d. Maria nos impunha o dever sonolento. Distraía-me espiando o teto, o voo das moscas, um pedaço do corredor, as janelas, a casa de azulejos, cabeças de transeuntes. Perto, no quartel da polícia, José da Luz cantava. Uma réstia descia a parede, avançava no tijolo, subia outra parede, alcançava o traço que indicava duas horas. Os garotos soltavam os livros, fechavam com rumor as caixinhas, ganhavam a rua numa algazarra, iam jogar pião nas calçadas. Admirava-me das expansões ruidosas, censurava-as e invejava-as. Conservar-me-ia na aula por gosto. Os meus temores ali se dispersavam, entendia-me bem com aquela gente: o homem preguiçoso, de chinelos, fumante, bocejador; a solteirona que me desbastava com paciência e me orientava os dedos teimosos; a velha amorável, bondade verdadeira, semelhante às figuras celestes do flos-santório.

D. Maria não era triste nem alegre, não lisonjeava nem magoava o próximo. Nunca se ria, mas da boca entreaberta, dos olhos doces, um sorriso permanente se derramava, rejuvenescia a cara redonda. Os acontecimentos surgiam-lhe numa claridade tênue, que alterava, purificava as desgraças. E se notícias de violência ou paixão toldavam essa luz, assustava-se, apertava as mãos, uma nuvem cobria-lhe o sorriso. Não compreendia as violências e as paixões. Se o marido e a filha morressem, sofreria – e resignar-se-ia, confiante nas promessas de Cristo. De fato já se haviam realizado essas promessas. "Bem-aventurados os que têm sede de justiça", zumbiam os meninos cochilando no catecismo. D. Maria não tinha sede de justiça, não tinha nenhuma espécie de sede, mas era bem-aventurada: a sua alma simples desejava pouco e se avizinhava do reino de Deus. Não irradiava demasiado calor. Também não esfriava. Justificava a comparação de certo pregador desajeitado: "Nossa Senhora é como uma perua que abre as asas quando chove, acolhe os peruzinhos". De Nossa Senhora conhecíamos, em litografias, o vestido azul, o êxtase, a auréola. D. Maria representava para nós essa grande ave maternal – e, ninhada heterogênea, perdíamos, na tepidez e no aconchego, os diferentes instintos de bichos nascidos de ovos diferentes.

Nessa paz misericordiosa os meus desgostos ordinários se entorpeceram, uma estranha confiança me atirava à santa de cabelos brancos, aliviava-me o coração. Narrei-lhe tolices. D. Maria escutou-me. Assim amparado, elevei-me um pouco. Os garranchos à tinta continuaram horrorosos, apesar dos esforços de Sinhá, mas o folheto de capa amarela foi vencido rapidamente. Tudo ali era fácil e desenxabido: combinações já vistas na carta de A B C, frases que se articulavam de um fôlego. E ausência de conselhos absurdos, as monstruosidades que se arrumavam na página odiosa, triturada, rasgada com satisfação.

Lendo o bilhete em que se pedia um segundo livro, meu pai manifestou surpresa com espalhafato. Houve uma aragem de otimismo, chegaram-me retalhos de felicidade. Ofereceram-me um carretel de linha, mandaram-me comprar uma folha de papel vermelho na loja de seu Filipe Benício, obtive uma tesoura, grude, pedaços de tábua, e fabriquei no alpendre um papagaio que não voou. No jantar deram-me toicinho. E exibiram-me a preciosidade que exteriorizava o meu progresso: volume feio, com um retrato barbudo e antipático. Ericei-me, pressenti que não sairia boa coisa dali.

Realmente, encrenquei, para bem dizer caí num longo sono, de que a perseverança da mestra não me arrancou. Eu nunca revelara nenhum gênero de aptidão. Xingado, às vezes tolerado, em raros momentos elogiado sem motivo, propriamente estúpido não era; mas tornei-me estúpido, creio que me tornei quase idiota. Os sentidos embotaram-se, o espírito opaco tomou uma dureza de pedra. Completamente inerte.

Depois, muito depois, avancei uns passos na sombra. Recuei, desnorteei-me. Andei sempre em ziguezagues. Certamente não foi o segundo livro a causa única do meu infortúnio. Houve outras, sem dúvida. Julgo, porém, que o maior culpado foi ele.

Neste capítulo do livro autobiográfico *Infância*, de 1945, o escritor Graciliano Ramos evoca seu contato com as primeiras letras. No tom sempre irônico, às vezes beirando o sarcasmo, que caracteriza seu estilo, fala da professora, d. Maria, que o marcou com sua visão de farejar "pequenos mistérios nas cartilhas" e de seu segundo livro, do qual, diz, "não sairia boa coisa". *Infância* tem uma estrutura de contos reunidos pelo fio autobiográfico. Este parece definir o núcleo central, em tom menor, de sua vida de escritor: uma autocrítica acre, e o gosto por buscar os grandes mistérios nas vidas humildes do sertão.

O Colégio das Ursulinas

Cyro dos Anjos

Fevereiro, 1938:

Afinal, as Ursulinas decidiram convidar-me para lecionar numa das cadeiras de literatura, em substituição ao velho Sizenando.

Essas freiras têm a sua sutileza. Há dias, mère Blandine veio ver Carlota, com o pretexto de lhe pedir minha interferência junto ao diretor do Patrimônio Municipal, de quem sou amigo, para que ultimem um contrato de enfiteuse que permitirá ao Colégio utilizar-se de uns terrenos adjacentes aos seus. Mas, na verdade, o caso já estava decidido, o Prefeito interessara-se pessoalmente pelo assunto, e o que mère Blandine desejava era obter informações a meu respeito.

Minha mulher percebeu isso e preveniu-me, quando cheguei a casa para jantar:

– As Ursulinas querem alguma cousa com você, Abdias, e não é aquele caso dos terrenos. Em seguida, contou-me que a diretora, que a trata com intimidade por ter sido aluna do Colégio, andou, com circunlóquios, esquadrinhando a nossa vida, para saber se eu era bom pai de família e católico praticante ou se pelo menos me incluía entre os amigos da Igreja. Carlota respondeu, com espírito, que eu não seria propriamente um patriarca; no entanto, não tinha maiores queixas de mim. Que isso de maridos, o bom estava ainda por nascer, e que, uns pelos outros, com razões de sobra podiam ser todos levados à forca. Quanto à religião, achava-me um tanto remisso, mas, em todo o caso, nunca deixara de acompanhá-la à missa, aos domingos e dias santificados.

Anteontem, chegou-me também aos ouvidos que mère Blandine procurou colher as mesmas referências entre velhos conhecidos meus. Já estava um tanto intrigado com a sindicância, quando, ao saber da doença de Sizenando, conjeturei logo qual seria o motivo.

É possível que meu nome tenha sido lembrado pelo próprio velho, que há muito deseja levar-me para o Colégio. Leu alguns trabalhos que andei publicando pelos jornais, e insiste em que sou uma vocação que se ignora, no tocante ao magistério. Sucedi-lhe no cargo de diretor do Arquivo Histórico e agora me inculca para essa outra espécie de sucessão. Excelente Sizenando! Acredita fervorosamente em minhas aptidões e vive a estimular-me.

O convite alvoroçou-me. Um pouco por curiosidade, acerca da nova experiência, um pouco pelo secreto desejo de tribuna, muito encontradiço na família dos tímidos, há muito eu o ambicionava.

Mas, passados os primeiros momentos acho-me agora um tanto inquieto. Devia, talvez, começar por ginásio mais modesto. O Colégio das Ursulinas é um estabelecimento de luxo, fundado adrede para

ceber moças da alta burguesia. Entramos numa era socializante, em que vão caducando as
istinções de castas, e algumas palavras caíram em desuso ou são cautelosamente evitadas.
ntretanto, há pouco tempo os jornais ainda lhe chamavam "aristocrático educandário", e o epíteto
ão constrangia as Ursulinas.

elo contrário, sempre procuraram conservar essa tradição, e, para uma jovem, ser admitida no
olégio tornou-se título honorífico. As pessoas menos prestigiosas, segundo me informa Carlota, não
aro recorrem às cartas de recomendação, para nele obterem a matrícula de filhas. Não são muitas
s vagas disponíveis, e a maior parte delas se preenche por uma como sucessão hereditária, entre as
amílias de elevada categoria.

Colégio aparece, assim, principalmente aos olhos das senhoras cujo ingresso na sociedade é
ecente, como algo distante, inacessível quase, que cumpre conquistar para que se consolide sua
osição social.

las, Deus meu, deixemos em paz essas aflitas matronas que porfiam por coisas tão vazias de
ubstância. Metade do mundo gravita em torno de tais pequenas vaidades e ostentações, e as
ulheres nelas se comprazem mais que em tudo, mesmo a minha valente Carlota, que vive
fastada do século.

• •

ui,
ntem, ao
Colégio agradecer o
onvite e informar-me acerca
e horários e programas. Uma irmã leiga
onduziu-me à presença da diretora, num gabinete severo, de cuja parede lisa pende, no fundo, um
rucifixo de ébano.

entada à sua secretária, mère Blandine inclinou-se um pouco – sem contudo se levantar – para
audar-me e, com um gesto, indicou-me uma cadeira. É pequena e frágil, mas tem o ar imponente.
A palidez e transparência do rosto, que parece de porcelana, e a expressão dos lábios sugerem-me
ma figura de François Clouet, de que vi, há tempos, uma reprodução.

A princípio, senti-me um tanto constrangido. Mas, quando mère Blandine começa a falar, reponta
m suas palavras a velha polidez francesa, e a gente fica mais à vontade. Exprime-se ora na própria
íngua, ora em português, segundo as dificuldades que encontra na conversação.

Achou-me um pouco jovem para substituir Sizenando, o que é lisonjeiro para quem já não anda
onge dos 40. Ponderou, entretanto, que o rejuvenescimento dos quadros se impunha, pois com as
ltimas reformas do ensino os professores antigos não estavam dando conta do recado. Depois que

o Colégio criou, por conta própria, o Curso de Extensão, as dificuldades ainda mais se agravaram. Como eu lhe perguntasse a razão de se ter instituído esse curso extraprograma, quando o oficial é apenas de cinco anos, mère Blandine esclareceu que as moças se formavam cedo demais e com insuficiente preparo. Deixavam o Colégio com 15 ou 16 anos e, em geral, ficavam sem ter o que fazer em casa, até que arranjassem casamento. Com o novo curso, pretendiam as Ursulinas resolver, em parte, esse problema que as mães enfrentavam ao saírem as filhas dos ginásios. Era de dois anos, e proporcionava conhecimentos, mais especializados, de artes e letras. Exatamente nele é que me queriam aproveitar, por indicação do professor Sizenando, explicou mère Blandine. Desejava que eu me incumbisse da cadeira de literatura portuguesa e brasileira, uma vez que a de literatura geral já havia sido confiada ao professor Silveira.

A diretora referiu-se, depois, com simpatia, ao velho Sizenando, mostrando-se preocupada com a sua enfermidade. Assegurei-lhe que, teimoso como é, lutará com a doença e acabará vencendo. Não o levarão assim, sem mais nem menos.

Finalmente, pediu-me notícias de minha mulher, tendo para com ela expressões muito gentis. Carlota ficará vaidosa, quando, ao regressar de sua pequena viagem, souber dos elogios que recebeu.

• • •

As aulas começarão depois de amanhã. Estou apreensivo. Foi uma ousadia ter aceitado o convite. Tenho má dicção e costumo exprimir-me com dificuldade. Para evitar apertos de última hora, preparei, antecipadamente, o esquema de duas ou três preleções, mas temo que pareçam às alunas muito secas, demasiado técnicas. Não possuo nenhum talento verbal, e sei que a exposição da matéria demanda colorido, para que logre despertar o interesse de auditório, como o que vou ter, pouco familiarizado com o assunto. Vai ser duro conseguir a atenção da turma para os primeiros pontos, que melhor ficariam no programa de filologia românica. As intermináveis discussões acerca das origens da poesia lírica portuguesa afiguram-se-me, também, um tanto áridas. Creio que será de boa política passar logo ao estudo direto dos nossos velhos trovadores, em que as moças hão de encontrar algum atrativo.

Mais fácil teria sido, porém, recusar o convite. Positivamente, pertenço à família do homo scribens e não à do homo loquens.

• • •

Comecei com o pé esquerdo meu primeiro dia de professor. Sempre temi o ridículo. E a tal ponto, que esse temor, forma paroxística de minha timidez, costuma atuar em minha vida como uma bússola negativa, a orientar para o avesso os meus atos. Faz-me viver de pé atrás com o mundo, torna-me arredio e suspicaz, quando poderia confiar, ou, em virtude de viva reação, leva-me a ousar e avançar, em circunstâncias que aconselhariam retraimento. Enfim, põe-me sempre fora do centro de gravidade.

E foi precisamente o ridículo, o temido e abominado ridículo, o que me ocorreu, hoje, no início das aulas.

A hesitação que experimentei ao entrar na sala e o ar canhestro que devia ter já haviam despertado, entre as alunas, desses sorrisos sorrateiros que a gente percebe por um sentido oculto, sem precisar de olhar os circunstantes. Mas a vexatória situação culminou foi no momento em que abri, atarantadamente, o livro de chamada e fiquei a estropiar nomes e a gaguejar, provocando hilaridade geral.

Formalizada, a surveillante deixou a costura e pôs-se a ralhar com as moças, sem

conseguir contê-las.
Acabei a chamada
como pude. Depois,
arrebanhei as minhas forças e
procurei aparentar domínio de mim
mesmo, encaminhando-me para o meio da sala
e dizendo, enfaticamente: "Pareceu-me ver na lista de
chamada o nome de Florisbela de Ataíde. Pertencerá, acaso,
à família Ataíde do Norte de Minas?"

Bem me lembrava ter lido Gabriela e não Florisbela, mas ao mestre confuso convinha simular superioridade e, por instinto, improvisei esta saída. Com a troca de nome e o tom de fingida segurança em que lhes falei, afetava não estar fazendo caso do auditório.

De qualquer modo, obtive inesperado efeito, desviando a atenção de mim para a moça. Logo pude identificá-la, pois se tornou alvo de todos os olhares, debaixo de explosões de riso da turma.

Vencido o primeiro momento, a pequena, que é de fibra, ergueu a fronte, pálida, lábios cerrados, como a lançar desafio às colegas, e respondeu-me afirmativamente, com um sinal de cabeça.

Que me perdoe a jovem Gabriela, possível neta do coronel Ataíde, amigo do meu pai e homem de prol em Várzea dos Buritis. Não queria dar-lhe esse constrangimento e apenas procurava sair do meu embaraço.

Houve, ainda, pela sala, algum sussurro, e pareceu-me ter percebido uma voz baixa, de acento zombeteiro, que lhe chamava Florisbela, mas a surveillante, mais senhora da situação, conseguiu acomodar as moças.

Receio que o pequeno incidente vá criar na jovem Gabriela pouco favorável disposição de espírito a meu respeito.

• • •

Estou agora intrigado é com o fato de aqui se ter instalado um ramo dos Ataídes, sem que eu haja dado por isso. Devem ser parentes mais distantes, do contrário eu teria recebido recomendações de Várzea dos Buritis para procurá-los.

Quem sabe Glória casou e Gabriela é sua filha? Esperem, já não tenho dúvidas, é exatamente isto. Lembra-me, agora, a vaga história de um médico do Sul de Minas, que a conheceu em Belo Horizonte, quando ela concluía o curso no Colégio Cassão, e a seguiu até Diamantina, para pedi-la em casamento. Foram morar em Caxambu, creio.

Ouvi a meu pai, certa vez, que o velho Ataíde de Várzea dos Buritis sempre lastimava que tivessem ido plantar tão longe aquele galho do antigo tronco. Não aguentava mais as viagens e duvidava que o pudessem vir ver com frequência. O casal terá, pois, vivido no Sul todo esse tempo. Sua transferência para aqui há de ter sido recente e, neste caso, Gabriela não será neta, mas bisneta do velho Ataíde. Eu é que, para me remoçar, suprimi inconscientemente uma geração.

Deus meu, estou ficando velho. Glória foi namorada minha! Verdade é que eu tinha alguns anos de menos que ela, e ela nem suspeitava da paixão que me consumia. Amores dos 12 anos, fabulosamente românticos, que se curtiam em silêncio e se nutriam da imaginação...

Glória morava com os pais em Diamantina, mas sempre ia passar as férias com os avós. Os velhos habitavam uma casa de sobrado, curioso espécime do estilo que as cidades do sertão conheceram em começos do século passado, quando a decadência da mineração levou para aquela zona famílias outrora abastadas, e, com elas, o padrão de vida mais alto das regiões do ouro e do diamante.

Era um casarão de aspecto senhorial, que dominava as habitações pequenas e pobres do largo da Matriz. Uma bela sacada de gradil de ferro, com desenhos florentinos, atenuava-lhe a severidade arquitetônica. Quando não saía no seu cavalo alazão, à tarde, acompanhada dos moços elegantes da terra, Glória gostava de sentar-se à sacada, para bordar ao bastidor ou folhear um livro.

Reportam-se a Glória as mais doces recordações de minha vida de menino. São recordações caprichosas que não acodem à tona da consciência, a simples apelos à memória. Associaram-se a determinadas paisagens, a certos estados atmosféricos, a um perfume de flor, a tal serenata ouvida ao gramofone.

Na manhã de hoje, quando cheguei ao Colégio, os eucaliptos do pátio, molhados pela chuva da noite, exalavam um aroma que me transportou, por uma dessas misteriosas associações, a verde corredor que serpeava por entre chácaras e pastos, à saída de Várzea dos Buritis, na estrada de Vista Alegre. Em mais de um ponto, grandes árvores, que se enlaçavam no alto, nele formavam caramanchões naturais, e a erva de São Caetano, alastrando-se pelas cercas de pau-a-pique, compunha-lhe uma sebe viva.

Glória gostava de andar a pé, por ali, para sentir a frescura da vegetação e o cheiro das ervas aquecidas ao sol. Um dia, quando voltava de um piquenique por aqueles caminhos, ela deixou por instantes os seus galãs, e, dando-se o braço, chamou-me seu noivo. Que emoção que senti! Saberia Glória que eu a amava apaixonadamente e tinha sido levada por um impulso de ternura, ou fora simples garridice de moça bonita e cortejada? Fiquei com o coração a saltar, e minha perturbação transpareceu tanto, que Glória, logo adiante, achou meio de retirar o braço, pretextando colher um flor que vira à margem da estrada.

Formosa Glória! Quando partias, de regresso a Diamantina, negro tédio devorava o céu e a terra. Sobre Várzea dos Buritis desciam horas longas, mornas, indistintas, e apenas a sucessão dos dias e das noites dava a medida do tempo...

• • •

Passou a impressão desagradável que me deixou o episódio ocorrido na primeira aula. Nos dias que se seguiram, ou por temerem a surveillante ou por terem dado outro rumo às suas maquinações, os diabretes do Colégio já não me hostilizaram.

Salvo Gabriela – que finge ignorar-me, e desvia os olhos, amuada, se a olho de relance – todas me acolhem, agora, atenciosamente, e às vezes me procuram, terminada a aula, para se esclarecerem sobre algum ponto da matéria exposta. Pode ser que reponte aqui ou acolá algum sorriso irônico, mas sinto-me mais seguro de mim mesmo e deliberei não estar apurando essas coisas.

Por outro lado, parece que não vou de todo mal no curso. Pelo menos, a diretora se mostra satisfeita. Nas primeiras aulas, com o fito de conquistar o inimigo, tentei causar sensação, recorrendo a frases de efeito. Que me seja perdoado este pecado contra a dignidade intelectual. Foi o recurso extremo de um homem em apuros. Cometi também erros de técnica, por inexperiência do ofício. Receando estar fraco na matéria, preparei-me como se fosse lecionar na École Normale Supérieure de Paris, e não num simples curso secundário. Em vez de me cingir ao que dizem os compêndios, como em geral fazem os professores, aprofundei o assunto, varejei livrarias, vasculhei bibliotecas. Tratei, como coisa familiar, problemas literários de cuja existência as alunas nem sequer suspeitavam.

Embora dessem mostras de interesse, vislumbrando em minhas dissertações um mundo que desconheciam, percebi, com alguns dias, ue

es

lava numa língua

tranha, e que o nível intelectual

o auditório não alcançava o das preleções.

daptei-me, agora, à turma, conheço a linguagem que convém ao professor,

costumei-me a repetir palavras e a repisar noções, para dar tempo a que sejam assimiladas. O que,

princípio, constituía tema para uma aula é atualmente desenvolvido em três e quatro.

• •

arlota chegou hoje de Sabará, aonde tinha ido passar uns dias com a mãe, que anda adoentada. Já

ão poderei escrever pela manhã, com a bulha que fazem os meninos. São apenas três, mas valem

or um regimento e contam com a solidariedade dos da vizinhança.

provável, aliás, que passe a guardar este caderno no meu gabinete, no Arquivo Histórico, onde estará

ais ao abrigo dos curiosos olhares de Carlota. Melhor será que não leia o que estou escrevendo, pois

avia de encontrar assunto para gracejos. É um espírito mordaz e não me leva a sério.

ontam que o velho Tolstoi resolveu engenhosamente o problema do *Diário*, fazendo dois

multâneos. Um, escrevia-o às claras e esquecia-o de propósito por todos os compartimentos da

asa, para que a família nele saciasse a curiosidade; o outro, o verdadeiro, que continha suas

onfidências mais íntimas, era escrito em segredo e escondido nas botas.

pena que eu não tenha botas e que, no meu caso, não se trate de *Diário*. Um dia talvez classifique

stas notas, segundo o gênero e a espécie, como convém a um professor de literatura, mas no

omento eu não saberia fazê-lo.

• •

galante El-Rei D. Denis ainda hoje agrada ao belo sexo. De um modo geral, as moças acharam

ouco interesse nos cancioneiros, mas algumas cantigas de amigo do velho trovador causaram

anto sucesso que, a um apelo unânime, tive de escrevê-las ao quadro-negro, para que pudessem

er copiadas.

inhazinha Fernandes pediu, de preferência, aquela em que a donzelinha apaixonada sai a

nterrogar as coisas, em torno, sobre o paradeiro do namorado:

Ai flores, ai flores do verde pio

e sabedes novas do meu amigo.

i, Deus, e u é?"

ouve sorrisos maliciosos na sala, mas Sinhazinha, imperturbável, quis ainda copiar outra, que

em uma copla assim:

Non chegou, madr', o meu amado

oj' est o prazo passado

i, madre, moiro d'amor!"

O riso tornou-se franco, quando, a pedido da irrequieta Vanda Lopes, escrevi no quadro um canta[
de d. Afonso Sanches, bastardo do rei, no qual a dona que se supõe traída ajusta, com a amiga, un[
ardil para averiguar a fidelidade do amado:

"Quand', amiga, meu amigo veer,

enquanto lh'eu preguntar u tardou,

falade vós nas donzelas enton

e no sembrant', amiga, que fezer,

veeremos ben se ten no coraçom

a donzela por que sempre trobou"

A surveillante, que não atinou com a causa da animação do auditório, quis saber do que se tratava[
Expliquei como pude, no meu francês mascavo, acrescentando que os poetas medievais cujos texto[
estávamos estudando tinham bem estreito parentesco literário com os seus trovadores da Provença.[

Ou porque eu não me tenha feito compreender, ou porque soeur Brigide não achasse condizente
com a sua condição associar-se ao interesse das alunas pelo assunto, limitou-se a exclamar:

– Ah!... Les troubadors...

Soeur Brigide pouco deve saber, aliás, acerca de trovadores. Não é culta nem polida como mère
Blandine, que provém de um tronco ilustre e teve apurada educação. Segundo me contou ela
própria, pertence a rude família de montanheses da região do Jura.

• • •

Resolvi enfrentar hoje minha jovem inimiga. Depois de uma explicação sobre o Amadis de Gaula,
pedi-lhe que lesse, na antologia, trechos da novela.

Gabriela desempenhou a incumbência com frieza e respondeu com um mínimo de palavras às
perguntas que lhe fiz a propósito do texto. É indomável esta pequena Ataíde. Mas isso é sinal de bo[
raça e, se não me engano, vem de longe, na família.

Pude observá-la melhor, enquanto lia. Assemelha-se curiosamente a uma Ataíde de outras eras,
cuja miniatura, em medalhão, vi mais de uma vez nas mãos de d. Constança, nas minhas visitas
dominicais ao sobrado do largo da Matriz. O miniaturista conseguiu dar à figura o mesmo tom
branco-mate, peculiar dos Ataídes, e que em Grabriela, que tem olhos e cabelos castanho-claros,
ganha reflexos dourados.

Essa outra Ataíde, que se chamava Violante – dizia-me d. Constança – movimentou os anais do
Tijuco, nos tempos da Colônia. Criatura romanesca, enamorou-se de um chefe de garimpeiros, que

ndava às testilhas com o Governo da Capitania, desafiando o poder de El-Rei. Seria um belo mancebo, e Violante era pouco mais que menina.

s olhos de d. Constança brilhavam quando me contava a história dessa Ataíde que, na verdade, evou uma vida de heroína de Stendhal.

s Ataídes vêm de boa estirpe portuguesa e pretendem descender em linha reta do grande Egas Moniz, aio de Afonso Henriques. Mais de um antepassado ilustrou o nome da família no serviço da greja e na defensão do Reino. Como poderia o velho Álvaro de Ataíde ter para genro um venturaiero que, além do mais, vivia fora da lei? A moça namorada foi, sem detença, recolhida ao Convento do Vale de Lágrimas, nas proximidades de Minas Novas do Fanado.

omo o amor tudo pode, nosso garimpeiro teve meios de tirar a sua bela do convento e com ela asar furtivamente. Mas não seria o velho reinol quem havia de perdoar tal afronta, dizia d. Constança, com entusiasmo: deu combate sem trégua à tropa do garimpeiro, unindo-se às forças de l. Rodrigo de Menezes.

om que surpresa, certo dia, o escrivão da Intendência – ao lavrar o auto de prisão, hábito e onsura de alguns do bando, aprisionados em batalha – não descobre que entre eles havia uma apariga disfarçada em homem! Essa rapariga era a esplêndida Ataíde da miniatura de marfim, que l. Constaça sempre trazia consigo.

u porque estivesse sob a sugestão daqueles belos olhos em que o aquarelista dera um toque feliz, omunicando-lhes o calor da paixão e da veemência, ou porque me empolgasse a crônica da noiva lo garimpeiro, parecia-me ler, na fisionomia dela, gravada em minha memória, heroicos e generosos impulsos que não encontro agora na de minha jovem aluna.

 ar fino e desdenhoso de Gabriela sugere-me, antes, alguma Urraca ou Tareja medieval, dos empos em que os Ataídes faziam correrias em terras de Espanha, acometendo o castelhano ou astigando o sarraceno...

••

is aí um puro desmando da imaginação. Do mesmo modo que, nos tempos de Várzea dos Buritis, s Ataídes de então me fascinavam, beneficiando-os minha fantasia com tudo quanto se atribuía de avalheiresco aos seus maiores – o demônio imaginativo que mora nestes frágeis miolos já se pôs a rabalhar, impedindo que eu veja diante de mim apenas uma jovem colegial dalguma família abastada que se permitiu o luxo de lhe dar a educação aristocrática das Ursulinas. O sutil escamoteador já deslizou com a moça das fronteiras do real, introduzindo-a no mundo fluídico, em que o espírito compõe suas quimeras. Já não é Gabriela: é Violante, Urraca, Tareja...

Mère Blandine ficaria simplesmente alarmada com o seu professor de literatura, se o pilhasse nestes devaneios. E que diria deles a minha prudente Carlota, que tem os pés fincados na realidade?

Este é um capítulo do romance Abdias, *publicado em 1945, do escritor Cyro dos Anjos, mineiro de Montes Claros, e que chegava aos 39 anos no final da Segunda Guerra. Como outros de seus personagens, Abdias é introvertido, melancólico, hesitante; apaixona-se por sua aluna e depois narra os acontecimentos – mais os sentimentos – sob o prisma da evocação melancólica. Na abertura do romance, que aqui aparece, o narrador evoca o colégio, e os primeiros movimentos de sua paixão.*

Menotti Del Picchia

Eu era miúdo, louro, taciturno, mas vivo. Meus pais arranjaram minha canastra com dois cobertores bem quentes – porque no Colégio Luz, localizado na pequena cidade de X, o frio alcança alguns graus abaixo de zero – mais o enxoval exigido pelo Regulamento e, com uma porção de conselhos, bênção paterna e materna e algumas lágrimas, me despacharam para o internato.

A história começa agora. Ou melhor: começou três anos depois, quando eu estudava trigonometria e minha inteligência já tinha o treino lógico e perquiridor da alta matemática.

O colégio era um grande dado cor de ocre, com uma escadaria imponente. Perto – um longo paralelepípedo vertical, truncado no alto em pirâmide –, a Capela. Por trás, o riacho puro, que fornecia água higiênica para lavar o rosto e para o banho porque os vigilantes, por instinto de sábios naturistas, submetiam-nos a uma hidroterapia primitiva, que enrijava o corpo com abluções geladas, entregando-nos depois à ginástica. Com uma saúde vigorosa, tínhamos uma alegria de pássaros. Cantávamos hinos e ladainhas e roía-nos o estômago uma fome de ogres.

Foi a fome que me revelou esta história. O refeitório era um vasto pavilhão nu e caiado, com duas enormes mesas coletivas, feitas de tábuas sobre cavaletes. Três pratos: arroz, feijão e carne. Vinham em terrinas. Tão descomunais, fumegando, que pareciam furtadas a um gigante dos contos da Carochinha.

Um servente – geralmente preto – segurava a vasilha e o outro, com uma concha, servia.

A comida era ruim, como as dos quartéis e dos seminários. O feijão tinha pedra, uns insetos de tromba, duros, como microscópicos elefantes pretos e cristalizados. Mas o apetite e os exercícios matinais a tornavam tolerável. Numa mesa à parte, que, por fatalidade ficava junto do lugar onde eu me sentava, comiam o Ecônomo e o chefe dos vigilantes. Meu paladar ficava a serviço do meu prato, mas meu desejo adejava as travessas daquela mesa particular. Como aquele arroz era branco! Como aquelas ervas eram verdes... Até ovos fritos e, às vezes, galinha – quando não eram postas de piracanjuba pescada a linha no rebojante rio Verde – apareciam no prato de louça do feliz Ecônomo.

Foi por isso que ele – seu apetite, seus gestos, sua batina, sua história – começou a me interessar. Eu o examinava dos dentes à alma. Em pouco tempo eu era senhor da sua complexa psicologia.

O Ecônomo chamava-se Pancrácio, ou melhor, o "padre Vaca". A antonomásia criara-a a recreação dos médios numa greve que fizera por ter um deles encontrado no feijão um cordão de botina. Pancrácio, como Ecônomo, era o responsável. Daí a birra. Recebera ordens menores. E como usasse o barrete de banda e tivesse um "tic" de dar umas guinadas nervosas com o pescoço, como se fossem marradas, ganhara o apelido: Vaca Brava. Nas murmurações simplificavam os já perversos fedelhos: "padre Vaca".

Reparei que um menino é uma "maquette" de um homem. Como tal, em proporções menores, é pérfido, hipócrita e cínico. Quando cresce, com seus músculos e cartilagens também crescem sua perfídia, sua hipocrisia e seu cinismo. Há assassinos em embrião, como há grandes políticos em semente. Desde logo denunciam suas tendências: quase todos são ladrões e delatores. Em criança furtam goiabada e acusam os colegas de tê-los besliscado na fila. Grandes, roubam heranças e urdem trampolinagens e falam mal de todo o mundo.

Eu não roubava goiabada porque tinha duas cachetas que mamãe fizera ela mesma no grande tacho de cobre escarlate polido como uma couraça de samurai nipônico, no fogão de tijolos improvisado no quintal. Quando eu comia a goiabada, chorava: numa suave evocação desenhava-se no meu espírito aquele rosto cansado e triste, com uma ruga aflita no meio da testa. A chama instável e loura projetava clarões nas suas pupilas verdes. E, remexendo o tacho com a longa colher de pau, prolongava nos seus gestos um carinho materno, certa de que, aquele doce que fervia, vermelho como sangue de boi e cheio de bolhas, seria a alegria da minha gula colegial e solitária...

O chefe dos vigilantes era o padre Eusébio. Chegara a diácono e era tonsurado. Parecia esculpido num tição. Era preto como a dor de uma viúva. A perfídia caricatural dos apelidos grudara-lhe, como um selo, a designação de "padre Corvo".

Padre Eusébio era de uma doçura franciscana. Tinha uma alma de arcanjo num corpo de urubu. Repartia os pés de moleque que recebia de uma tia quitandeira com toda a criançada. Por fim, vendo um, pequenino e tolo, que fora menos esperto, dava-lhe o último que lhe restava, aguardando o novo presente para avaliar a perícia culinária da magnânima tia.

Eu tinha, como tenho, um profundo instintivismo religioso. A base mística do meu espírito assenta mesmo num mundo quase bárbaro de superstições. Racionalista, cético para os atos humanos, roído por um negativismo atávico oriundo da inquietude especulativa do meu pai, onde a capacidade perquiridora da minha atividade cerebral cessa, abre-se um profundo e negro poço cheio de misticismo e até de abusões. O que minha razão não explica relego-o sumariamente à fé e às forças incognocíveis que nos cercam. Nunca tive a petulância intelectual dos teólogos ou dos hereges, criando categorias divinas ou arrasando altares. No mundo das realidades orgânicas, como um médico que percute um tórax, meu espírito crítico sonda; fora disso, humilhado numa apavorada modéstia, aceito as suaves imagens cristãs, cheias de auréolas de ouro e claros novelos de incenso.

Quando eu podia, fugia do salão de estudo feito de vazio caiado e um silêncio repicado de tosses e me esgueirava para a capela. Não sei se em consciência, nessas horas de sol amarelo e pesado de tédio, o fazia por piedade cristã ou para tocar no órgão uma marcha bélica que eu aprendera com a banda do internato. Sei que, seduzido pela beleza do altar e pelos olhos mansos de um Cristo de manto azul, pintado de novo, eu ficava de joelhos longo tempo, rezando, como numa penitência antecipada e remissora da marcha mavórtica e profana que eu ia dedilhar nas teclas do órgão.

– Se o padre Reitor souber – eu pensava arrepiado...

– Se o padre Reitor me pilhar!

Mas zás! Lá subia as escadas do coro. Erguia a capa vermelha, de ganga, do velho instrumento. Abria-o. E era, até à ábside casta, um troar guerreiro de baixos:

Nós somos da Pátria a guarda,

fiéis soldados,

por ela amados...

Os santos e a Virgem pareciam sorrir complacentes nos seus nichos estelares, perdoando a minha fuga e gostando de ouvir aquela música agressiva, quebrando alacremente o ramerrão litúrgico das ladainhas e dos "Te Deuns".

Numa dessas fugas compreendi que estava obsedado pelo padre Ecônomo. Eu me prostrara perante o altar, articulando, em cochichos, um Padre-Nosso. Meu olhar, porém, analisava a anatomia máscula de São Sebastião esculpido por mão de santeiro hábil, que lhe plasmara

músculos de atleta adolescente. Mas, quando estava no "pão nosso de cada dia...", talvez por simultaneidade subconsciente, lembrei-me do prato de arroz branco que o Ecônomo devorava no refeitório. Resolvi me insinuar na cozinha e tentar a corrupção de algum criado, para provar aquele arroz que se tornara um estado fixo do meu desejo.

Nesse dia não toquei a marcha. Saí. Mas no instante em que ia atravessar a porta, hirto, dando uma das suas guinadas nervosas, que o barrete tricorne transformava em marrada de touro lidado, o "Vaca Brava" parou diante de mim.

– Que é isto? Por aqui a esta hora?

Tomei um ar arrasado de unção religiosa:

– Vim rezar, padre Pancrácio...

– A esta hora? São duas e meia... Como é que não está no salão com sua classe?

Nesse tempo, como hoje, mentia até sem necessidade. Mas há ocasiões em que a mentira é tão preciosa como o dinheiro para o resgate de uma letra que nos leva à falência. Fui genial.

– Tive uma imperativa e brusca vontade de rezar, padre Ecônomo... Foi como uma inspiração... Uma ordem. Pode me castigar... Meu sentimento foi mais forte que a consciência do meu dever...

Depois, baixando a cabeça de réu confesso:

– Agora se o reverendo quiser, pode contar ao padre vigilante...

Senti que o comovera. Vi-o avançar lento. Abraçou-me com brandura.

– Vá, meu filho... Está perdoado...

Sua voz era diferente. Era terna. E, curioso, a única coisa em que pensei nesse instante, é que se lhe pedisse um prato daquele arroz, ele me dava.

Como muitos outros intelectuais brasileiros, o paulista Paulo Menotti del Picchia, modernista nascido em 1892, deixou-se impressionar profundamente por uma experiência em colégio de padres, onde se formavam as elites e as elites das camadas médias no começo do século XX. Daí saiu este seu conto – "O árbitro" –, dentro do que ele mesmo caracterizou como "uma filosofia cética e suave." O conto, em livro, foi publicado em sua Obra completa, de 1946. Dele, que é muito extenso, publicamos um fragmento, um autêntico "conto dentro do conto", que narra a experiência do jovem estudante com o sentimento de culpa e o de satisfação.

Aula de inglês

Rubem Braga

– Is this an elephant?

Minha tendência imediata foi responder que não; mas a gente não se deve deixar levar pelo primeiro impulso. Um rápido olhar que lancei à professora bastou para ver que ela falava com seriedade, e tinha um ar de quem propõe um grave problema. Em vista disso, examinei com a maior atenção o objeto que ela me apresentava.

Não tinha nenhuma tromba visível, de onde uma pessoa leviana poderia concluir às pressas que não se tratava de um elefante. Mas se tirarmos a tromba a um elefante, nem por isso deixa ele de ser um elefante; e mesmo que morra em consequência da brutal operação, continua a ser um elefante; continua, pois, um elefante morto e, em princípio, tão elefante como qualquer outro. Refletindo nisso, lembrei-me de averiguar se aquilo tinha quatro patas, quatro grossas patas, como costumam ter os elefantes. Não tinha. Tampouco consegui descobrir o pequeno rabo que caracteriza o grande animal e que, às vezes, como já notei em um circo, ele costuma abanar com uma graça infantil.

Terminadas as minhas observações, voltei-me para a professora, e disse convictamente:

– No, it's not!

Ela soltou um pequeno suspiro, satisfeita: a demora de minha resposta a havia deixado apreensiva. Imediatamente me perguntou:

– Is it a book?

Sorri da pergunta: tenho vivido uma parte de minha vida no meio de livros, conheço livros, lido com livros, sou capaz de distinguir um livro à primeira vista no meio de quaisquer outros objetos, sejam eles garrafas, tijolos ou cerejas maduras – sejam quais forem. Aquilo não era um livro, e mesmo supondo que houvesse livros encadernados em louça, aquilo não seria um deles: não parecia de modo algum um livro. Minha resposta demorou no máximo dois segundos:

– No, it's not!

Tive o prazer de vê-la novamente satisfeita – mas só por alguns segundos. Aquela mulher era um desses espíritos insaciáveis que estão sempre a se propor questões, e se debruçam com uma curiosidade aflita sobre a natureza das coisas.

– Is it a handkerchief?

Fiquei muito perturbado com essa pergunta. Para dizer a verdade, não sabia o que poderia ser um *handkerchief*: talvez fosse hipoteca... Não, hipoteca não. Por que haveria de ser hipoteca? *Handkerchief!* Era uma palavra sem a menor sombra de dúvida antipática; talvez fosse chefe de serviço ou relógio de pulso ou ainda, e muito provavelmente, enxaqueca. Fosse como fosse, respondi impávido:

– No, it's not!

Minhas palavras soaram alto, com certa violência, pois me repugnava admitir que aquilo ou qualquer outra coisa nos meus arredores pudesse ser um *handkerchief.*

Ela então voltou a fazer uma pergunta. Desta vez, porém, a pergunta foi precedida de um certo olhar em que havia uma luz de malícia, uma espécie de insinuação, um longínquo toque de desafio. Sua voz era mais lenta que das outras vezes; não sou completamente ignorante em psicologia feminina, e antes de ela abrir a boca eu já tinha a certeza de que se tratava de uma pergunta decisiva.

– Is it an ash-tray?

Uma grande alegria me inundou a alma. Em primeiro lugar porque eu sei o que é um ash-tray: um ash-tray é um cinzeiro. Em segundo lugar porque, fitando o objeto que ela me apresentava, notei uma extraordinária semelhança entre ele e um *ash-tray.* Sim. Era um objeto de louça de forma oval, com cerca de 13 centímetros de comprimento.

As bordas eram da altura aproximada de um centímetro, e nelas havia reentrâncias curvas – duas ou três na parte superior. Na depressão central, uma espécie de bacia delimitada por essas bordas, havia um pequeno pedaço de cigarro fumado (uma bagana) e, aqui e ali, cinzas esparsas, além de um palito de fósforos já riscado. Respondi:

– Yes!

O que sucedeu então foi indescritível. A boa senhora teve o rosto completamente iluminado por uma onda de alegria; os olhos brilhavam – vitória! vitória! – e um largo sorriso desabrochou rapidamente nos lábios havia pouco franzidos pela meditação triste e inquieta. Ergueu-se um pouco da cadeira e não se pôde impedir de estender o braço e me bater no ombro, ao mesmo tempo que exclamava, muito excitada:

– Very well! Very well!

Sou um homem de natural tímido, e ainda mais no lidar com mulheres. A efusão com que ela festejava minha vitória me perturbou; tive um susto, senti vergonha e muito orgulho.

Retirei-me imensamente satisfeito daquela primeira aula; andei na rua com passo firme e ao ver, na vitrina de uma loja, alguns belos cachimbos ingleses, tive mesmo a tentação de comprar um. Certamente teria entabulado uma conversação com o embaixador britânico, se o encontrasse naquele momento. Eu tiraria o cachimbo da boca e lhe diria:

– It's not an ash-tray!

E ele na certa ficaria muito satisfeito por ver que eu sabia falar inglês, pois deve ser sempre agradável a um embaixador ver que sua língua natal começa a ser versada pelas pessoas de boa fé do país junto a cujo governo é acreditado.

O escritor capixaba Rubem Braga, que foi correspondente de guerra do Brasil na campanha da Itália, se tornou um dos principais cronistas de nossa literatura ao longo dos anos 1950. Em Um pé de milho, *livro de 1948, saiu esta crônica sobre o aprendizado de outra língua e o quê de absurdo que os diálogos guardam nesta circunstância.*

Meir Kucinski

Neurose

Tradução do ídiche: Genha Migdal

Fernando deixou o auditório assim que o afama[...] psiquiatra encerrou sua palestra da série "Distúrbi[...] Psíquicos com Base em Degenerações Físicas".

Aquela não era de fato sua especialidade. Ele se inscreve[...] por curiosidade naquela série de palestras, apesar de s[...] futura especialização, doenças pulmonares, não ter relaç[...] com essas complexidades. Após a palestra, sentia-se abala[...] devido às dolorosas semelhanças entre as constituições abordad[...] e alguns de seus parentes próximos, pelo lado materno.

A palestra do renomado professor tinha uma tese fundament[...] algumas das maneiras essencialmente involuntárias, mas que chama[...] a atenção, como trejeitos antiestéticos, não resultavam da falta de b[...] educação, mas da dispersão geral e da construção básica do cérebro. E[...] neurose, embora não perniciosa nem agressiva, determinava su[...] manifestações incômodas e desagradáveis. O falar alto, o riso sonoro, os p[...] chatos, a anarquia da gesticulação eram fenômenos resultantes da estrutura [...] cérebro, e não da educação.

Ainda antes de Fernando ter ouvido essas exposições acadêmicas, ilustradas p[...] análises adequadas da estrutura do cérebro, ele já desconfiava de que determinad[...] fatores genéticos, relacionados a costumes tradicionais e *status* cultural, tinham-[...] arraigado tanto em seus tios e tias que nenhum corretivo educacional poderia erradic[...] los. Só então tomara conhecimento de que aquilo era resultado de sua constituiç[...] orgânica. Simples trejeitos cretinos e rasas circunvoluções do cérebro.

Parte dos estudantes não aceitava essas considerações "científicas", mas Fernando, sim, concordav[...] O professor, embora autoridade afamada no país, era adepto da teoria racial nazista e Fernand[...] afastado da orientação política, jamais poderia suspeitar de que, no sagrado auditório universitár[...] teorias sinistras fossem divulgadas. E ele aceitava como verdadeiros os esclarecimentos do psiquiatra.

Fernando era talentoso, tinha um raciocínio brilhante, era versado em suas disciplinas com clare[...] segura e dominava também todos os meandros da anatomia e da técnica cirúrgica. Seus cinco anos [...] curso permitiam prognosticar-lhe uma carreira profissional estável.

Inclusive sua namorada e futura esposa fora uma escolha adequada à sua profissão, o que significa ur[...] paixão bem-sucedida: Marta cursava o último ano de enfermagem.

Até então tudo estava claro e compreensível para ele, na sua marcha triunfal até a meta final. E agora, ao ouv[...] o psiquiatra, ficara pela primeira vez perturbado e estremecido. Discretamente fora aos sanitários e observara [...] própria fisionomia no espelho.

Era de estatura alta, um pouco encurvado. Nariz comprido e levemente torcido, seus colegas tinham decidido que s[...] nariz aguardava uma cirurgia plástica... Olhos escuros e grandes, fartos cabelos castanhos, encaracolados. Do lad[...] materno herdara um sinal característico: orelhas de abano. Todo o rosto amplo e um tanto grosseiro expressava inteligênc[...] e desenvoltura. Sua garota, Marta, um pouco mais baixa que ele, tinha um rosto ingênuo e discreto, com covinhas n[...] bochechas e olhos brandos, caridosos.

* * *

Os pais de Marta eram *iekes*, judeus alemães, respeitáveis e com recursos. Deles, Marta tinha adquirido seu comportamen[...] delicado e despretensioso, tão característico dos judeus alemães.

Modesta, livre de planos ambiciosos, contentara-se com um curso semi acadêmico de auxiliar sanitarista, adequado ao s[...] temperamento – sem grandes pretensões nem responsabilidades. Em seu relacionamento com Fernando, ela introduziu um tom suav[...] abrandou seus julgamentos condenatórios, categóricos, por vezes zangados, sobre pessoas e fatos.

Fernando provinha de outro ambiente social. Seus pais, judeus poloneses de Varsóvia, faziam parte de uma família unida, gente do pov[...] feirantes na Polônia, compradores de "retalhos", judeus "sacoleiros" – e criavam uma atmosfera familiar aos seus encontros na casa de t[...] Schprintze. A linguagem colorida e folclórica, os impropérios, as alfinetadas, misturados à gíria grosseira de Varsóvia, ressuscitaram a anti[...] cor familiar das ruas transversais de Praga[1], de onde toda a família embarcara para o Brasil, havia cerca de duas décadas.

Os pais de Fernando trabalhavam com *alte schumates*, roupa usada. Nas primeiras horas da manhã, deixavam seu cortiço, numa pob[...]

---

[1] Praga: trata-se de um bairro de Varsóvia (Polônia), de outro lado do rio Vístula.

ela do Bom Retiro, em direção aos bairros ricos: iam de vila em vila, batendo em cada porta à procura de roupa velha para comprar. o entardecer, o pai de Fernando, o "alto Leibesch", fazia uma verificação das coisas adquiridas, avaliava o seu preço e como vendê-las n lojas especializadas em roupas velhas que se localizavam nos arredores das estações de trem.

rnando costumava espantar-se quando encontrava seus pais calados, espalhando as calças masculinas a procurar nas dobras e revistar bolsos.

rias vezes, enquanto Fernando participava de alguma autópsia, no necrotério da universidade, parecia-lhe estar examinando calças lhas e coletes. Essa associação costumava persegui-lo e maltratá-lo horrivelmente, a ponto de acarretar-lhe um asco orgânico que se ansformava em ódio contra os seus.

uitas vezes Fernando tentou demovê-los daquela ocupação! Seus pais não se deixavam convencer pelas considerações do filho e, urante os encontros de família, na casa da tia Schprintze[2], os cunhados e irmãos acalmavam-nos:

Não atendam o tolo do seu filho... E do que então vocês vão viver? – Se não fosse esse sustento ele poderia ter estudado? Tornar-se n médico? Vocês fazem tudo por ele!

a Schprintze, a irmã mais velha da mãe, era a figura central da família. Ela morava nos fundos de um cortiço quadrangular no Bom etiro e, durante as reuniões de família, todos os membros se acomodavam no pátio e, à sua moda impetuosa, remoíam assuntos miliares e seus negócios. Os vizinhos inteiravam-se de tudo e, com o passar do tempo, foram-se integrando, até se tornarem onselheiros da família.

ia Schprintze estava no centro de tudo. Era alta, bem apessoada, um pouco curvada, coberta de sardas que mais pareciam edaços de palha colados. Ativa e tagarela, ela continha e equilibrava a família agitada e briguenta. Cozinhava bem e gostoso embora seu avental não fosse um primor de limpeza, seus convidados se deliciavam com seus quitutes e admiravam seu nguajar em iídiche. Todos temiam sua língua ferina: – "Deus nos livre cair em sua boca!...".

* *

este ambiente Fernando sempre saía com raiva, com ímpeto e com uma promessa no coração: jamais ser como es. Quanto mais a mãe o puxava à casa da tia Schprintze mais ele a repelia. Descobria sempre novos defeitos sico-estéticos nela. Ora as pintas no pescoço – que aliás era alto e charmoso – , ora os calcanhares salientes, os orrorosos pés chatos, que entortavam os saltos dos sapatos, o catarro crônico; ele sempre a encarava natomicamente, como se a estivesse submetendo a uma autópsia.

ra-lhe de todo desagradável participar dos encontros familiares em que ninguém respeitava ninguém, cada um metia violentamente na conversa do outro, em que a grande esperteza era apanhar o outro pela palavra e zer-lhe "poucas e boas".

ara ele, o acadêmico, todo o mundo dos pais, tios e tias causava um grande constrangimento. arecia-lhe que o ambiente era o saldo de uma geração desintegrada que, lamentavelmente, se punha às fortes correntes de cultura e conhecimento do novo mundo do qual ele, Fernando, articipava.

té um tempo atrás, no entanto, Fernando costumava levar sua namorada, Marta, a esses ncontros familiares, para agradar aos pais. A moça, educada à moda alemã, ficava fascinada om as visitas, cuja singularidade Fernando não percebia!

ra exatamente a simplicidade daquelas pessoas, as conversas caóticas e suas risadas sonoras ue encantaram Marta. Por uma fresta recém-aberta ela divisava um mundo cativante.

um entardecer ele a trouxe ao pátio num momento dramático, quando seus miliares examinavam um carregamento de velharias encaixotadas. No meio do átio, erguia-se um monte de trapos.

O pai de Fernando, com um sorriso maroto, estendeu diante do filho uma alça masculina puída. Alegre, disse a seus sócios:

Uma grande pechincha; enxerga-se através dela o bairro todo.

Marta não conseguia parar de rir diante daquela cena grotesca.

Comparado à serenidade triste de sua casa, de estrutura tensa e eticulosa, o lar daquelas pessoas sempre alegres, tagarelando em z alta, trazia-lhe frescor e vivacidade.

Marta costumava visitar os pais de Fernando sem o seu

Schprintze: nome feminino iídiche derivado do nome sperança.

conhecimento e mesmo sem convite, exatamente quan[do]
eles espalhavam as roupas adquiridas e sacudiam a ar[eia]
das pregas e dos bolsos. A moça, de origem alemã, admira[va]
com entusiasmo o esforço daquelas pessoas humildes q[ue]
obtinham seu sustento com trabalho e cansaço, não como se[us]
pais, que viviam de rendas, com tranquilidade e tédio. Ma[rta]
orgulhava-se da origem humilde e trabalhadora de seu eleito, e [se]
relacionava com os futuros sogros com grande respeito e admiraçã[o].

* * *

Exatamente alguns dias antes de seu noivado, houve um conflito marcar[te]
entre os noivos. A última aula – todas as aulas eram sagradas para Fernan[do]
– tinha-lhe aberto os olhos em relação à sua família. Tomara uma decis[ão]
categórica: apenas os pais seriam convidados ao noivado.

A afável Marta não conseguia ver a razão pela qual seu noivo preteria toda [a]
família. Marta chegou a chorar sem conseguir demover Fernando.

– Tia Schprintze é um tipo clássico de neurose, um verdadeiro modelo para uma a[ula]
de psiquiatria. Não devemos nos exibir com ela. Ela é um produto do cortiço [–]
Fernando atirou suas definições científicas indiscutível e categoricamente.

Os pais de Marta solicitaram um noivado formal. Viram com satisfação a lista que Fernan[do]
elaborara de uma série de colegas médicos e também de alguns professores. Estranharam [o]
fato de Fernando considerar impossível convidar sua numerosa família.

Marta não conseguiu tolerar:

– A gente não deve se envergonhar da família, ao contrário. Que seus colegas conheçam de on[de]
você provém e eles valorizarão mais ainda sua força de vontade e inteligência – tentou convencê-l[o]
controlando sua agitação interna. – Não fosse o empenho e determinação deles, você não teria alcançad[o]
sua posição atual... – posicionou-se Marta, com audácia.

– Só pessoas cultas são capazes de ocultar seus defeitos inevitáveis e não exibir-se com eles – declarou Fernando co[m]
autoridade máxima, tranquilo por ter conseguido definir cientificamente sua cólera e desagrado.

Fernando, na verdade, envergonhava-se mais diante dos sogros do que diante de seus amigos do mund[o]
acadêmico. Quantas vezes, em pensamento, ele tinha comparado sua pobre casa, abarrotada de calças velhas, co[m]
a atmosfera sóbria da casa de Marta. Os pais de Marta conservavam o estilo refinado, de lá, da Alemanha, o esti[lo]
de antigamente. A exposição simétrica dos pequenos enfeites, os quadros de paisagens, a baixela de prata, as toalh[as]
impecáveis, os diálogos animados e respeitosos.

Os pais de Marta eram acatados interlocutores e anfitriões. Eram praticantes dos tradicionais preceitos judaicos: caridad[e]
no anonimato, visita a doentes, ajuda a noivas pobres. Cumpriam essas obrigações não só com boa vontade humilde [e]
sincera, mas também com carinho.

Não comungavam da desconsideração muito disseminada em relação aos judeus do Leste, da Europa Oriental. Ao contrári[o]
tinham ouvido boas opiniões sobre os correligionários judeus do Leste por parte de conhecidas autoridades judaico-alemãs. [A]
única vantagem da qual podiam vangloriar-se era a cultura ocidental que haviam adquirido dos alemães. Porém, agora, após [o]
nazismo, não existia mais motivo de orgulho nem de superioridade em relação aos "judeus poloneses".

Por isso eles respeitavam seu genro lutador, o senhor doutor Fernando, e com muito orgulho apresentavam-no aos amigos.

O noivado ocorreu no grande salão dos pais de Marta e fora bem preparado, discreto, porém, de gosto refinado. Os pais de Mar[ta]
manifestaram sua mais profunda estranheza pelo fato de o senhor doutor Fernando não ter convidado toda a sua família, nem mesm[o]
a "admirável tia Schprintze"... Os olhos de Marta estavam mais úmidos que usualmente.

Após o curto ritual religioso, os jovens doutorzinhos, com os copos erguidos, trocavam exagerados brindes, acompanhados de frases retóric[as]
pomposas, lembrando a trilha dos filhos de imigrantes que aportavam a caminhos livres e ensolarados deste imenso Brasil.

Para o noivo era um pouco desagradável ouvir as declarações dos colegas quanto à sua origem... Seu nariz – sobre o qual os coleg[as]
costumavam fazer troça, estaria aguardando uma operação plástica – brilhava, e as orelhas, que pareciam aletas, ficavam em abano...

No dia seguinte, bem cedo, sem o conhecimento do noivo, Marta apressou-se em ir à casa da tia Schprintze. Surpresa, lá encontrou [os]
restos de um banquete:

– Tome, Marta querida, experimente o bolo que fizemos para o seu noivado. Parabéns, terna e fiel Marta – e tia Schprintze cobriu [de]
beijos as lágrimas da noiva...

* *

casamento foi realizado logo após a formatura. Desta vez Marta exigiu categoricamente de Fernando que convidasse tanto para a formatura quanto para o casamento toda a sua família, sem exceção.

O Dr. Fernando não aceitou de imediato, porém não pôde deixar de atendê-la.

Como se comportaria sua família de compradores de velharias, de ambulantes, que berram e caçoam, com seus empurrões e ditos vulgares, diante da requintada família de Marta?

Na sinagoga, muito iluminada e decorada com flores, a família se agrupou bem na frente, ao redor do altar. A grande aglomeração parecia ter sido introduzida à força do mercado, com seus sapatos amarelos e marrons... Tia Schprintze, com seu alto e comprido pescoço, enrolado por uma echarpe que lhe cobria as pintas, ocasionalmente retirava o excesso de pó de arroz do rosto sardento e estava ansiosa.

A família tentava criar coragem para subir ao altar e poder circundar o noivo, como era costume em Praga, o bairro judaico de Varsóvia. Mas todos permaneciam aturdidos e temerosos.

De repente apareceu o noivo ladeado pelos pais. Do alto de seu porte, um pouco encurvado, olhar zangado e nariz adunco, fulgia ele em sua roupa preta. As orelhas de abano, como aletas, sustentavam-lhe o chapéu, como se essa fosse a função especial delas.

O noivo percorreu o caminho entre a porta e o estrado, observando entre as fileiras toda a sua família, que se preparava para segui-lo. Fez um sinal para a tia Schprintze e disse entre dentes para os pais:

– Que espetáculo plebeu temos aqui?

Os pais nem entenderam o significado da palavra, porém captaram a intenção do doutor. Tia Schprintze sentiu também a rudez de Fernando e afastou-se da frente para as fileiras de trás, aguardando o início da cerimônia.

Somente mais tarde, depois que o chantre terminou as bênçãos e o noivo quebrou o copo (lembrança tradicional da destruição do Segundo Templo de Jerusalém), tia Schprintze juntou-se à multidão para cumprimentar os noivos. Marta, com um olhar terno e confuso em seus olhos úmidos, cobriu de beijos calorosos o rosto e o pescoço desnudado – a echarpe havia caído – de uma tia Schprintze dócil e indefesa...

* *

Um ano mais tarde, Marta deu à luz uma menina. Ainda como parturiente ela identificou sinais de semelhança entre seu bebê e a tia Schprintze: um rostinho largo com lábios de ponta a ponta; no pequeno pescoço, manchinhas amarelo-escuras, "pintinhas". E também os calcanhares da criança eram salientes.

Com um sorriso muito expressivo, a parturiente mostrou a seu marido, o Dr. Fernando, esses surpreendentes detalhes...

Meir Kucinski é um dos maiores escritores em iídiche da diáspora judaica. Nascido na Polônia em 1904, veio para o Brasil como mais um entre tantos imigrantes fugidos do nazismo em ascensão. Radicou-se e constituiu família em São Paulo. Foi professor, jornalista e escritor. Reconhecido em Israel, nos Estados Unidos e na Argentina, Meir foi um dos mais importantes ativistas da causa socialista na diáspora brasileira. Em seus contos retratou histórias tradicionais da sua cultura iídiche/europeia e a trajetória cheia de meandros desses "fugitivos da História" que chegavam ao Brasil antes, durante e depois da sinistra hegemonia do nazismo na Alemanha, ou do fascismo na Itália. Mais recentemente, graças aos esforços do Centro de Estudos Hebraicos da Universidade de São Paulo e de seu filho, o jornalista Bernardo Kucinski, a obra notável, e também tão brasileira, desse escritor de tantas qualidades desconhecidas entre nós começou a ser desvelada para o nosso público. Meir Kucinski faleceu em 1976, com o desgosto de ter sua filha Ana e seu genro Wilson entre os assassinados pela ditadura militar de 1964 – ambos dados como "desaparecidos" naquele período. No conto aqui presente, narram-se as contraditórias reflexões de um jovem judeu estudante de medicina acerca dos preconceitos culturais, sociais e raciais de seu tempo – dos quais nem ele está isento – por meio da fina escrita de um autor de grande talento.

Boris Schnaiderman

A escola do soldado

O infante João Paiva caminha, fuzil na mão, conduzindo para a retaguarda imediata dois prisioneiros italianos. Na tarde cinzenta e fria, faz bem sentir-se dominador, conquistador em terra estranha. Qual, essa gente só serve mesmo para cantar "O sole mio" e pedir *sigarette* nas estradas! Ao mesmo tempo, sente pena daqueles rapazes. Parecem ter a preocupação máxima de render-se o mais depressa possível e acabar de vez com aquela guerra. Foi só atirar uma granada de mão contra o sobrado em que estavam dez italianos e – pronto! – são dez inimigos a menos (os oito restantes já foram conduzidos à retaguarda).

João Paiva está contente. A caminhada foi longa naquela ofensiva. Houve granadas inimigas estourando perto, tiros de metralhadora, mas o pior mesmo era aquela caminhada pelas montanhas. Ainda bem que a tarde está chegando ao fim. Vai-se descansar um pouco.

A guerra até que não é tão ruim como se pensava. Que gente aquela! Lembra-se de franceses, belgas, austríacos, alistados no Exército alemão, e que se rendiam ao primeiro sinal de perigo. Vinham com adulação e subserviência. Foram alistados à força, não queriam saber de alemão, agora sim estavam felizes. Tentavam beijar as mãos dos soldados. Que nojo!

João Paiva não sabia que, na mesma hora, patrícios daquela gente morriam enfrentando o inimigo. E, aos seus olhos, o continente aparece como uma terra de ignomínia e covardia, de prostituição e câmbio negro.

Em todo caso, não se detém muito em tais pensamentos. Entregues os dois rapazes, caminha para o fenil em que estão instalados os demais praças do Grupo de Combate. Desaperta o cinto, devora a ração K e estira-se satisfeito sobre o feno.

– Pois é, você viu que turma de frouxos?

– Nem me diga, eu estou é cansado de subir tanto por essas montanhas. O inimigo bem que podia parar um pouco.

Barulho infernal, tiros de fuzil assobiando, matraquear de metralhadoras. Os soldados pulam assustados. Alguns se lembram de apanhar o fuzil. Outros nem isso. E, em meio à fuzilaria, percebem-se perfeitamente uns gritos: "Heil Hitler!"

João Paiva corre ladeira abaixo, com alguns companheiros. Está descalço e sem capacete. Logo adiante, outros praças de fuzil em posição, uma metralhadora, duas bazucas. De novo fuzilaria. Os praças do outro pelotão estão firmes. Mas João Paiva não serve mais para soldado naquela noite. Corre para uma das casas próximas e atira-se ao chão. Fora, continua um chiado de balas passando.

Dias mais tarde, sombrio e cabisbaixo, João Paiva caminha com os demais praças da sua companhia, em direção do caminhão que os levará para o setor de Bolonha. Os soldados passam sob os olhares irônicos de uns pretos americanos, que vão substituir a tropa brasileira.

Um pretinho mais desembaraçado que os demais, John Boyle, vai provocando os brasileiros:

– Brasiliano cantare samba, non fare guerra.

Alguns companheiros do pretinho magricela são menos impertinentes. Querem saber como está aquela frente, quando foi o ataque alemão, se havia muitos tiros de artilharia, e outras coisas assim. Percebe-se neles a gravidade do soldado que ainda não conhece bem as durezas da guerra. Muitos lembram as horas boas de convívio com os brasileiros, na cratera do vulcão extinto, perto de Nápoles.

Mas John Boyle é insaciável na provocação:

– Noi non havere paura, brasiliani molta paura.

E vai rindo, e vai pulando junto aos brasileiros.

A coisa foi em dezembro. Nunca mais John Boyle há de esquecer aquela noite. Houve bombardeio de artilharia, tiros de morteiro chiando em volta, matraquear incessante de metralhadora. John Boyle saiu correndo da casa. Em volta dele, os companheiros também corriam morro abaixo. Alguns caíam ensanguentados sobre a neve. E os tiros os perseguiam, e o chiar dos morteiros, e aqueles gritos perfeitamente audíveis:

– Heil Hitler, Heil Hitler!

John Boyle se lembra de oficiais brancos gritando, na tentativa de impor um pouco de ordem naquele torvelinho que descia o morro. E, depois, a passagem pelas ruas estreitas e medievais de Barga, as caras assustadas dos italianos, o bombardeio contínuo da artilharia alemã.

Quando John Boyle se encaminhou para tomar o caminhão que o levaria a outro setor, uns americanos brancos estavam parados à beira da estrada. Sorridentes, olhavam com desdém para aquela tropa vencida, desmoralizada. John Boyle encolheu-se embaixo do capacete de aço. Sentia um vazio dentro de si; transformara-se em soldado.

Diz o lugar-comum que a vida é uma escola; para ilustrar este refrão repetido muitas vezes, aqui está um capítulo-conto do livro Guerra em surdina, *do professor Boris Schnaiderman, escrito logo após a Segunda Guerra, sobre a participação dos soldados brasileiros na campanha da Itália. O próprio autor, professor (hoje aposentado) de russo e teoria literária na Universidade de São Paulo, lutou na Força Expedicionária Brasileira, na artilharia. O tema deste fragmento autônomo é a formação do soldado; curiosamente, se a vida é uma escola, é pelo medo de morrer, descoberta trágica e patética em meio a balas perdidas e gritos de desafio.*

Autran Dourado
Inventário do primeiro dia

Quando João acordou e abriu a janela, viu que ainda era noite. A alva próxima, mas a cidade ainda continuava dormindo. Naquele vazio e escuridão, ouvia a alguma distância os tacos de uns sapatos madrugadores e, mais além, o barulho dos trens da Mogiana fazendo manobra, ou um galo que ofuscava, pequeno, o brilho da noite. As luzes boiavam como pequenos círculos tristes e inúteis.

João raramente acordava assim cedo. Só se lembrava de umas poucas vezes: quando sua avó morreu e por ocasião dos domingos da ressurreição, quando saía com a família para ver Jesus ressuscitar em frente ao adro da igreja, na última procissão da Semana Santa. Os olhos pregados de sono e a boca cheia de mingau das almas. Embora a mãe dissesse que era porcaria, achava um gostinho bom no resto de sono que lhe ficava na boca. Foi se lavar para espantar o sono. Do quarto ouvia os ruídos da mãe na cozinha. Não perdera a hora, a mãe estava acordada e teria vindo chamá-lo, caso se atrasasse. Mais que os ruídos da mãe na cozinha, o cheiro do café chamou a sua fome, que parecia adormecida. Sentiu o estômago vazio e uma certa tontura.

Vestiu-se rapidamente. Gostava de roupa nova e naquele dia estava novinho em folha, da cabeça aos pés. Aquelas roupas novas faziam parte do enxoval que levava para o colégio. Na camisa, as iniciais que sua mãe bordara, pois ela não achara boa a ideia do pai de carimbar com uma tinta própria. Que dirão de mim como mãe lá fora, quando virem a roupa do menino marcada a tinta, perguntava ela. O pai ria, dizendo – Se três meninos no colégio tiverem as roupas bordadas a mão é muito. Não tem importância, disse a mãe, não quero que pensem mal de mim.

Na cozinha João viu de repente a mãe como se tivesse percebendo a sua beleza pela primeira vez. Não podia saber se era a fumaça do fogão ou a sua partida que enchia de lágrimas os olhos dela.

Bênça, mãe, disse ele. Deus te abençoe, disse ela, venha para cá para eu arranjar esta gola. O menino foi e beijou-lhe a mão que passou perto dos lábios. Via agora que não era a fumaça da lenha que fazia brotar lágrimas nos olhos da mãe. Não sei como você vai se arranjar sozinho no internato, disse ela. Por mim você não ia, ainda é tão pequeno... O menino sungou um princípio de lágrima. Disse – Ara, mãe, não sou mais um menininho. A mãe sorriu: João não era mais um menininho, ela era boba. Você até hoje não sabe repartir o cabelo direito, disse. De agora em diante, disse João, não vou mais repartir o cabelo, vou botar ele todo pra cima. O filho queria virar homem, não era mais um menininho. Você vai ficar com a cara muito lambida, disse ela. Os dois pararam porque não havia mais nada que falar e ela temia ter de falar frases por exemplo como – Você vai se embora. Assoou o nariz num lenço e disse – Me ajude com este fogo. João começou a soprar as achas de lenha no fogão de tijolo. Pai não acordou? Já sim, João, ele vem logo. O pai quando estava na cidade não acordava com muita facilidade. Na roça era diferente, tinha muita coisa para fazer e não havia o jogo no clube.

Como é, o homem que vai para a luta já está de pé antes de mim, disse o pai brincalhão. Eu gosto de levantar cedo, disse o menino. O pai achou graça na mentira do filho, mas como era o último dia que passava com ele, não quis dizer nada. O menino gostava de levantar cedo. Vamos logo, disse para a mulher, que temos de pegar o Almeida e a filha, e quero estar lá em São Mateus para o almoço. Se demorarmos muito a sair, vamos pegar um poeirão danado na estrada. Choveu ontem, disse a mulher, não deve estar muita poeira. É, concordou o marido, a chuva deu para melhorar um pouco. Não precisa de pressa, disse ela, você tem tempo, não vai tirar o pai da forca. Não queria que chegasse a hora do filho partir.

A janela aberta, João via o dia clarear. O céu cinza, que ia ganhando num ponto e noutro uma mancha de azul. O sol ainda não aparecera. O silêncio da noite cedia lugar aos primeiros ruídos da madrugada.

A mãe fazia a matula para eles levarem. Ela sabia o que eram aquelas viagens de automóvel, podiam atrasar-se. O ford estava bom, mas sempre é melhor prevenir do que remediar. Mãe, põe aquelas broinhas de fubá, disse João. Ela ficou satisfeita porque o filho gostava de suas broinhas de fubá. Quem é que vai fazer broinhas de fubá pra você no colégio, perguntou ela. O menino não respondeu, se respondesse teria chorado, o peito não aguentava mais. Bobagem, disse ela, quitanda feita é a mesma coisa. Você também não vai ter mãe a vida toda para tomar conta. João sentiu os olhos cheios de lágrimas. Só depois que o pai disse – Vamos, é que os dois começaram a chorar de verdade, não eram as lágrimas disfarçadas. Foi preciso que o pai tirasse o filho dos braços dela.

Quando puseram os pés na rua já estava bem claro e um fogo-apagou deu um ar de sua graça, madrugador. As luzes ainda acesas eram amarelas e não iluminavam mais nada. O pai respirou fundo o ar e disse qualquer coisa sobre levantar cedo.

O ford lá estava à espera, limpinho. O senhor preparou tudo à noite sem mim, pai, disse o menino fingindo-se de sentido. Você já estava dormindo quando eu cheguei, disse o pai. O menino entendia bem do carro e era ele que lembrava ao pai as coisas que precisava fazer.

Era um ford antigo, não para a época, mas para hoje. Um desses carros de teto de lona e de cortinas com viseiras de celuloide sobre as portas. O menino pertencia à primeira geração da família que não andava apenas a cavalo ou em charrete. O pai era um dos poucos donos de carro, do que ele fazia muita questão, pois era partidário do progresso. Cada vez que ia a São Paulo trazia para casa uma novidade em matéria de engenho doméstico. Invenção de moda, dizia a mulher, que não se ajeitava com as novidades. Bobagem ficar gastando dinheiro com essas coisas. Mas ficava satisfeita porque o marido se lembrava da casa.

O pai sentou-se diante do guidão e ligou o carro, esperando que esquentasse. Depois o menino desceu e foi dar umas maniveladas para o motor pegar. João voltou correndo para sentar-se junto do pai. Tudo pronto, gritou o pai. A mãe tinha ido para dentro a fim de não ver os dois partirem. Partiram.

Na rua de baixo pegaram seu Almeida e a filha. O menino passou para o banco de trás. Embora conhecesse a menina, assim com ela sozinho sentiu-se acanhado. Ela era um ano mais velha do que ele. O corpo magro, vestido de rendas, fita do cabelo, era toda ela a menina que saía de casa arrumadinha. Seu Almeida disse uma brincadeira qualquer para o menino e o carro pôs-se de novo em marcha.

Agora estavam na estrada.

É a primeira vez que você vai, perguntou a menina, que se chamava Antonieta. É, respondeu ele. Ela já sabia, perguntou só pra se mostrar importante, pensou João. Eu já não sou mais caloura, continuou ela importante, o nariz empinado. João, ainda sob o efeito da despedida da mãe, um pouco cerimonioso, não disse nada.

Agora estavam na estrada e os meninos iam dizendo alto as suas descobertas. Olha lá aquela vaca; olha lá aquele cupim; olha o pau-dalho (terra boa, disse seu Almeida); olha o rio com a ponte de madeira; olha o trem que vem vindo se emparelhar conosco; olha gente na janela; olha o pontilhão; olha a árvore enorme cheia de ninho de joão-de-barro; olha o nhambu; olha o cafezal. João se esquecia que era um rapazinho que ia para o colégio e se punha a brincar com a menina. Antonieta era mais velha, mas menina tem sempre umas brincadeiras bobas. João no fundo gostava. Diziam então: aquele monjolo é meu; aquele cavalo é meu; aquele carro de bois é meu; aquele cavalo preto e branco é meu; aquela charrete é minha; aquele sabiá é meu; aquela bosta de vaca é sua.

Havia um lugar no coração para cada coisa. E ele ia guardando todas essas imagens que via sem dar grande importância. Por enquanto seu espírito não ordenava as imagens desse dia; armazenava-as no fundo da memória, onde as imagens mergulham para emergir mais tarde, quando menos se espera, a pretexto de nada. Como pontos de uma tapeçaria caprichosa cujo desenho só depois viria a perceber em toda a sua beleza. Mais tarde o menino poderia sentir, não agora, na sua plenitude, o perfume que ele não respirara bem, a cor que ele não vira, o som que mal escutara. Então as coisas surgiriam na sua verdadeira e escondida beleza e passariam a soar com todas as suas vibrações, para as quais os seus ouvidos não se achavam preparados da primeira vez. Há no coração um lugar para cada coisa; o menino não podia saber como é grande o coração do homem.

O ford deu um arranco, um salto, depois um estrondo. Pronto, foi o pneu, disse o pai. Desceram.

Antonieta disse qualquer coisa no ouvido do pai e afastou-se disfarçadamente sem chamar João. O menino foi para o lado oposto. Ambos iam fazer a mesma coisa. Ela saiu detrás de uma moita de capim acertando o vestido e veio correndo para junto de João.

Deixa eu ajudar, pai, disse João. Não é preciso, seu Almeida me ajuda, disse o pai, fica com Antonieta. Os dois se sentaram numa pedra grande e ficaram a olhar os pais lutando com o pneu. Vamos andar um pouco, disse ela toda faceirosa. É bom para esticar as pernas, disse ele todo homem.

Andavam pela estrada, ela vagarosamente olhando para os lados, fingindo-se de moça que passeia pelo campo, ele constrangido de estar sozinho com ela. Vamos nos encontrar lá, perguntou ele. Via que suas palavras ganhavam uma entonação que podia comprometê-lo. Não sei, disse ela, é muito difícil, só por acaso; as irmãs trazem a gente num cortado danado. Será que aquela menina magricela estava pensando em ser sua namorada? Vamos voltar, disse ela de repente.

Voltaram para junto dos pais. O menino começava a sentir fome, mas não tinha coragem de desembrulhar em frente da menina as broinhas de fubá que sua mãe fizera. Estou com fome, disse Antonieta, cheirando o ar. Foi até ao carro, apanhou uma lata de biscoitos maria e ofereceu ao menino. Não, obrigado, disse ele. Ora, não faça fita, disse ela imitando as donas de casa, aceite um biscoitinho. O menino comeu um. Teve vontade de pedir outro mas não pediu. Você gosta de broinha de fubá, perguntou ele meio envergonhado. Ela sorriu com desdém. O menino corou, mais envergonhado ainda. Que menina mais antipática, pensou ele. Que menino mais caipira, pensou ela.

O carro vencia a estrada, deixando para trás uma nuvem de poeira. Antonieta pediu o paletó do pai e agora dormia.

Quanto tempo falta para chegarmos a São Mateus, perguntou seu Almeida. Se não tiver nenhum contratempo, disse o pai, estaremos em São Mateus dentro de duas horas. Não parece que estamos na estrada há três horas, disse seu Almeida.

Assim sozinho, João se entediava. Para se distrair, olhava as coisas do carro, cansado de paisagem. Ficou vendo o pai fazer as mudanças. Os homens conversavam sobre a safra. O café estava bom, o negócio do algodão não dava bons resultados, o menino ficou sabendo. Às vezes fingia interessar-se por aquelas conversas de homens e uma vez ou outra arriscava um palpite. Uma hora disse qualquer coisa sobre o café. Menino esperto este seu, disse seu Almeida. João sentiu-se envaidecido. Homem simpático, seu Almeida. A sua menina está dormindo, disse o pai em agradecimento pelo elogio.

João cansou-se da conversa. O tempo custava a passar, o menino queria chegar logo a São Mateus. Antonieta dormia, a mão estendida perto dele. Uma mão branca e fina, os dedos compridos, delicados. João olhou o pai no espelhinho. Os dois estavam entretidos na conversa. João começou a sentir uma grande ternura. De mansinho acariciou a mão de Antonieta. O coração batia fortemente no pescoço. Antonieta mexeu-se um pouco, mudou de posição. Será que ele vira? Antonieta tornou a colocar a mão na mesma posição. Se ela não está dormindo, é muito safadinha, pensou ele. A medo, fez novo carinho. Depois ele ficou muito tempo com o espírito vadio vagando de um lado ao outro. Cansou-se e dormiu, só acordando quando chegaram a São Mateus.

Se a diferença entre São Mateus e Duas Pontes era grande, aos olhos do menino parecia enorme. São Mateus, além de viver do café, tinha a glória de ser o empório do sul, com o comércio florescente. Duas Pontes ainda era uma cidade de patriarcas, quieta, parada, cidade de fazendeiros de café. O menino não ouvia ali os cascos dos animais nas pedras espantando a modorra do meio dia; era o movimento que o assustava, as vozes de gente falando alto. São Mateus era o brilho, o movimento, a *feerie*, o progresso. Duas praças ajardinadas, uma delas se dando ao luxo de uma fonte luminosa, três cinemas, dois colégios, sede do bispado e uma catedral cuja construção vinha se arrastando há mais de vinte anos, orgulho da terra, que prometia mostrar a Deus a fé e o poder econômico de São Mateus. O menino soube imediatamente que acabara de chegar a imagem do padroeiro da cidade, duas vezes o tamanho natural, esculpida em pedra, que seria colocada no alto da cúpula da igreja.

Antes de irem para o colégio foram ao Hotel do Ponto. Para o menino, acostumado à sua cidade, tão acanhada, com o largo da matriz dominando a vida de todos ou a rua que de lá descia, o hotel, com restaurante ao lado, cadeiras de vime na calçada, lhe dava a impressão de estar numa capital. Ao lado do hotel, o cinema, com suas grades de bolas de bronze, muito brilhantes, por cabeça. Os cartazes enormes dos filmes da semana, a que ele poderia assistir nas matinês de domingo. João estava acostumado ao cinema de sua terra, onde passavam as fitas por partes, cinema mudo, onde dona Zuleica Lemos dedilhava no piano, bem junto à tela, todas as músicas do seu reduzido repertório. Aquele era um cinema de fita falada.

João olhava a beleza de Greta Garbo. Ele sabia alguma coisa do cinema falado, lera numa revista. Antonieta aproximou-se. Eu já vi fita falada, disse ela. O menino sentiu-se humilhado ao verificar que em matéria de música só conhecia dona Zuleica Lemos, que também tocava harmonium no coro da igreja.

Os pais dos meninos iam ficar hospedados no hotel mais uns dois ou três dias, para as compras. Os meninos foram se lavar e trocar de roupa, pois tinham poeira até na raiz do cabelo.

Depois do almoço os meninos tomaram sorvete de pistache, servido nas mesinhas de vime da calçada. Era o encantamento, era a luz, era a vida. João achava demais aquele dia, procurava não se esquecer de tudo o que se passava com ele, para escrever à mãe. Não era possível que um dia fosse tão longo, que se vivesse tanto num dia.

A despedida da menina foi para João o mesmo que a despedida da mãe, em escala um pouco menor. Os olhos úmidos, uma lágrima suspensa. Já estava acostumado com ela, vencera a antipatia das primeiras horas da viagem. Tinha agora com Antonieta muitas coisas em comum, que depois ele esqueceria quando voltasse para Duas Pontes, onde seriam não mais amigos mas apenas conhecidos.

O colégio era um prédio grande, de dois andares e muitas janelas. O menino nunca vira nada tão grande assim. A própria santa-casa de sua terra era pequena perto do Colégio São Mateus. A curiosidade do menino se misturava com um pouco de medo. Habituara-se com dona Felícia, sua professora de escola particular, que o conhecia tão bem que era para ele uma espécie de tia velha, e temia a nova vida, que o esperava, aquele leviatã que abria suas goelas para engoli-lo. A tabuleta branca com letras enormes era uma espécie de aviso misterioso para ele. O coração se apertava no peito e o menino sentia aquilo que os grandes chamavam de angústia.

Havia pouca gente no colégio. Estavam no princípio de janeiro e ele era um dos primeiros a chegar. No colégio só havia quase dependentes de exame. Sentia os passos se perderem no fundo do corredor enorme que ia dar numa porta onde estava escrito Gabinete do Diretor.

O diretor era um homem bem vestido e lustroso. Trazia no dedo indicador um anel de grau verde, que ele movia com o polegar aflito. Fez ao menino as perguntas de praxe, perguntou ao pai pelo adiantamento. A professora dele diz que é o primeiro da classe, disse o pai. Elas sempre dizem isto, disse o diretor, estou acostumado.

Apagava-se dentro de João todo o entusiasmo que lhe dera São Mateus à primeira vista. Assim eram os homens de São Mateus? E olhava a cara lustrosa do diretor, que falava pronunciando cuidadosamente as sílabas. João teve vontade de sair correndo, deixar o pai, deixar o colégio, deixar o mundo, ou então voltar para a sua mãe, para dona Felícia. O diretor perguntou-lhe qualquer coisa que ele não ouviu. O homem tinha um riso na cara, como se dissesse – Eu não disse? Não compreendeu o sentido de minha pergunta, indagou o diretor. O menino parado, tonto, sem saber o que responder. Que é isto, meu filho, disse o pai, responde ao professor. Entendi sim, disse ele, é que estou um pouco enjoado da viagem e com o sorvete. Saíra-se bem com a desculpa e o diretor agora sorria. Mandou buscar água para ele. Depois lhe fez outras perguntas mais fáceis, que ele ia respondendo. Leia e assine, disse o diretor estendendo-lhe uma folha de papel. Pense no nome que vai usar daqui por diante, porque você não é turco, não vai mudar de nome toda hora.

O menino nunca havia pensado nisso. Mudar de nome? Que nome ele ia assinar? Poucas vezes assinara o nome, a professora particular não lhe exigia isso. Para ela João era apenas João. Lembrava-se que a mãe falava que teria muito gosto se ele usasse sempre o seu nome e que ela se chamava Fonseca. Com dona Felícia, só assinara João Nogueira. Mas, com letra trêmula, escreveu João da Fonseca Nogueira. Era como o nascimento de uma outra pessoa. Repetiu mentalmente o nome e teve medo de que da combinação dos dois nomes saísse alguma palavra feia com que os colegas o colocariam no ridículo. Achou bom o nome: era João da Fonseca Nogueira.

O diretor chamou o chefe de disciplina e apresentou-lhe o novo aluno. Este é o João da Fonseca Nogueira, disse o diretor lendo o nome.

Foi levar o pai até à porta do colégio. Não teve mais nenhum receio de parecer maricas, chorou muito no ombro do pai. Que é isto, meu filho, seja homem, disse-lhe o pai com a voz presa. Antes de ir, o pai abriu a carteira, tirou uma nota grande e enfiou-a no bolso do filho. Adeus, pai, disse finalmente.

E um grande vazio se formou em torno de João da Fonseca Nogueira.

Os meninos no pátio do colégio. Nas férias o regime era diferente. Os meninos espiavam João. João ficou perto do chefe de disciplina. Sem saber por que, procurava a proteção que lhe faltara quando viu se perder no fim da rua o carro do pai. Agora era ele só. O coração de novo do tamanho de uma avelã. Não devia chorar na presença de estranhos, era agora seu novo código de honra. Não devia chorar na presença de estranhos. Precisava ser homem. Os meninos riam dele. Sai da saia de seu Gomes, gritou um de cabelo arrepiado. Tico-tico, pensou João. Será que eles vão me dar trote hoje? Não, eles iam esperar o início das aulas, quando chegariam meninos aos magotes e o colégio seria invadido pela algazarra dos veteranos e o silêncio dos novatos.

Seu Gomes mostrou-lhe onde era o recreio dos menores ou crilas. O campo de futebol, a grama verdinha, nova das chuvas de dezembro. As privadas pintadas de novo, para os alunos durante o ano escreverem obscenidades. Já haviam inaugurado uma delas com uns desenhos horríveis de seu Gomes. Seu Gomes falava pouco mas os meninos tinham medo dele. Falava manso mas firme. Seu Gomes tinha uma coisa estranha no olho direito, observou João. Seu Gomes tinha um olho verde e outro azul, ah, era isto. Será que cada olho vê o mundo de um jeito? pensou João. Comigo é assim, ia explicando seu Gomes. A pessoa correta podia contar com ele para tudo. Olho verde, olho azul, olho de cachorro. Também sua marcação não era brincadeira. Foi marcação mesmo que ele ouviu? João agora estava longe dali. Mas não era precisamente em lugar nenhum, como se tivesse sido deslocado de seu eixo. A viagem de carro pela manhã parecia coisa do passado. João olhou a mata que havia depois do campo de futebol dos maiores. Depois daquele muro é proibido, disse seu Gomes. João ficou sabendo várias coisas que eram proibidas. O que não era proibido não lhe foi dito. João queria que passasse logo o dia, que já fosse amanhã. Queria que já fosse velho, sentia angústia diante daquelas coisas novas. Ele já era mais velho, ah, muito muito mais velho do que quando disse de madrugada – Bênça, mãe. Voltava-se de repente para a sua mãe, para as broinhas de fubá, para seu Almeida conversando com o pai. Como tudo isso era velho.

No refeitório, sem nenhuma vontade de comer. Deu duas ou três garfadas, parou, mexeu o prato para fingir que tinha comido mais. De vez em quando os meninos olhavam para ele. Uma bolota de miolo de pão bateu-lhe na cabeça. Não via quem tinha jogado, todos pareciam ocupados com seus pratos. Por que faziam aquilo com ele? Sentiu na garganta o nó das primeiras lágrimas. Não podia chorar na presença de estranhos. Sim, todos estranhos. Não seria nunca amigo de nenhum deles, pensou.

No pátio, de novo. Os meninos olhando para ele de longe, dizendo coisas. Depois foi com os outros para uma grande sala cheia de carteiras. Era noite, e à medida que a noite ganhava seus caminhos, João via como seria duro manter intacto seu código de honra. Era homem, não choraria diante de estranhos. Na presença de estranhos choraste? Tu cobarde meu filho não és. Dona Felícia lhe ensinara recitar isso numa festa para os missionários. Ele não seria nunca um covarde. Mas o coração era do tamanho de uma avelã que de súbito começava a encharcar, germinando. Na presença de estranhos choraste. Ele não choraria nunca, podiam até colocá-lo num daqueles aparelhos de tortura que vira uma vez na revista *Eu Sei Tudo*.

Era no estudo, ficou sabendo. Como não trouxera nenhum livro (Não sabia, foi o que disse; está bem, disse seu Gomes), ficou brincando com um lápis, escrevendo João da Fonseca Nogueira num papel que encontrou na carteira. Uma bola de papel bateu-lhe no rosto. Voltou-se. Como da primeira vez, com o miolo de pão, não conseguiu ver quem fora. De vez em quando alguém ria e uma vez ouviu distintamente – Mulherzinha. Meninos dos infernos. Ele pensava que não suportaria mais, que seria covarde. Queria que já fosse outro dia. Para sair de um dia assim custa muito. A vontade mais forte de chorar parecia ter cessado por encanto. Não, ele não chorara na presença de estranhos.

Depois a grande escada de madeira, em caracol, o corrimão lustroso. O dormitório de camas vazias, os colchões virados. O salão enorme, as camas vazias. Os meninos se distribuíam pelas poucas camas arrumadas. Felizmente não havia ninguém ao lado da cama que seu Gomes lhe indicou.

Ao apagar a luz, respirou fundo. Agora podia respirar. De repente, como quem sai de um grande mergulho, encheu o peito de ar. Vestiu o pijama novo, gostoso em cima da pele. Passou de leve os dedos nas iniciais que a mãe bordara. A mãe estava tão longe. Deitou-se. Através da janela aberta podia ver as estrelas que tremiam no seu brilho distante. Sozinho, podia respirar, podia mesmo chorar, não seria um covarde. O escuro eliminava os estranhos e aquela grande estrela não era estranha, via-a como a uma velha amiga. Começou a passear por aquele céu de estrelas, pela massa leitosa da Via Láctea. Não podia dormir, o mundo rolava dentro dele, os restos do dia como coisas vivas doendo no peito. Águas vivas, rio que não cessaria nunca de correr.

Começou a sentir uma umidade entre as pernas, como se tivesse urinado. Ouvia agora cochichos no fundo do dormitório. A luz acendeu-se e ele levou as mãos instantaneamente aos olhos. Olhou em seguida para o pijama novo molhado de vermelho, para as mãos vermelhas, para o lençol vermelho. Os meninos gritavam olhando para ele. Está de paquete, está de paquete, era o que gritavam. Não entendia o que queriam dizer com aquela palavra. Era paquete mesmo? Está de paquete, os meninos gritavam. Levou as mãos, primeiro à braguilha, depois ao nariz. Não tinha cheiro de urina, era um cheiro diferente. Alguém jogara um líquido qualquer nele. Mas não vira ninguém perto na escuridão. Seria sangue? Não, não era sangue, mas tinta vermelha que tinham jogado nas suas calças.

Seu Gomes veio ver o que acontecia. Para não agravar a situação o menino se enfiou rapidamente debaixo da coberta, a fim de que seu Gomes não visse. Que é que foi, perguntou seu Gomes. Nada, uma coisa gozada que falou este aqui, disse um deles. Vão dormir, que é melhor, disse seu Gomes.

De novo a escuridão. Os meninos ainda riam. Ele não via graça nenhuma na brincadeira, não entendia direito o significado da palavra, sabia que era nome feio. Achava tudo estúpido e sem sentido, incrivelmente absurdo.

As vozes foram cessando e eles dormiam. Só, ele não conseguia dormir, tão agitado trazia o coração. No escuro ele não era covarde. Chorou de uma vez, abafando as lágrimas no travesseiro, toda a mágoa guardada durante o dia.

Enquanto a noite rolava, fazia um inventário completo de seu primeiro dia no internato. E então já não estava mais se lembrando, mas contando a alguém a sua história. Começava a inventar? Talvez, porque a memória não é estanque. Contava a sua história.

"O colégio era um prédio grande, de dois andares e muitas janelas. O menino nunca vira nada tão grande assim." Essa frase, que comparece lá pelo meio para o fim do conto de Autran Dourado, sintetiza uma boa parte da experiência de passagem da infância para o crescimento da geração da Grande Guerra (a Segunda) no Brasil. Autran Dourado, mineiro, é escritor de meandros psicológicos. Neles comparece a escola, lugar de reminiscências dos primeiros e inexperientes encontros do eu com o mundo.

José J. Veiga

PROFESSOR

Quando eu era menino e morava numa vila do interior, assisti a um episódio bastante estranho, envolvendo um professor e sua família. Embora sejam passados muitos anos, tenho ainda vivos na memória os detalhes do acontecimento, ou pelo menos aqueles que mais me impressionaram; e como ninguém mais que viveu ali naquele período parece se lembrar, muitos chegando mesmo a duvidar que tais coisas tenham acontecido – a própria filha do professor, que eu vi aflita correndo de um lado para o outro chorando e pedindo socorro, quando eu lhe falei no assunto há uns dois ou três anos olhou-me espantada e jurou que não se lembrava de nada – resolvi pôr por escrito tudo o que ainda me lembro, antes que a minha memória também comece a falhar. Se o meu testemunho cair um dia nas mãos de algum investigador pachorrento,

é possível que aquela ocorrência já tão antiga e, pelo que vejo, também completamente esquecida, exceto por mim, seja afinal desenterrada, debatida e esclarecida.

Naturalmente minhas esperanças são muito precárias; conto apenas com a colaboração do acaso e, como sabemos, se a história é rica de triunfos devidos unicamente ao acaso, também está cheia de derrotas só explicáveis pela interferência desse fator imprevisível. Assim, vou fazer como o viajante que encontra um pássaro ferido na estrada, coloca-o em cima de um toco e segue o seu caminho. Se o pássaro aprumar e voar de novo, estará salvo – embora o viajante não esteja ali para ver –; se morrer, já estava de qualquer forma condenado.

Esse professor de quem falo era um homem magro e triste, morava

em uma casa de arrabalde de chão batido. Fora professor em outros tempos, antes da criação do grupo escolar servido por normalistas. Para sustentar a mulher e os vários filhos ele não apalpava serviços: vendia frangos e ovos, trançava rédeas de sedenho, cobrava contas encruadas, procurava animais desaparecidos, e vez por outra matava um porco ou retalhava uma vaca. Vendo-o desdobrar-se em tantas e tão variadas atividades, era difícil compreender como ele ainda conseguia tempo para escrever artigos históricos para o jornalzinho de Pouso de Serra Acima, localidade a doze léguas de nossa vila para o sul. A bem da verdade devo dizer que seus artigos nunca davam o que falar. Sabia-se vagamente que ele escrevia, mas pouca gente se dava ao trabalho de ver o que era. Também nunca se

incomodou com a indiferença do público, nem nunca deixou de mandar a sua colaboração sempre que um assunto o entusiasmava. Pulquério se chamava esse homem esforçado.

De vez em quando eu encontrava um número do jornalzinho de Serra Acima rolando lá por casa, mas confesso que nunca li um artigo do professor Pulquério até fim; achava-os maçantes, cheios de datas e nomes de padres, parece que a fonte principal de sua erudição eram as monografias de um frei Santiago de Alarcón, dominicano que estudara a história de nosso Estado e publicara seus trabalhos numa tipografia de Toledo. Meu pai guardava alguns desses folhetos, que me lembro de ter manuseado sem grande interesse.

Não obstante a falta de interesse por seus artigos

PULQUÉRIO

O professor Pulquério ficou sendo o consultor histórico da vila. Sempre que alguém queria saber a origem de um prédio, de uma estrada velha, de uma família, era só consultá-lo que dificilmente ficaria na ignorância. Eu mesmo, que nunca me interessei por esses assuntos, sentia-me descansado ao pensar que sempre o teria ali à mão caso houvesse necessidade. E sem lhe dar muita atenção, por causa de sua prolixidade e de sua lentidão no falar, eu o tratava com deferência para não correr o risco de ser repelido quando precisasse dele. Quando o encontrava na rua, ou no armazém do meu tio Lucílio, eu perguntava pela família, ou pelos negócios, e evitava falar em história, porque se cometesse a imprudência de falar em seu assunto favorito teria que perder muito tempo ouvindo uma longa explicação naquela voz preguiçosa.

Um dia ele estragou o meu truque perguntando-me de chofre, logo após os cumprimentos habituais se eu conhecia a história do tesouro do austríaco. Era preciso muita tática para responder. Se eu dissesse que conhecia, pensando abreviar a conversa, o tiro poderia sair pela culatra; ele haveria de querer comparar os meus dados com os dele, e a minha ignorância denunciaria a minha intenção; se dissesse que não conhecia, teria que ouvi-la do princípio ao fim, com todos os afluentes.

– Vejo que não sabe – disse ele. – Aliás não é de admirar, porque a mocidade de hoje não perde tempo com o passado. Mas não pense que eu estou censurando. É um fenômeno facilmente contestável, aqui e em toda parte. As causas são inúmeras. Em primeiro lugar...

Nesse ponto ele deve ter notado algum sinal de impaciência em mim, porque deteve-se e desculpou-se:

– Desculpe a minha divagação. Eu queria falar do tesouro do austríaco e já ia me enfiando por outro caminho. Se você quiser ouvlr a história vamos ali ao armazém de seu tio. É assunto fascinante para um jovem. Quem sabe você não se anima a ir buscar o tesouro? Ficaria rico para o resto da vida!

Sentado num saco de feijão no fundo do armazém, o professor Pulquério falou-me de um tesouro incalculável que estaria enterrado na crista de um dos nossos morros. Eram sacos e mais sacos de ouro enterrados na própria mina por um engenheiro austríaco que a explorava secretamente. O filão era tão rico que ele mandara chamar um filho na Áustria para ajudá-lo.

Quando o rapaz chegou, anos depois devido às dificuldades de comunicação, e surgiu de repente em cima do barranco, o pai matou-o com um tiro julgando tratar-se de algum assaltante. Verificado o engano, o engenheiro resolveu dar ao filho o túmulo mais rico do mundo: enterrou-o na mina com todo o ouro já extraído e deixou um roteiro propositalmente complicado. O professor conseguira o roteiro e agora procurava localizar a mina. Impressionava-o a frase final do roteiro, depois de muitos circunl6quios e pistas falsas: "Chegando nessas alturas, procure da cinta para a cabeça que encontrará ouro grosso e riqueza nunca vista".

Mas ninguém deve supor que o professor Pulquério fosse um homem ambicioso. Ele não queria ficar com todo o tesouro, estava pronto a dividi-lo com quantos quisessem participar da busca, e até achava que quanto mais gente melhor.

Existiria mesmo o tal tesouro? Parece que o povo não estava acreditando muito. A nossa febre de ouro havia passado. deixando todos com a sensação de logro. Quase não havia na vila e imediações um curral velho, um pedaço de alicerce, um moirão de aroeira no meio de um pátio, que não tivesse sido tomado como apelo mudo de um tesouro. Cavoucado o lugar e revolvida a terra, o único resultado positivo eram os calos nas mãos do cavouqueiro. O povo andava muito desinteressado de tesouros quando o professor apareceu com o seu roteiro.

A mania do tesouro poderia ter passado com o tempo, sem gerar transtorno, se a linguagem enigmática do roteiro não tivesse fascinado o professor. Ele passava tardes ou manhãs inteiras no armazém de meu tio, atrapalhando o serviço e os fregueses, revolvendo mentalmente o roteiro, procurando penetrar no sentido oculto das frases, descuidando de suas obrigações. Muitas vezes a mulher precisava mandar um dos meninos buscá-lo para atender a algum negócio que não

podia esperar, ou pedir dinheiro para alguma despesa urgente. Mas devo dizer que o professor era muito delicado com os filhos, nunca se irritava quando era interrompido em suas meditações, e até pedia a meu tio que fornecesse umas balas ao garoto para pagar depois.

Enquanto ele se limitou a falar no roteiro e nas investigações que estava fazendo para localizar a mina, não tínhamos motivo de queixa. Era uma nova mania inofensiva, até servia para desviar-lhe a cabeça de seus problemas domésticos. Gostávamos de vê-lo fazer cálculos sobre o número de sacos de ouro que devia haver na mina, tomando por base o tempo que o austríaco trabalhou sozinho, a quantidade de cascalho que um homem pode batear em um dia, e o teor de ouro que devia haver em cada bateada. Depois vinham os cálculos do número de pessoas que seria necessário para desenterrar o tesouro no menor prazo possível, a quantidade e o tipo de ferramenta, por fim o número de burros para transportar a carga morro abaixo. O professor tinha tudo muito bem calculado.

Ele queria que todos os habitantes da vila, ou o maior número possível,

contribuíssem para as despesas e o tesouro seria repartido proporcionalmente às contribuições, depois de deduzida uma porcentagem para ele como organizador dos trabalhos. Embora todos achassem o esquema razoável, as contribuições nunca se materializavam. Uns diziam que esperasse mais para diante, outros que estavam aguardando um pagamento, outros que iam pensar. Seria por descrença no êxito da expedição, ou dúvida quanto à honestidade do professor? Parece que ele optou pela segunda hipótese, e naturalmente sentiu-se muito ofendido. E como já estávamos cansados de ouvi-lo, sempre arranjávamos uma desculpa para fugir dele, muitos nem iam mais ao armazém para não encontrá-lo.

Depois de inúmeras tentativas de explicar a um e outro a lisura de seu projeto, o professor resolveu fazê-lo por escrito com um memorial em quatro folhas abertas de papel almaço – "Aos Cidadãos Honestos desta Vila" – pregadas na portada Cadeia.

Não creio que muitas pessoas tenham lido o memorial. Tentei lê-lo por mera curiosidade, e também por uma espécie de reparação ao professor; mas quando

cheguei ao fim da primeira banda, e vi que faltavam sete, numa letra fina e sem parágrafos, resolvi fazer uma cruz a lápis no ponto onde havi parado e deixar o resto para ler depois. Mas esse dia nunca chegou, porqu a meninada estragou o memorial, fazendo garatujas a carvão por cima do escrito e mesmo rasgando o papel em vários pontos. Foi outro golpe para o professor, que cismou que o vandalismo infantil tinha sido dirigido pelos pais.

Não obtendo atenção entre os particulares, o professor tentou interessar a Intendência – mas também aí não fo feliz. Parece quo uma praga muito forte condenava o tesouro a jamais sair da crista do morro. Sendo homem sem delicadeza, mais afeito a lidar com animais do que com gente – uma vez entortou com um murro o pescoço de uma égua que o mordera na hora de apertar a barrigueira - o intendente nem quis ouvir a proposta, e riu n cara do professor na frente de outras pessoas. Dizem que o professor saiu da Intendência com lágrimas nos olhos, o que não seria de estranhar em um homen do seu temperamento.

Dava pena vê-Io nas ruas, cada vez mais magro,

ancado em si mesmo, em ter com quem conversar. Eu achei que estávamos sendo maldosos demais com ele, pensei em fazer alguma coisa senão para ajudá-lo o menos para distraí-lo. Foi então que eu vi o quanto a nossa indiferença o havia afetado. Quando entei falar com ele na rua ele lançou-me um olhar ressentido e continuou o eu caminho. Não me sentindo isento de culpa, resolvi engolir o orgulho e procurá-lo em sua casa à noite.

Atendeu-me a mulher, d. Venira, com as mãos sujas de massa do bolo de arroz que estava azendo para ser vendido em tabuleiro de manhã bem cedo, a tempo de alcançar o café da vila. Pelo embaraço de d. Venira eu percebi que o meu nome fora referido naquela casa, e não favoravelmente.

— Pupu está escrevendo — disse ela por fim. — Não sei se ele...

Ouvi o professor chamá-la da varanda, de onde o ampião lançava sombras desproporcionadas no corredor. Teria ele ouvido a minha voz, ou fora coincidência? Da porta eu via, a sombra de d. Venira argumentando, agitando os braços, e até mexendo o queixo: mas falavam baixo, e eu nada pude ouvir.

D. Venira voltou encabulada e pediu mil desculpas em nome do marido, disse que ele não podia ver-me aquela noite. Estava escrevendo uma exposição ao presidente do Estado. (Quando ela mencionou a exposição ao presidente eu notei uma entonação diferente em sua voz, mas fiquei sem saber se ela estava zombando da ingenuidade do marido ou querendo impressionar-me, como se dissesse "agora espere o resultado".)

Após esse tratamento eu podia abrir a boca fontra o professor sem ser acusado de injusto, mas preferi não contar a ninguém a novidade da exposição ao presidente; eu ainda tinha uma certa simpatia pelo pobre homem e não queria vê-lo em ridículo.

Para despachar a exposição o professor teve a cautela de pretextar uma viagem à vila vizinha, com certeza receando alguma molecagem do nosso agente postal. Foi por isso que ninguém soube explicar o motivo do nervosismo que tomou conta dele naquela época. Ele não se demorava mais em parte alguma, nem no armazém. Entrava, cheirava a ponta do rolo de fumo em cima do balcão, esfregava na mão um punhado de

cereal de algum saco que estivesse perto, jogava uns grãos na boca, sem notar o que estava fazendo, pedia para ver uma coisa ou outra, e antes que meu tio o atendesse ele cancelava o pedido e saía apressado. No mercado era a mesma coisa, e ,em casa deu para descarregar a impaciência nos meninos. Onde ele se demorava era na agência do correio, com certeza para vigiar a abertura das malas.

Evidentemente o professor nada sabia dos caminhos da burocracia. Com certeza ele imaginava que a sua exposição seria recebida pessoalmente pelo presidente, lida no mesmo dia, ou o mais tardar, no dia seguinte, e uma resposta redigida imediatamente em papel oficial, intimando-o a tocar para a frente com a expedição, com poderes para entrar na Coletoria e requisitar a verba necessária, enquanto nós, os descrentes, ficaríamos olhando admirados e envergonhados, doidos para ser incluídos na expedição, nem que fosse como cargueireiros.

Em vez de enfraquecer-lhe a esperança, parece que a demora deu ao professor mais disposição para agir. Depois de alguns dias de espera ele passou um longo telegrama ao presidente, chamando-lhe

respeitosamente a atenção para a exposição e pedindo uma resposta urgente.

Quando a resposta chegou o telegrafista foi levá-la pessoalmente, mas não encontrou o professor em casa. A mulher também tinha ido entregar costura em casa de uma freguesa. O telegrafista voltou à cidade, nessa altura acompanhado por um bando de curiosos. Passaram no mercado, no armazém, na farmácia, mas ninguém tinha visto o professor. Por fim um menino que passava puxando um cargueiro de lenha informou que ele estava na beira do rio pelando um porco. Corremos para lá, aquele bando de gente entupindo as ruas, pisando os pés uns dos outros, atraindo mulheres às janelas.

O professor estava de chapéu de palha de roceiro e roupa velha remendada, atiçando fogo debaixo de uma lata de água. Um dos meninos mais velhos saía de um matinho com uma braçada de gravetos. Ao ver o telegrafista o professor largou o fogo, saltou por cima do porco já morto no chão e avançou limpando as mãos na calça.

Mas a resposta estava longe de ser a que ele

esperava (naturalmente já sabíamos, só queríamos ver como ele recebia o telegrama). A mensagem, assinada por um secretário, dizia apenas que Sua Excelência ainda não tinha estudado a exposição, mas prometia uma decisão logo que ela lhe chegasse às mãos acompanhada dos indispensáveis pareceres.

Deixando cair o papel no capim sujo de sangue, o professor sentou-se em cima do porco e começou a chorar, como se de repente tivesse percebido a realidade. Desconcertados com essa reação que não esperávamos, afastamo-nos em pequenos grupos e voltamos calados para a cidade, ninguém teve coragem de falar no choro do professor. Não sei se estávamos envergonhados por ele ou por nós mesmos.

A situação agora havia se invertido. Todos procuravam conversar com o professor. distraí-lo de sua mágoa. mas ele não queria falar com ninguém. Pelo hábito ainda frequentava o armazém, mas ficava sentado olhando para o chão e coçando os ouvidos com paviozinhos de papel que torcia meticulosamente, como se fosse um trabalho de muita importância.

Mas se nós o conhecêssemos de verdade, teríamos sabido que ele ainda esperava. Ele havia apenas dado um prazo às autoridades, e estava aguardando que o prazo se esgotasse para tomar nova providência. Tanto que, numa segunda-feira de manhã, ele entrou de cabeça erguida na agência do telégrafo e mandou nova mensagem ao presidente comunicando que às dez horas iniciaria um protesto público contra o descaso oficial. A notícia espalhou-se depressa, e toda a vila passou a vigiá-lo de longe. Do telégrafo ele foi ao armazém e comprou rapadura, farinha, carne-seca, fumo, palha, um maço de fósforos, um rolo de corda grossa. Se a corda sugeria desatino, os outros itens nos tranquilizavam. Vimos quando ele saiu do armazém, atravessou o largo, entrou no beco do sapateiro e tomou o rumo de casa. Nesse ponto praticamente toda a população o acompanhava à distância. Meninos iam e vinham correndo, em busca de informação para as mães que haviam ficado com panelas no fogo em casa.

O professor entrou em casa com o saco das compras e logo apareceu à janela, onde ficou debruçado fumando

tranquilamente, enquanto na rua a multidão crescia de minuto a minuto. O povo já estava ficando impaciente, mas o professor parecia o homem mais calmo do mundo. Ele tinha o seu plano e não ia apressá-lo para agradar a assistência.

Quando o relógio da cadeia bateu as dez horas, ele veio à porta e convidou o povo a entrar para o quintal, haveria espaço para todos, só pedia que não estragassem as plantas de d. Venira. Como o corredor era estreito, e todos queriam entrar ao mesmo tempo, houve empurrões, pés pisados, palavrões, tumulto. Gente entrava pelas janelas, estragando a parede com o bico das botinas, outros pulavam o muro, cortando-se nos cacos de vidro. Num instante escangalharam a porta do corredor de tanto se espremerem contra ela.

No quintal havia uma cisterna seca tapada com uma porta velha, com um enorme bloco de pedra em cima. O professor pediu que o ajudassem a afastar a pedra, retirou a porta para um lado e amarrou uma ponta de corda na pedra. Até aí nenhuma suspeita do que ele pretendia fazer. Depois de verificar se o nó estava firme ele

despediu-se da mulher e dos filhos, todos de roupa nova e cabelo penteado com brilhantina, e sem mais aquela escorregou pela corda até o fundo da cisterna. De lá ia gritando para a mulher:

– Rapadura.

– Farinha.

– Palha e fumo.

– Carne.

D. Venira ainda lhe jogou a mais um cachecol e um guarda-chuva, recomendando-lhe que se agasalhasse bem à noite. O povo correu para a beira do poço, e o primeiro que chegou, com a pressa com que ia, teve que saltar por cima para não cair no buraco. Eu tive vontade de ver se o professor estava em pé sentado ou agachado no fundo do poço, mas não consegui uma brecha para olhar.

Todas as manhãs d. Venira escrevia numa lousa escolar, pendurada numa estaca ao lado do poço, o número de dias que o marido havia cumprido lá dentro. O quintal ficava permanentemente cheio de gente, como se aquilo fosse um piquenique ou um pouso de folia. Até cestos de comida levavam, à noite acendiam fogueira, assavam batatas, duas

eninas filhas do
ofessor cantavam para
strair o povo. D. Venira
roveitou para armar
na barraquinha para
nder refrescos e bolos.

ssa romaria já durava
ais de uma semana
uando o delegado
hou que já chegava e
timou o professor a
bir. O professor
spondeu que estava
ercendo o direito de
otesto, e que
ntinuaria protestando
é alcançar o seu
bjetivo. O delegado
spondeu que aquilo
o era protesto, era uma
lhaçada, e deu uma
ra de prazo para ser
endido por bem. A
ica resposta do
ofessor foi uma
rgalhada confiante.

curiosidade agora era
ber de que maneira o
elegado iria retirar o
rofessor de dentro do
ço caso ele teimasse
n não sair. De todos os
dos partiam sugestões,
s achavam que a
elhor solução seria
spejar baldes de água
a cisterna – alguém
lou em água quente –,
tros que o mais
dicado nesses casos
riam tochas embebidas
n querosene; e um
marada baixinho, de
hinhos vivos de coelho,
comendou que se
passe a cisterna com a
rta e se metesse
maça para dentro,
mo se faz para tirar

tatu da toca. Ouvindo
isso uma das filhas do
professor, menina de seus
doze a quatorze anos,
começou a correr de um
lado para outro, chorando
e pedindo piedade, mas
ninguém se comovia;
todos estavam ali para ver
alguma coisa fora do
comum, e não haviam de
querer estragar o
desfecho com um gesto
de piedade fora de hora.

Mas o delegado já tinha o
seu plano e não precisava
de sugestão de ninguém;
ele apenas esperava que o
prazo se esgotasse para
tomar suas providências
– e talvez até desejasse no
íntimo que a ordem fosse
desobedecida para ter
uma ocasião de impor
dramaticamente a sua
autoridade. Quando ele
consultou o relógio e
disse que os sessenta
minutos já haviam
passado, a multidão
automaticamente abriu
um corredor entre ele e o
poço, com certeza
esperando que ele fosse
descer pela corda e trazer
o professor nas costas.
Mas em vez de caminhar
na direção do poço ele
caminhou na direção da
casa! Ninguém entendia
mais nada. Então ele
estava apenas brincando
quando fez a intimação?
É claro que o desa-
pontamento do povo não
vinha de nenhum desejo
de preservar a autoridade,
mas do receio de perder
algum espetáculo,
sensacional ou engraçado.

Quando o delegado voltou
de sua caleche trazendo
uma enorme casa de
marimbondos na ponta de
um galho de abacateiro, o
povo criou alma nova. Era
a prova de que uma
autoridade experiente
pensa melhor do que cem
curiosos. Andando deva-
garinho para não balançar
o galho, o delegado
chegou à beira do poço e
sem mais nenhum aviso
soltou lá dentro o galho
com os marimbondos.

Naturalmente todos
esperavam que o
professor subisse do poço
como um foguete e saísse
desatinado pelo quintal,
pulando e dando tapas
por todos os lados – mas
nada aconteceu, nem um
grito se ouviu. Olháva-
mos uns para os outros,
espantados, como se na
cara dos conhecidos
pudéssemos encontrar a
explicação. Por fim
aqueles de mais iniciativa
foram na ponta dos pés
espiar dentro do poço – e
quando contaram o que
viram ninguém acreditou,
foi preciso que a multidão
inteira fizesse ma para ver
com os próprios olhos.

Dentro do poço só se
via o galho de abacateiro
engarranchado numa
pedra e umas cascas de
queijo que os
marimbondos atacavam.

Fomos todos para casa
de cabeça baixa,
sentindo-nos vilmente
logrados.

*J. J. Veiga, como ficou
conhecido José Jacinto Pereira
da Veiga, nasceu em
Corumbá de Goiás, em
1915, e morreu no Rio de
Janeiro em 1999. É
considerado um dos autores
clássicos do conto em língua
portuguesa e um dos
principais cultores, no Brasil,
do gênero fantástico, ou
absurdo. Com frequência seus
contos se ambientam no meio
rural dos planaltos centrais
brasileiros, como neste
"Professor Pulquério", em
que um surpreendente
professor ensaia um ainda
mais surpreendente protesto
diante de um surpreso mas
decidido delegado de polícia.
A narrativa vai num
crescente de dramaticidade até
o final – também
surpreendente. Traduzido e
publicado em pelo menos sete
países, incluindo Portugal, J.
J. Veiga recebeu em 1997 o
prêmio Machado de Assis da
Academia Brasileira de Letras
pelo conjunto de sua obra.*

Meninão do

Fui o fim de Vitorino. Sem Meninão do Caixote, Vitorino não se aguentava.

Taco velho quando piora, se entreva duma vez. Tropicava nas tacadas, deu-lhe uma onda de azar, deu para jogar em cavalos. Não deu sorte, só perdeu, decaiu, se estrepou. Deu também para a maconha, mas a erva deu cadeia. Pegava xadrez, saía, voltava...

E assim, o corpo magro de Vitorino foi rodando São Paulo inteirinho, foi sumindo. Terminou como tantos outros, curtindo fome quietamente nos bancos dos salões e nos botecos.

Na rua vazia, calada, molhada, só chuva sem jeito; nem bola, nem jogo, nem Duda, nem nada.

Quando papai partiu no G.M.C., apertei meu nariz contra o vidro da janela, fiquei pensando nas coisas boas de Vila Mariana. Eram muito boas as coisas de Vila Mariana. Carrinho de rodas de ferro (carrinho de rolemá, como a gente dizia), pelada todas as tardes, papai me levava no caminhão... E eu mais Duda íamos nadar todos os dias na lagoa da estrada de ferro. Todos os dias, eu mais Duda.

A gente em casa apanhava, que nossas mães não eram sopa e com mãe havia sempre uma complicação. A camisa meio molhada, os cabelos voltavam encharcados, difícil disfarçar e a gente acabava apanhando. Apanhava, apanhava, mas valia. Puxa vida! A gente tirava a roupa inteirinha, trepava no barranco e "tchibum" – baque gostoso do corpo na água. Caía aqui, saía lá, quatro-cinco metros adiante. Ô gostosura que era a gente debaixo da água num mergulhão demorado!

Agora, na Lapa, numa rua sem graça, papai viajando no seu caminhão, na casa vazia só os pés de mamãe pedalavam na máquina de costura até a noite chegar. E a nova professora do grupo da Lapa? Mandava a gente à pedra, baixava os olhos num livro sobre a mesa. Como eu não soubesse, o tempo escorria mudo, ela erguia os olhos do livro, mandava-me sentar. Eu suspirava de alívio.

É. Mas não havia acabado não. À saída, naquele meu quinto ano, ela me passava o bilhete, que eu passari a mamãe.

– Trazer assinado.

Coisas horríveis no bilhete, surra em casa.

Se Duda estivesse comigo eu não estari bobeando, olhando a chuva. A gente arrumaria uns botões, eu puxaria o tapete da sala, armaria as traves. Duda, aquele meu primo, é que era meu. Capaz de fazer trinta partidas, perder a trinta e não havia nada. Nem raiva, ne nada. Coçava a cabeça, saía para outra, gente se entendia e recomeçava. Às vezes, até sorria:

– Você está jogando muito.

Mas agora a chuva caía e os botões, guardados na gaveta da cômoda, apenas lembravam que Duda ficara em Vila Mariana. Agora a Lapa, tão chata, que é que tinha a Lapa? E exatamente numa rua daquelas, rua de terra, estreita e sempre vazia. Havia também uma professora que lia o seu livro e me esquecia abobalhado à frente da lousa. Depois... O bilhete e a surra. É. Bilhete para minha mãe me bater, castigo, surra, surra. E papai que viajava no seu caminhão, e quando viajava se demorava dois-três meses.

Era um caminhão, que caminhão! Um G.M.C. novo, enorme, azul, roncava mesmo. E a carroceria era

Caixote
João Antônio

m tanque para transportar óleo.
ão era caminhão simples não. Era
arro-tanque e G.M.C. Eu sabia
uito bem – ia e voltava
ansportando óleo para a cidade de
atos, na Paraíba. Outra coisa –
araíba, capital João Pessoa, papai
empre me dizia.

Mamãe não gostava daquele jeito de
apai, jeito de moço folgado, que sai
fica fora o tempo que bem entende.
ambém não gostava que ele me
zesse todos os gostos, pois, estes ele
azia mesmo. Era só pedir. Papai vivia
e brincadeira e de caçoada quando
stava em casa, e eu o ajudava a
açoar de mamãe, do que ele muito
ostava. Mamãe ia aguentando,
guentando, com aquele jeito calmo
ue tinha. Acabava sempre
stourando, perdia a resignação de
riatura pequena, baixinha, botava a
oca no mundo:

– Dois palermas! Não sei o que ficam
azendo em casa.

Papai virava-se, achava mais
ivertido. E sorríamos os dois.

– Ora, o quê! Pajeando a madame.

Eu achava tão engraçado, me
ssanhava em liberdades não dadas.

– Exatamente.

ntão, o chinelo voava. Eu apanhava
e papai ficava sério e saía. Ia ver o
aminhão, ia ao bar tomar cerveja,
onversar, qualquer coisa. Naquele

dia não falava mais nem com ela,
nem comigo.

Lá em Vila Mariana ouvi uma vez, da
boca de uma vizinha, que mamãe era
meio velha para ele e era até meio
feia. Velha, podia ser. Feia, não. Tinha
um corpo pequeno, era baixinha, mas
não era feia.

Bem. O que interessa é que papai
tinha um G.M.C., um carro-tanque
G.M.C., e que enfiava o boné de
couro, ajeitava-se no volante e saía por
estas estradas roncando como só ele.

Mas agora era a Lapa, não havia
Duda, havia era chuva na rua feia e
papai estava fora. Lá na cidade de
Patos, tão longe de São Paulo... Lá
num ponto pequenino, quase
fechando na curva do mapa.

– Menino, vai buscar o leite.

Pararam os pés no pedal, parei o
passeio do dedo na cartografia, as
pernas jogadas no soalho, barriga no
chão, onde estirado eu pensava num
G.M.C. carro-tanque e no boné de
couro de papai. Ergui-me, limpei o
pó da calça. Uma preguiça...

– Mas está chovendo...

Veio uma repreensão incisiva. Mamãe
nervosa comigo, por que sempre
nervosa? Quando papai não estava, os
nervos de mamãe ferviam. Tão boa
sem aqueles nervos... Sem eles não
era preciso que eu ficasse encabulado,
medroso, evitando irritá-la mais

ainda,
catando
as palavras,
delicado,
tateando.
Ficava boçal,
como quando ia limpar a
fruteira de vidro da sala de jantar,
aquele medo de melindrar, estragar o
que estava inteiro e se faltasse um
pedaço já não prestaria mais.

Peguei o litro e saí.

Na rua brinquei, com a
lama brinquei. O tênis
pisava na água, pisava
no barro, pisava na
água, pisava no barro,
pisava na água, pisava
no barro, pisava...

– Dá um litro de
leite.

A dona disse que
não tinha.
Risinho besta me
veio aos lábios,
porque naquelas
ocasiões papai
diria: "E fumo
em corda não
tem?".

O remédio era
ir buscar ao Bar
Paulistinha,
onde eu nunca
havia entrado.
Quando entrei, a

chuvinha renitente engrossou, trovão, trovão, um traço rápido cor de ouro lá no céu. O céu ficou parecendo uma casca rachada. E chuva que Deus mandava.

– Essa não!

Fiquei preso ao Bar Paulistinha. Lá fora, era vento que varria. Vento varrendo chão, portas, tudo. Sacudiu a marca do ponto do ônibus, levantou saias, papéis, um homem ficou sem chapéu. Gente correu para dentro do bar.

– Entra, entra!

O dono do bar convidava com o ferro na mão. Depois desceu as portas, bar cheio, os luminosos se acenderam, xícaras retinindo café quente, cigarros, conversas sobre a chuva.

No Paulistinha havia sinuca e só então eu notei. Pedi uma beirada no banco em volta da mesa, ajeitei o litro de leite entre as pernas.

– Posso espiar um pouco?

Um homem feio, muito branco, mas amarelado ou esbranquiçado, eu não discernia, um homem de chapéu e de olhos sombreados, os olhos lá no fundo da cara, braços finos, tão finos, se chegou para o canto e largou um sorriso aberto:

– Mas é claro, garotão!

Fiquei sem graça. Para mim, moleque afeito às surras, aos xingamentos leves e pesados que um moleque recebe, aquela amabilidade me pareceu muita.

O homem dos olhos sombreados, sujeito muito feio, que sujeito mais feio! No seu perfil de homem de pernas cruzadas, a calça ensebada, a barba raspada, o chapéu novo, pequeno, vistoso, a magreza completa. Magreza no rosto cavado, na pele amarela, nos braços tão finos. Tão

finos que pareciam os meus, que eram de menino. E magreza até no contorno do joelho que meus olhos adivinhavam debaixo da calça surrada.

Seus olhos iam na pressa das bolas na mesa, onde ruídos secos se batiam e cores se multiplicavam, se encontravam e se largavam, combinadamente. A cabeça do homem ia e vinha. Quando em quando, a mão viajava até o queixo, parava. Então, seguindo a jogada, um deboche nos beiços brancos ou uma aprovação nos dedos finos, que se alongavam e subiam.

– Larga a brasa, rapaz!

A mão subia, o indicador batia no médio e no ar ficava o estalo.

Aquela fala diferente mandava como nunca vi. Picou-me aquela fala. Um interesse pontudo pelo homem dos olhos sombreados. Pontudo, definitivo. O que fariam os dedos tão finos e feios?

– Larga a brasa, rapaz!

Quando o jogo acabou o homem estava numa indignação que metia medo. Deu com o dedo na pala e se levantou.

– Parei com este jogo!

Eu já não entendia – aquilo se jogava a dinheiro. Bem. E por que ele dava o dinheiro se não havia jogado?

– Ô Vitorino, você quer café?

Um outro que o chamava, com o mesmo jeito na fala.

Vitorino. Para mim, o nome era igualzinho à pessoa. Duas coisas nunca vistas e muito originais. O homem dos olhos sombreados sorriu aberto. A indignação foi embora nos dentes pretos de fumo. O homem na sua fala sorriu e foi para o companheiro que o chamava, lá da ponta do balcão. Falou como se fizesse uma arte:

– Ô adivinhão!

Um prédio velho da Lapa-de-baixo, imundo, descorado, junto dos trilhos do bonde. À entrada ficavam tipos vadios, de ordinário discutindo jogo, futebol e pernas que passavam. Pipoqueiro, jornaleiro, o bulício da estrada de ferro. A entrada era de um bar como os outros. Depois o balcão, a prateleira de frutas, as cortinas. Depois das cortinas, a boca do inferno ou bigorna, gramado, campo, salão... Era isso o Paulistinha.

As tardes e os domingos no canto do banco espiando a sinuca. Ali, ficar quieto, no meu canto, como era bom!

Partidas baratas e partidas caras. Funcionavam supetões, palpitações e suor frio. Sorrisos quietos, homens secos, amarelos, pescoços de galinha, olhos fundos nas caras magras. Aqueles não dormiam, nem comiam. E o dinheiro na caçapa parecia vibrar também, como o taco, como o giz, como os homens que ali vibravam. Picardia, safadeza, marmeladas também. O jogo enganando torcidas para coleta das apostas.

Vitorino era o dono da bola. Um cobra. O jeito camarada ou abespinhado de Vitorino, chapéu, voz, bossa, mãos, seus olhos frios medidores. O máximo, Vitorino. No taco e na picardia.

Saía, fazia que ia brincar. Ficava lá no meu canto, procurando compreender. Os homens brincavam:

– Ô meninão!

Eu sorria, como que recompensado. Aquele dera pela minha presença. Um outro virava-se:

– Ô meninão, você está aí?

Meninão, meninão, meu nome ficou sendo Meninão.

Os pés de mamãe na máquina de costura não paravam.

Para mim, Vitorino abria uma dimensão nova. As mesas. O verde das mesas, onde passeava sempre, estava em todas, a dolorosa branca, bola que cai e castiga, pois, o castigo vem a cavalo.

Para mim, moleque fantasiando coisas na cabeça...

Um dia peguei no taco.

Joguei, joguei muito, levado pela mão de Vitorino, joguei demais.

Porque Vitorino era um bárbaro, o maior taco da Lapa e uma das maiores bossas de São Paulo. Quando nos topamos Vitorino era um taco. Um cobra. E para mim, menino que jogava sem medo, porque era um menino e não tinha medo, o que tinha era muito jeito, Vitorino ensinava tudo, não escondia nada.

Só joguei em bilhares suburbanos onde a polícia não batia, porque era um menino. Mas minha fama correu, tive parceirinhos que vinham, vinham de muito longe à Lapa para me ver. Viam e se encabulavam. E depois carregavam nas apostas. Fama de menino absurdo, de máximo, de atirador, de bárbaro. Eu jogando, as apostas corriam, as apostas cresciam, as apostas dobravam em torno da mesa. E os salões se enchiam de curiosos humildes, quietos, com os olhos nas bolas. Era um menino, jogava sem medo.

Eu era baixinho como mamãe. Por isso, para as tacadas longas era preciso um calço. Pois havia. Era um caixote de leite condensado que Vitorino arrumou. Alcançando altura para as tacadas, eu via a mesa de outro jeito, eu ganhava uma visão! Porque não se mostrasse, meu jogo iludia,

confundia, desnorteava. Muitos não acreditavam nele. Também por isso rendia... E desenvolvia um jogo que enervava um santo. Jogo atirado, incisivo, de quem emboca, emboca, mas o jogo não aparece no começo. Vai aparecer no fim da partida, depois da bola três, quando não há mais jeito para o adversário. As apostas contrárias iam por água abaixo.

Porque me trepasse num caixote e porque já me chamassem Meninão...

Meninão do Caixote... Este nome corre as sinucas da baixa malandragem, corre Lapa, Vila Ipojuca, corre Vila Leopoldina, chega a Pinheiros, vai ao Tucuruvi, chegou até Osasco. Ia indo, ia indo. Por onde eu passava, meu nome ficava. Um galinho de briga, no qual muitos apostavam, porque eu jogava, ia lá ao fogo do jogo e trazia o dinheiro.

Lá ia eu, Meninão do Caixote, um galinho de briga. Um menino, não tinha quinze anos.

Crescia, crescia o meu jogo no tamanho novo do meu nome.

Tacos considerados vinham me ver, vinham de longe, namoravam a mesa, conversavam comigo, passavam horas espiando o meu jogo. Eu sabia que me estudavam, para depois virem. Viessem... Eu andava certo como um relógio. Não me afobava, Vitorino me ensinou. A gente joga para a gente, a assistência que se amole. E meu jogo nem era bonito, nem era estiloso, que eu jogava para mim e para Vitorino. O caixote arrastado para ali, para além, para as beiradas da mesa.

Minha vida ferveu. Ambientes, ambientes do joguinho. No fundo, todos os mesmos e os dias também iguais. Meus olhos nas coisas. O trouxa, a marmelada, o inveterado, traição, traição.

Ô Deus, como... por que é que certos tipos se metiam a jogar o joguinho? Meus olhos se entristeciam, meus olhos gozavam. Mas havendo entusiasmo, minha vida ferveu. Conheci vadios e vadias. Dei-me com toda a canalha. Aos catorze, num cortiço da Lapa-de-baixo conheci a primeira mina. Mulatinha, empregadinha, quente. Ela gostava da minha charla, a gente se entendia. Eu me lembro muito bem. Às quintas-feiras, quatro pancadas secas na porta. Duas a duas.

Na sinuca, Vitorino e eu, duas forças. Nas rodas do joguinho, nas curriolas, apareceu uma frase de peso, que tudo dizia e muito me considerava.

— Este cara tá embocando que nem Meninão do Caixote!

Combati, topei paradas duras. Combati com Narciso, com Toniquinho, Quaresmão, Zé da Lua, Piauí, Tiririca (até com Tiririca!), Manecão, Taquara, com os maiores tacos do tempo, nas piores mesas de subúrbio, combati e ganhei. Certeza? Uma coisa ia comigo, uma calma, não sei. Eles berravam, xingavam, cantavam, eu não. Preso às bolas, só às bolas. Ia lá e ganhava.

Umas coisas já me desgostavam.

Jogava escondido, está claro. Brigas em casa, choro de mamãe. Eu não levantava a crista não. Até baixava a cabeça.

— Sim senhora.

Mas a malandragem continuava, eu ia escorregando difícil, matando aulas, pingando safadezas. O colégio me enfarava, era isto. Não conseguia prender um pensamento, dando de olhos nos companheiros entretidos com latim e matemática.

— Cambada de trouxas!

Dureza, aquela vida: menino que estuda, que volta à casa todos os dias e que tem papai e tem mamãe. Também não era bom ser Meninão do Caixote, dias largado nas mesas da boca do inferno, considerado, bajulado, mandão, cobra. Mas abastecendo meio mundo e comendo sanduíche, que sinuca é ambiente da maior exploração. Dava dinheiro a muito vadio, era a estia, gratificação que o ganhador dá. Dá por dar, depois do jogo. Acontece que quem não dá, acaba mal. Não custa à curriola atracar a gente lá fora.

Vitorino era meu patrão. Patroou partidas caríssimas, partidas de quinhentos mil-réis. Naquele tempo, quinhentos mil-réis.
Punha-me o dinheiro na mão, mandava-me jogar. Fechava os olhos que o jogo era meu. E era.

– Vai firme!

Às vezes, jogo é jogo, a vantagem do adversário era enorme. E havia três bolas na mesa. Apenas. O cinco, o seis e o sete. Meus olhos interrogavam os olhos sombreados de Vitorino. Sua mão subia no velho gesto, o indicador batendo no médio e no ar ficava o estalo. Enviava:

– Vai pras cabeças! Belisca esse homem, Meninão! – e eu beliscava, mordia, furtava, tomava, entortava, quebrava.

Vitorino era o patrão, eu ganhava, dividíamos a grana.

Aquilo. Aquilo me desgostava. Ô divisão cheia de sócios, de nomes, de mãos a pegarem no meu dinheiro!

Por exemplo: ganhava um conto de réis. Dividia com Vitorino, só me sobravam quinhentos. Pagava tempo e despesas, já eram só quatrocentos. Dava estia ao adversário: lá se iam mais dez por cento – só me sobravam trezentos. Dez por cento sobre um conto. Dava mais alguma estia... Ganhava um conto de réis, ficava só com duzentos.

Estava era sustentando uma cambada, sustentando Vitorino, seus camaradas, suas minas, seus...

– Um dia mando tudo pra casa do diabo.

Não mandava ninguém. Vitorino trocava as bolas, mexia os pauzinhos, fazia negaça, eu aceitava a sua charla macia.

Uma vez, quebrando Zé da Lua, jogador fino, malandro perigoso da caixeta, do baralho e da sinuca, eu ouvi esta, depois de ganhar dois contos:

– Meu, neste jogo não tem malandro.

E eu ia aprendendo – o joguinho castiga por princípio, castiga sempre, na ida e na vinda o jogo castiga. Ganhar ou perder, tanto faz.

Tinha juízo aquele Zé da Lua.

O jogo acabava, eu pegava os duzentos mil-réis, tocava para casa. Ia murcho. Haveria briga com mamãe.

Jogo e minas.

E papai estando fora, eu já fazia madrugada, resvalando, sorrateiro. Eu evoluí um truque para a janela do meu quarto em noite alta eu chegando. Meter o ferro enviesado, por fora; destravar o fecho vertical...

Mamãe me via chegar e, às vezes, fingia não ver. Depois, de mansinho, eu me deitava. E depois vinha ela e eu fingia dormir. Ela sabia que eu não estava dormindo. Mas mamãe me ajeitava as cobertas e aquilo bulia comigo. Porque ia para o seu canto, chorosa.

Mamãe, coitadinha.

Larguei uma, larguei duas, larguei muitas vezes o joguinho.

Entrava nos eixos. No colégio melhorava, tornava-me outro, me ajustava ao meu nome.

Vitorino arrumava um jogo bom, me vinha buscar. Eu desguiando,

desguiando, resistia. Ele dando em cima. Se papai estava fora, eu acabava na mesa. Tornava à mesa com fome das bolas, e era uma piranha, um relógio, um bárbaro. Jogando como sabia.

Essas reaparições viravam boato, corriam os salóes, exageravam um Meninão do Caixote como nunca fui.

Vitorino, traquejado. Começava a exploração. Eu caía, por princípio; depois explodia, socava a mesa:

– Este joguinho de graça é caro!

Fechava a mão, batia e jurava em cima da mesa.

Mamãe readquiria seu jeito quieto, criatura miúda. Os pés pequenos voltavam a pedalar descansados.

Tiririca, o grande Tiririca, elas por elas, era quase taco invicto antes do meu surgimento. E não parava jogo perdendo, empenhava o relógio, anel, empenhava o chapéu, mas o jogo não parava. Ficava fervendo, uma raiva presa, que o deixava fulo, branco, furta-cor... Os parceirinhos gozavam à boca pequena.

– O bicho tá tiririca.

Ficou se chamando Tiririca.

Mas era um grande taco. Perdendo é que era grande. Mineiro, mulato, teimoso, tanta manha, quanta fibra.

Um brigador. Um dos poucos que conheci com um estilo de jogo. Bonito, com puxadas, com efeitos, com um domínio da branca! Classe. Joguinho certo, ô batida de relógio, aparato, fantasia, cadência, combinação, ô tacada de feliz acabamento! A sua força eram as forras. Os revides em grande estilo. Porque para Tiririca tanto fazia jogar uma hora, doze horas ou dois dias. O homem ficava verde na mesa, curtia sono e curtia fome, mas não dava o gosto.

– O jogo é jogado, meu.

Levava a melhor vida. Vadiava, viajava, tinha patrões caros, consideração dos policiais. E se o jogo minguava, Tiririca largava o taco e torcia o nariz com orgulho:

– Eu tenho meus bons ofícios.

Ia trabalhar como poceiro.

Bem. Tiririca se encabulou comigo, estrebuchou, rebolou comigo durante sete horas e perdeu. Tudo. Empenhou o paletó por cinquenta mil-réis e perdeu.

– Esse moleque não é Deus!

Bem. Voltava agora, com a sede e o dinheiro, exigindo o reencontro, prometendo me estraçalhar.

– Quero a forra.

Vitorino me buscou. Eu não queria mais nada.

Do lado de lá da rua, em frente ao colégio, Vitorino estava parado. Passavam ônibus, crianças, passavam mulheres, bondes, Vitorino ficava. Dois meses sem vê-lo e ele era o mesmo. Eu lhe explicaria bem devagar que não queria mais nada com o joguinho. As coisas passavam de novo, Vitorino ficava. Ficava, ficava. Seu chapéu, suas mãos, sua camisa sem gravata. Magro, encardido, trapo, caricatura. Desguiei, busquei um modo:

– Não dá pé.

Vitorino cortou com um agrado rasgado. Como escapar àquele raio de simpatia e à fala camarada? Vitorino tinha uma bossa que não acabava mais! Afinal, cedi para bater um papo.

Afinal, entre tacos...

– Nêgo, não dá pé.

Tiririca. A conversa já mudou. O malandro em São Paulo, querendo jogo comigo, aquilo me envaidecia... Tiririca me procurando.

Mas caí no meu tamanho, afrouxei, quase três meses sem pegar no taco, fora de forma, uma barata tonta, não daria mais nada.

– Que nada, meu!

Tiririca era um perigoso. Deveria estar tinindo.

– Mas você é a força!

Vitorino já me conhecia, aguentava, aguentava. Até que eu:

– Pois vou!

Ele se abriu no macio rebolado:

– Aí, meu Meninão do Caixote!

Era um domingo.

Dia claro, intenso, desses dias de outubro. Um sol... Desses dias de São Paulo, que ninguém precisa dizer que é domingo. Inesperados, dadivosos, e no entanto, malucos – costumam virar duma hora para outra.

O último jogo. O jogo era em Vila Leopoldina, que assim marcou Tiririca. No ônibus uma coisa ia comigo. Era o último, perdesse ou ganhasse. Bem falando, eu não queria nem jogar, ia só tirar uma cisma, quebrar Tiririca duma vez, acabar com a conversa. Não por mim, que eu não queria jogo. Mas pelo gosto de Vitorino, da curriola, não sabia. Saltei na rua de terra.

Ninguém precisava dizer que aquilo era um domingo...

– Ô Meninão do Caixote!

Na manhã quente, um que me saudava. Cobra já conhecido e muito considerado, eu encontrava nos bilhares, amigos de muitos lados.

Prometera voltar em casa para o almoço. Claro que voltaria. Tiririca era duro, eu sabia. Deixá-lo. Eu lhe quebraria a fibra. Fibra, orgulho, teima, eu mandaria tudo para a casa do diabo. Já havia mandado uma vez...

A curriola estava formada quando o jogo começou.

O salão se povoou, se encheu, ferveu. Gente por todo o canto, assim era quando eu jogava e os homens carregavam apostas entre si. O dono do bar me sorria, vinha trazer o giz americano, vinha me adular. Eu cobra, mandão. As mãos de Vitorino atiçavam.

– Larga a brasa, Meninão! Dá-lhe, Meninão! Vamos deixar esse cara duro, durinho. De pernas pro ar!

Desacatos fazem parte da picardia do jogo. E na encabulação e no desacato Vitorino era professor.

Mas Tiririca estava terrível. Afiado, comendo as bolas, embocando tudo, naquele domingo estava terrível. Contudo, na sinuca eu trazia uma coisa comigo. Mais jogasse o parceirinho, mais eu jogaria. Uma vontade desesperada me crescia, me tomava por inteiro e eu me aferrava. Jogava o jogo. Suor, apertava os beiços e me atirava. Não queria saber de mais nada. Então, era um relógio, um bárbaro no fogo do jogo, não havia mais taco para mim. E se o jogo era mole eu também me afrouxava.

Tiririca era um sujeito de muito juízo. Mas na velha picardia, eu lhe fui mostrando aos poucos os meus dentes de piranha. E quando o mulato quis embalar o jogo a linha de frente era minha.

Uma e meia no relógio do bar e eu pensei em mamãe. Ali, rodando a mesa, o caixote para aqui, para ali, como as horas voavam!

Começamos, por fim, as partidas de um conto.

Fui ao mictório, urinei, lavei a cara. Lavando aos poucos, molhando as pálpebras, deixando a água escorrer. Pensei com esperança em liquidar logo aquele jogo; mamãe estaria esperando.

Voltei, ajeitei o caixote. A curriola me olhava. Assim, sempre assim, os olhos abotoados na gente, tudo para enervar. Raiva daquele jogo não acabar duma vez. Passei giz americano no taco.

– A saída é minha.

Como aquilo se prolongava e como era dolorido! Ganhei uma, ganhei duas, Tiririca estava danado.

– Vai a dois contos! Se eu perder, paro o jogo.

Tiririca parar o jogo? Parava nada, aquele não parava. Perdia as cuecas, perdia os cabelos, mas o jogo não parava.

No entanto, daquela mão, o mineiro já estava quebrado, sem nada, quebradinho. Arriscando os últimos. Vitorino sério, firme, de pé, era muito dinheiro numa partida. E se o jogo virasse?... A força de Tiririca eram as forras.

Suspirei, alívio, suor frio, luz da esperança. Luz da certeza, que o jogo era meu! Estourei num entusiasmo bruto, que a curriola se espantou. Minha mão se fechou no ar e o indicador quase espetava o peito de Tiririca.

– Vou te quebrar, moço. Vou te roubar depressinha!

O mineiro dissimulava a raiva:

– O jogo é jogado...

Puxei o caixote, ajeitei, giz no taco, bastante giz, giz americano, do bom. E saí pela bola cinco!

Uma saída maluca, Vitorino reprovou. Mas o cinco caiu.

Vitorino suspirou:

– Que bola!

A curriola se assanhou, cochichos, apostas se dobravam.

Elogiado, embalado, joguei o jogo. Joguei o máximo, na batida em que ia, Tiririca nem teria tempo de jogar, que eu ia fechar o jogo, acabar com as bolas. Ia cantando os pontos:

– Vinte e seis.

A curriola estava boba. O dono do bar parado, na mão um litro vazio de boca para baixo. Vitorino saltou da

cadeira, açambarcou todas as alegrias do salão, virou o dono da festa. Numa agitação de criança, erguia o braço magrelo.

– Este bichinho se chama Meninão do Caixote!

Tiririca estatelado, escorava-se ao taco. Batido, batidinho. Uma súplica nos olhos do malandro, quando a bola era lenta e apenas deslizava mansinha, no pano verde. Tiririca perdia a linha:

– Não cai, morfética!

A bola caía. Eu ia embocando e cantando:

– Setenta e um...

Duas bolas na mesa – o seis e o sete. Dei de olhos na colocação da branca, nas caçapas, nas tabelas, e me atirei. Duas vezes meti o seis e o sete meti duas vezes. Fechei a partida com noventa pontos; foram vinte minutos embocando bolas, um bárbaro, embocando, contando pontos e Tiririca não teve chance. Ali, parado, olhando, o taco na mão.

O jogo acabou. Primeiras discussões em torno da mesa, gabos, trocas de dinheiro.

Vinha chorosa de fazer dó. Mamãe surgindo na cortina verde, vinha miudinha, encolhida, trazendo uma marmita. Não disse uma palavra, me pôs a marmita na mão.

– O seu almoço.

Um frio nas pernas, uma necessidade enorme de me sentar. E uma coisa

e crescendo na garganta, crescendo,
boca não aguentava mais, senti que
ão aguentava. Ninguém no meu
gar aguentaria mais. Ia chorar, não
nha jeito.

Que é? Que é isso? Ô Meninão!

ssim me falavam e ao de leve, por
ás, me apertavam os braços. Se foi
itorino, se foi Tiririca, não sei.
ncolhi-me.

choro já serenando, baixo, sem os
luços. Mas era preciso limpar os
hos para ver as coisas direito. Pensei,
m infinito de coisas batucaram na
beça. As grandes paradas, dois anos
e taco, Taquara, Narciso, Zé da Lua,
auí, Tiririca... Tacos, tacos. Todos
tidos por mim. E agora, mamãe me
azendo almoço... Eu ganhava aquilo?
m braço me puxou.

Me deixa.

alei baixo, mais para mim do que
ara eles. Não ia mais pegar no taco.
ivessem paciência. Mas agora eu
tava jurando por Deus.

arguei as coisas e fui saindo. Passei a
ortina, num passo arrastado. Depois
rua. Mamãe ia lá em cima.
inguém precisava dizer que aquilo
a um domingo... Havia namoros,
avia vozes e havia brinquedos na
a, mas eu não olhava. Apertei meu
asso, apertei, apertando, chispei. Ia
uase chegando.

ossas mãos se acharam. Nós nos
hamos, não dissemos nada. E
mos subindo a rua.

Que João Antônio (São Paulo, 1937 – Rio de Janeiro, 1996) é um dos clássicos da língua portuguesa e um dos mestres universais do conto, todos os que se aproximam de sua literatura reconhecem. Mas o que muita gente não sabe é que João Antonio foi um dos grandes mestres do jornalismo brasileiro, pertencente à equipe que fundou a revista Realidade, *de grande voga na década de 1960. É dele o mérito de ter batizado a imprensa alternativa que combatia o regime militar de 1964 como "imprensa nanica" – há muita gente que despreza ainda hoje esse nome, não reconhecendo nele o episódio bíblico de Davi e Golias em que se baseia. Em seus contos transparece sempre a sua íntima solidariedade com os desvalidos da vida, os abandonados, os ninguéns que são todo mundo das periferias das grandes cidades brasileiras. João Antonio soube ler a identidade desses supostos ninguéns, tão pessoas (ou às vezes mais) quanto qualquer um dos letrados a quem hoje suas letras continuam encantando. Autor reconhecido internacionalmente, com vários livros publicados, João Antonio evoca nesse seu "Meninão do Caixote" que a mesa de bilhar ou sinuca pode também ser uma escola – e que escola!*

Vinicius de Moraes

Os politécnicos

Fui a São Paulo, a convite do Grêmio dos Politécnicos, bater um papo com os rapazes em sua faculdade. Recusei-me a fazer uma palestra, pois sou homem de língua emperrada; mas os motivos para a minha ida, como me foram apresentados pelos futuros engenheiros paulistas, pareceram-me bastante válidos, além de modestos. Têm eles que a carreira escolhida oferece o perigo de canalizar o pensamento para problemas puramente tecnológicos, em prejuízo de uma humanização mais vasta, tal como a que pode ser adquirida em contato com o homem em geral e as artes em particular.

Há muito não me sentava diante de tantos moços, com um microfone na mão, para lhes responder sobre o que desse e viesse. "Quem sou eu – perguntei-me, não sem uma certa amargura – "quem sou eu, que não sei sequer consertar uma tomada elétrica, para arrogar-me o direito de vir responder às perguntas destes jovens que amanhã estarão construindo obras concretas e positivas para auxiliar o desenvolvimento deste louco país?" Mas eles, aparentemente, pensavam o contrário, pois puseram-se a bombardear-me de perguntas que, falar verdade, não dependiam em nada de cálculos, senão de experiência, bom-senso e um grão de poesia. Providenciaram mesmo uma bonita cantorazinha de nome Mariana, que estreava na boate Cave (de onde partiram para a fama Almir Ribeiro e Morgana) para cantar coisas minhas e de Antônio Carlos Jobim: o que era feito depois de eu responder se acreditava ou não em Deus, como explicava a existência de mulheres feias e o que pensava de João Gilberto.

A homenagem foi simpática, mas no meio daquilo tudo comecei a ser tomado por uma sensação estranha. Aqueles rapazes todos que estavam ali, cada um com a sua personalidade própria – João gostando de romance *Lolita*, Pedro detestando; Luís preferindo mulatas, Carlos louras; Francisco acreditando em Karl Marx, Júlio em Jânio Quadros; Kimura preferindo filme de mocinho, Giovanni gostando mais de cinema francês – já não

os tinha visto eu em outras circunstâncias, em outros tempos? Aquele painel de rostos desabrochando para a vida, aqueles olhos sequiosos ao mesmo tempo de amor e de conhecimento, não eram eles o primeiro plano de uma imagem que se ia perder no vórtice de uma perspectiva interminável, como num jogo de espelhos? Atrás de cada uma daquelas faces não havia o fotograma menor de outra face, como ela ávida de saber o porquê das coisas, e atrás dessa outra, e mais outra, e outra ainda? Vi-os, de repente, todos fardados me olhando, atentos às instruções de guerra que eu lhes dava em voz monótona: "Os três grupos decolarão em intervalos de cinco minutos, e deixarão cair sua carga de bombas nos objetivos A, B e C, tal como se vê no mapa. É favor acertarem os relógios...". Mariana cantava, um pouco tímida diante de tantos rapazes, a minha "Serenata do Adeus":

Ai, vontade de ficar mas tendo de ir embora...

Qual daqueles moços seria um dia ministro? Qual seria assassino? Quem, dentre eles, trairia primeiro o anjo de sua própria mocidade? Qual viraria grã-fino? Qual ficaria louco?

Tive vontade de gritar-lhes: "Não acreditem em mim! Eu também não sei nada! Só sei que diante de mim existe aberta uma grande porta escura, e além dela é o infinito – um infinito que não acaba nunca! Só sei que a vida é muito curta demais para viver e muito longa demais para morrer!".

Mas ao olhar mais uma vez seus rostos pensativos diante da canção que lhes falava das dores de amar, meu coração subitamente se acendeu numa grande chama de amor por eles, como se eles fossem todos filhos meus. E eu me armei de todas as armas da minha esperança no destino do homem para defender minha progênie, e bebi do copo que eles me haviam oferecido, e porque estávamos todos um pouco emocionados, rimos juntos quando a canção terminou. E eu fiquei certo de que nenhum deles seria nunca um louco, um traidor ou um assassino porque eu os amava tanto, e o meu amor haveria de protegê-los contra os males de viver.

O ponto de partida desta crônica é a ida do poeta carioca a São Paulo para, segundo ele, "bater um papo" com os estudantes da Escola Politécnica. Saiu publicada no livro Para viver um grande amor, *em 1962. Vinicius tinha então 49 anos e era um dos principais poetas ligados ao movimento musical da bossa nova, com grandes parcerias com Tom Jobim e outros compositores famosos. O movimento estudantil radicalizava suas propostas e ampliava seus campos de atuação, organizando eventos culturais de peso no cenário nacional.*

145

Ivan Angelo
Promessa

Eu pretendo escrever essa história em três parágrafos. No primeiro, a mulher, professora de grupo escolar, faz uma promessa, e temos então uma melopeia com a densidade e o perfume do incenso: me ajude, Santa Teresinha, não me deixe sozinha resolvendo tudo, eu não fui preparada para essa vida, eu não posso com a brutalidade das pessoas, eu já nem aguento andar de ônibus e não é tanto pela força que é preciso ter para se conseguir um lugar, é mais o ter de olhar a cara das pessoas que vão lá dentro, aquelas caras cansadas, Santa Teresinha, todo mundo com um problema, e eu fico pensando que nos outros ônibus tem outras e mais outras e  outras pessoas, cada uma com um problema, uns homens ali encostando as mãos no corpo das mocinhas e elas deixando, cansadas, ou nem sentindo, cansadas, minha Santa Teresinha, mas não é isso, é que eu não aguento essa infelicidade, eu tenho sido ridícula por infelicidade, eu vejo uma menina pobre na rua pedindo dinheiro e não consigo não chorar e do mesmo modo eu me vejo como se fosse alguém me vendo, uma pessoazinha ridícula chorando porque tem uma menina pobre pedindo dinheiro, será que essa mulher não tem um prazer na vida, pra andar nessa choradeira, está-se vendo que não tem, olha aí, essa bolsa, essas sandálias ridículas, esse vestidinho ridículo, tudo sem força e sem vida, Santa Teresinha, eu fui preparada para o medo, para a sombra, e não consigo ver onde é que estão as pessoas felizes, eu não suporto mais essa infelicidade, eu quero sair da penumbra, desse desânimo, eu quero luz, Santa Teresinha, e ela vai assim nessa queixa, talvez seja necessário um pouco mais de fervor religioso que reforce o fato de ela recorrer à promessa, de reivindicar através da intercessão de uma santa, dizer que é um direito dela ter alguma felicidade, que Deus não pode negar-lhe isso, não é justo, se é um teste que ele está fazendo comigo diz pra ele que um teste de 35 anos é muita coisa, é como se eu fosse uma criança que não ganhou doce da mesa de aniversário, me desculpe falar assim, mas está muito difícil essa vida em que nada acontece de bom, essa solidão, essa falta de beijo, esse irmão doente, essas alunas subnutridas, ah minha Santa Teresinha, me arruma pelo menos força para enfrentar a infelicidade dos outros sem chorar, pelo menos essa dureza de todo mundo, me faça mais forte menos chorona e eu prometo dar todo mês um dia de minha vida à caridade e ao trabalho pelos pobres.

No segundo parágrafo vêm algumas peripécias muito simples e resolvidas em duas ou três cenas, que funcionam para a criação de um clima de espera ansiosa e encaminhamento do desfecho. O leitor talvez já saiba pela tradição que depois de fazer uma promessa para Santa Teresinha aguarda-se um aviso de que o pedido vai ser atendido, mas como nem todos conhecem essas crenças populares, ou porque são pessoas de cidade muito grande, ou porque seguem outra religião que não a da personagem, é melhor explicar numa frase ou duas que esse aviso da santa é uma rosa que a pessoa recebe, dada por qualquer pessoa, e não se pode pedir, e tem de ser rosa, que é a flor preferida da santa. Então, é preciso descrever a angústia da mulher à espera dessa rosa, ela olhando para as pessoas com cara de me dá uma rosa, gente, pelo amor de  Deus, ou pelo menos com a cara que ela imagina que alguém faria se quisesse ganhar uma rosa, até sorri de maneira meio fácil para o florista do Arouche, arriscando uma cantada grossa ou uma oferta delicada, mas nada acontece para desespero dela, talvez pelo mesmo motivo que a levou à promessa, por ser feinha e sem graça, e ela pensa meu Deus, ninguém vê a alma das pessoas, ninguém vê como sou bonita lá no meu íntimo, lá onde eu sei que a generosidade e a vontade de ajudar todo mundo me impedem de ter raiva desse homem que me recusa uma flor, que me olha como se eu não valesse uma flor, já não digo um beijo, será isso, será por isso que ele não me oferece essa flor que vai jogar no lixo porque está meio murcha, será que ele pensa que com aquela ali não se pode facilitar porque ela vai grudar como visgo e não largar mais e eu sou bonito demais para ficar amarrado numa sem-graceza dessas, e ela vê por ali algumas mulheres nem tão charmosas assim levarem uma rosa vermelha, quem é que está distribuindo rosas vermelhas assim para tantas mulheres, quem é, e procura a direção de onde elas vêm, lá, lá, uma churrascaria, alguma confraternização, algum almoço em homenagem a alguma coisa, aproxima-se mas não pode dizer e eu? e eu? porque a santa não admite que se peça a rosa, será que não viam a sua cara, será que o maître não vê, vê sim, olha para ela, sorri como quem pede licença e fecha a porta com a placa reabrimos às 18 horas.

Após esses dois movimentos, está tudo armado para o desfecho, que deve ter um andamento de adágio e onde vou introduzir mais duas personagens, cada uma com seu ritmo lento interferindo na ação da outra. Uma dessas personagens, a diretora, simples agente involuntária do destino, não precisa ter um contorno psicológico elaborado. Já a menina que vai levar a flor, esta sim, deve ser um pouco trabalhada, pois tem suas motivações pessoais. Começa o adágio com a nossa professora no patamar superior da escadaria do grupo escolar – talvez fosse interessante descrever esse prédio, uma dessas construções de estilo neoclássico tardio da Primeira República, primeira ou segunda década do século no Brasil, com um grande pátio interno central, onde entravam em forma todas as classes de alunos; salas de aula à esquerda e à direita; à frente, dois lances de largas escadas que levavam para as salas de aula do pavimento superior e gabinetes da orientadora e diretora; essas escadas juntavam-se num amplo patamar onde ficavam os mastros das bandeiras do Estado e da Nação, o tarol que tocava para a entrada dos alunos, as professoras, a chefe de disciplina e eventualmente a diretora ou as autoridades de alguma comemoração. Desse patamar, a tal professora olhava as crianças no pátio, ainda soltas e alegres, não chamadas ainda à responsabilidade das filas para entrar nas salas, e foi então que viu aquela dentucinha – como é mesmo o nome dela? – com uma coisa na mão, pensou coisa ainda com medo de que não fosse o que esperava, mas dali mesmo dava para ver que era uma flor, um longo caule, vermelha, uma rosa!, o que fez disparar seu coração numa expectativa que não era ainda felicidade, mas era quase, já emocionada pela gentileza da aluna, a como é que chama, como é mesmo o nome dela?, perguntava-se aflita, como se pudesse estragar tudo por não se lembrar do nome dela, uma atrasadinha, burrinha mesmo, coitada, quase certo que ia tomar bomba, mas tão boazinha, coitadinha, como é mesmo o nome dela?, e foi um alívio quando surgiu no cérebro com toda a certeza o nome Dulce. Com aquela flor Dulce pretendia talvez suborná-la, comprar sua aprovação para o quarto ano, mas a professora – podemos chamá-la Lúcia – Lúcia não estava disposta a se perder por enquanto nesse dilema, queria aproveitar aquela pequena felicidade de quem vai ganhar uma rosa e a atenção de Santa Teresinha, consultava o relógio impaciente à espera do toque da sineta, olhando atentamente o modo como Dulcinha se comportava com a flor, felizmente tomando todos os cuidados, não se metendo no meio da brincadeira das outras meninas, responsável, e essa era uma qualidade que ainda não havia reparado nela, pensava Lúcia um pouco mais condescendente, mas não sei se é bom insinuar aqui uma delicada possibilidade de corrupção, melhor pensar nisso mais um pouco, por enquanto apenas tocar nessa pequena descoberta de uma qualidade de Dulce, quando soa a sineta e meninas e meninos entram em forma, cada classe uma fila, prontos para a aula, e de repente tudo para: a diretora tinha uma recomendação a fazer. Inquieta, mal disfarçando a irritação com a diretora, Lúcia olhava Dulce com a flor, tristinha, dentucinha e aborrecida, quase certo que ia tomar bomba, a menos que passasse a render cem por cento e se recuperasse nos dois últimos meses, pensava ela, irritada com a diretora que se alongava na recomendação que poderia ser curtíssima, certas pessoas não sabem resumir, do uniforme passava para os sapatos, dos sapatos para os cadernos, dos cadernos para o comportamento na rua, fazendo crescer em Lúcia um desejo urgente de flor, em Dulcinha um enjoamento daquilo tudo, um alheamento, ausência, a distração que a fazia aprender tão pouco, que fazia sua cabeça fugir da aritmética, dos mapas, dos verbos, e viajar sozinha por mundos nunca dantes, como agora, passeando a mão distraída sobre a flor, como uma carícia, viajando, dedos alisando o aveludado mais secreto das pétalas, tão bom, tão bom que alisou e arrancou pétala por pétala, lentamente, enquanto a professora olhava atordoada, muda de espanto, um gesto de espere!, uma lágrima já pingando no cimento quente do pátio.

O mineiro Ivan Angelo, nascido em Barbacena, em 1936, tornou-se um dos escritores mais conhecidos de sua geração, embora seja de poucos livros. Em seu livro A face horrível, *publicou este conto escrito em 1962 e reescrito em 1985, no qual todos os tipos de discurso se mesclam para relatar o mundo de esperanças e ilusões da professora que aguarda o sinal de uma mudança em sua vida. Comparecem os temas ligados a uma experiência de iniciação, mas desta vez renovados pela ótica da involuntária crueldade infantil.*

Os desastres de Sofia

Clarice Lispector

Qualquer que tivesse sido o seu trabalho anterior, ele o abandonara, mudara de profissão, e passara pesadamente a ensinar no curso primário: era tudo o que sabíamos dele.

O professor era gordo, grande e silencioso, de ombros contraídos. Em vez de nó na garganta, tinha ombros contraídos. Usava paletó curto demais, óculos sem aro, com um fio de ouro encimando o nariz grosso e romano. E eu era atraída por ele. Não amor, mas atraída pelo seu silêncio e pela controlada impaciência que ele tinha em nos ensinar e que, ofendida, eu adivinhara. Passei a me comportar mal na sala. Falava muito alto, mexia com os colegas, interrompia a lição com piadinhas, até que ele dizia, vermelho:

– Cale-se ou expulso a senhora da sala.

Ferida, triunfante, eu respondia em desafio: pode me mandar! Ele não mandava, senão estaria me obedecendo. Mas eu o exasperava tanto que se tornara doloroso para mim ser o objeto do ódio daquele homem que de certo modo eu amava. Não o amava como a mulher que eu seria um dia, amava-o como uma criança que tenta desastradamente proteger um adulto, com a cólera de quem ainda não foi covarde e vê um homem forte de ombros tão curvos. Ele me irritava. De noite, antes de dormir, ele me irritava. Eu tinha nove anos e pouco, dura idade como o talo não quebrado de uma begônia. Eu o espicaçava, e ao conseguir exacerbá-lo sentia na boca, em glória de martírio, a acidez insuportável da begônia quando é esmagada entre os dentes; e roía as unhas, exultante. De manhã, ao atravessar os portões da escola, pura como ia com meu café com leite e a cara lavada, era um choque deparar em carne e osso com o homem que me fizera devanear por um abismal minuto antes de dormir. Em superfície de tempo fora um minuto apenas, mas em profundidade eram velhos séculos de escuríssima doçura. De manhã – como se eu não tivesse contado com a existência real daquele que desencadeara meus negros sonhos de amor – de manhã, diante do homem grande com seu paletó curto, em choque eu era jogada na vergonha, na perplexidade e na assustadora esperança. A esperança era o meu pecado maior.

Cada dia renovava-se a mesquinha luta que eu encetara pela salvação daquele homem. Eu queria o seu bem, e em resposta ele me odiava. Confundida, eu me tornara o seu demônio e tormento, símbolo do inferno que devia ser para ele ensinar aquela turma risonha de desinteressados. Tornara-se um prazer já terrível o de não deixá-lo em paz. O jogo, como sempre, me fascinava. Sem saber que eu obedecia a velhas tradições, mas com uma sabedoria com que os ruins já nascem - aqueles ruins que roem as unhas de espanto -, sem saber que obedecia a uma das coisas que mais acontecem no mundo, eu estava sendo a prostituta e ele o santo. Não, talvez não seja isso. As palavras me antecedem e ultrapassam, elas me tentam e me modificam, e se não tomo cuidado será tarde demais: as coisas serão ditas sem eu as ter dito. Ou, pelo menos, não era apenas isso. Meu enleio vem de que um tapete é feito de tantos fios que não posso me resignar a seguir um fio só; meu enredamento vem de que uma história é feita de muitas histórias. E nem todas posso contar - uma palavra mais verdadeira poderia de eco em eco fazer desabar pelo despenhadeiro as minhas altas geleiras. Assim, pois, não falarei mais no sorvedouro que havia em mim enquanto eu devaneava antes de adormecer. Senão eu mesma terminarei pensando que era apenas essa macia voragem o que me impelia para ele, esquecendo minha desesperada abnegação. Eu me tornara a sua sedutora, dever que ninguém me impusera. Era de se lamentar que tivesse caído em minhas mãos erradas a tarefa de salvá-lo pela tentação, pois de todos os adultos e crianças daquele tempo eu era provavelmente a menos indicada. "Essa não é flor que se cheire", como dizia nossa empregada. Mas era como se, sozinha com um alpinista paralisado pelo terror do precipício, eu, por mais inábil que fosse, não pudesse senão tentar ajudá-lo a descer. O professor tivera a falta de sorte de ter sido logo a mais imprudente quem ficara sozinha com ele nos seus ermos. Por mais arriscado que fosse o meu lado, eu era obrigada a arrastá-lo para o meu lado, pois o dele era mortal. Era o que eu fazia, como uma criança importuna puxa um grande pela aba do paletó. Ele não olhava para trás, não perguntava o que eu queria, e livrava-se de mim com um safanão. Eu continuava a puxá-lo pelo paletó, meu único instrumento era a insistência. E disso tudo ele só percebia que eu lhe rasgava os bolsos. É verdade que nem eu mesma sabia ao certo o que fazia, minha vida com o professor era invisível. Mas eu sentia que meu papel era ruim e perigoso: impelia-me a voracidade por uma vida vida real que tardava, e pior que inábil, eu também tinha gosto em lhe rasgar os bolsos. Só Deus perdoaria o que eu era porque só Ele sabia do que me fizera e para o quê. Eu me deixava, pois, ser matéria d'Ele. Ser matéria de Deus era a minha única bondade. E a fonte de um nascente misticismo. Não misticismo por Ele, mas pela matéria d'Ele, mas pela vida crua e cheia de prazeres: eu era uma adoradora. Aceitava a vastidão do que eu não conhecia e a ela me confiava toda, com segredos de confessionário. Seria para as escuridões da ignorância que eu seduzia o professor? E com o ardor de uma freira na cela. Freira alegre e monstruosa, ai de mim. E nem disso eu poderia me vangloriar: na classe todos nós éramos igualmente monstruosos e suaves, ávida matéria de Deus.

Mas se me comoviam seus gordos ombros contraídos e seu paletozinho apertado, minhas gargalhadas só conseguiam fazer com que ele, fingindo a que custo me esquecer, mais contraído ficasse de tanto autocontrole. A antipatia que esse homem sentia por mim era tão forte que eu me detestava. Até que meus risos foram definitivamente substituindo minha delicadeza impossível.

Aprender eu não aprendia naquelas aulas. O jogo de torná-lo infeliz já me tomara demais. Suportando com desenvolta amargura as minhas pernas compridas e os sapatos sempre cambaios, humilhada por não ser uma flor, e sobretudo torturada por uma infância enorme que eu temia nunca chegar a um fim - mais infeliz eu o tornava e sacudia com altivez a minha única riqueza: os cabelos escorridos que eu planejava ficarem um dia bonitos com permanente e que por conta do futuro eu já exercitava sacudindo-os. Estudar eu não estudava, confiava na minha vadiação sempre bem sucedida e que também ela o professor tomava como mais uma provocação da menina odiosa. Nisso ele não tinha razão. A verdade é que não me sobrava tempo para estudar. As alegrias me ocupavam, ficar atenta me tomava dias e dias; havia os livros de história que eu lia roendo de paixão as unhas até o sabugo, nos meus primeiros êxtases de tristeza, refinamento que eu já descobrira; havia meninos que eu escolhera e que não me haviam escolhido, eu perdia horas de sofrimento porque eles eram inatingíveis, e mais outras horas de sofrimento aceitando-os com ternura, pois o homem era o meu rei da Criação; havia a esperançosa ameaça do pecado, eu me ocupava com medo em esperar; sem falar que estava permanentemente ocupada em querer e não querer ser o que eu era, não me decidia por qual de mim, toda eu é que não podia; ter nascido era cheio de erros a corrigir. Não, não era para irritar o professor que eu não estudava; só tinha tempo de crescer. O que eu fazia para todos os lados, com uma falta de graça que mais parecia o resultado de um erro de cálculo: as pernas não combinavam com os olhos, e a boca era emocionada enquanto as mãos se esgalhavam sujas - na minha pressa eu crescia sem saber para onde. O fato de um retrato da época me revelar, ao contrário, uma menina bem plantada, selvagem e suave, com olhos pensativos embaixo da franja pesada, esse retrato real não me desmente, só faz é revelar uma fantasmagórica estranha que eu não compreenderia se fosse a sua mãe. Só muito depois, tendo finalmente me organizado em corpo e sentindo-me fundamentalmente mais garantida, pude me aventurar e estudar um pouco; antes, porém, eu não podia me arriscar a aprender, não queria me disturbar - tomava intuitivo cuidado com o que eu era, já que eu não sabia o que era, e com vaidade cultivava a integridade da ignorância. Foi pena o professor não ter chegado a ver aquilo em que quatro anos depois inesperadamente eu me tornaria: aos 13 anos, de mãos limpas, banho tomado, toda composta e bonitinha, ele me teria visto como um cromo de Natal à varanda de um sobrado. Mas, em vez dele, passara embaixo um ex-amiguinho meu, gritara alto o meu nome, sem perceber que eu já não era mais um moleque e sim uma jovem digna cujo nome não pode mais ser berrado pelas calçadas de uma cidade. "Que é ?", indaguei do intruso com a maior frieza. Recebi então como resposta gritada a notícia de que o professor morrera naquela madrugada. E branca, de olhos muito abertos, eu olhara a rua vertiginosa a meus pés. Minha compostura quebrada como a de uma boneca partida.

Voltando a quatro anos atrás. Foi talvez por tudo o que contei, misturado e em conjunto, que escrevi a composição que o professor mandara, ponto de desenlace dessa história e começo de outras. Ou foi apenas por pressa de acabar de qualquer modo o dever para poder brincar no parque.

- Vou contar uma história - disse ele -, e vocês façam a composição. Mas usando as palavras de vocês. Quem for acabando não precisa esperar pela sineta, já pode ir para o recreio.

O que ele contou: um homem muito pobre sonhara que descobrira um tesouro e ficara muito rico; acordando, arrumara sua trouxa, saíra em busca de tesouro; andara o mundo inteiro e continuava sem achar o tesouro; cansado, voltara para a sua pobre, pobre casinha; e como não tinha o que comer, começara a plantar no seu pobre quintal; tanto plantara, tanto colhera, tanto começara a vender que terminara ficando muito rico.

Ouvi com ar de desprezo, ostensivamente brincando com o lápis, como se quisesse deixar claro que suas histórias não me ludibriavam e que eu bem sabia quem ele era. Ele contara sem olhar uma só vez para mim. É que na falta de jeito de amá-lo e no gosto de persegui-lo, eu também o acossava com o olhar: a tudo o que ele dizia eu respondia com um simples olhar direto, do qual ninguém em sã consciência poderia me acusar. Era um olhar que eu tornava bem límpido e angélico, muito aberto, como o da candidez olhando o crime. E conseguia sempre o mesmo resultado: com perturbação ele evitava meus olhos, começando a gaguejar. O que me enchia de um poder que me amaldiçoava. E de piedade. O que por sua vez me irritava. Irritava-me que ele obrigasse uma porcaria de criança a compreender um homem.

Eram quase dez horas da manhã, em breve soaria a sineta do recreio. Aquele meu colégio, alugado dentro de um dos parques da cidade, tinha o maior campo de recreio que já vi. Era tão bonito para mim como seria para um esquilo ou um cavalo. Tinha árvores espalhadas, longas descidas e subidas e estendida relva. Não acabava nunca. Tudo ali era longe e grande, feito para pernas compridas de menina, com lugar para montes de tijolo e madeira de origem ignorada, para moitas de azedas begônias que nós comíamos, para sol e sombras onde as abelhas faziam mel. Lá cabia um ar livre imenso. E tudo fora vivido por nós: já tínhamos rolado de cada declive, intensamente cochichado atrás de cada monte de tijolo, comido de várias flores e em todos os troncos havíamos a canivete gravado datas, doces nomes feios e corações transpassados por flechas; meninos e meninas ali faziam o seu mel.

Eu estava no fim da composição e o cheiro das sombras escondidas já me chamava. Apressei-me. Como eu só sabia "usar minhas próprias palavras", escrever era simples. Apressava-me também o desejo de ser a primeira a atravessar a sala - o professor terminara por me isolar em quarentena na última carteira - e entregar-lhe insolente a composição, demonstrando-lhe assim minha rapidez, qualidade que me parecia essencial para se viver e que, eu tinha certeza, o professor só podia admirar.

Entreguei-lhe o caderno e ele o recebeu sem ao menos me olhar. Melindrada, sem um elogio pela minha velocidade, saí pulando para o grande parque.

A história que eu transcrevera em minhas próprias palavras era igual à que ele contara. Só que naquela época eu estava começando a "tirar a moral das histórias", o que, se me santificava, mais tarde ameaçaria sufocar-me em rigidez. Com alguma faceirice, pois, havia acrescentado as frases finais. Frases que horas depois eu lia e relia para ver o que nelas haveria de tão poderoso a ponto de enfim ter provocado o homem de um modo como eu própria não conseguira até então. Provavelmente o que o professor quisera deixar implícito na sua história triste é que o trabalho árduo era o único modo de se chegar a ter fortuna. Mas levianamente eu concluíra pela moral oposta: alguma coisa sobre o tesouro que se disfarça, que está onde menos se espera, que é só descobrir, acho que falei em sujos quintais com tesouros. Já não me lembro, não sei se foi exatamente isso. Não consigo imaginar com que palavras de criança teria eu exposto um sentimento simples mas que se torna pensamento complicado. Suponho que, arbitrariamente contrariando o sentido real da história, eu de algum modo já me prometia por escrito que o ócio, mais que o trabalho, me daria as grandes recompensas gratuitas, as únicas a que eu aspirava. É possível também que já então meu tema de vida fosse a irrazoável esperança, e que eu já tivesse iniciado a minha grande obstinação: eu daria tudo o que era meu por nada, mas queria que tudo me fosse dado por nada. Ao contrário do trabalhador da história, na composição eu sacudia dos ombros todos os deveres e dela saía livre e pobre, e com um tesouro na mão.

Fui para o recreio, onde fiquei sozinha com o prêmio inútil de ter sido a primeira, ciscando a terra, esperando impaciente pelos meninos que pouco a pouco começaram a surgir da sala.

No meio das violentas brincadeiras resolvi buscar na minha carteira não me lembro o quê, para mostrar ao caseiro do parque, meu amigo e protetor. Toda molhada de suor, vermelha de uma felicidade irrepresável que se fosse em casa me valeria uns tapas – voei em direção à sala de aula, atravessei-a correndo, e tão estabanada que não vi o professor a folhear os cadernos empilhados sobre a mesa. Já tendo na mão a coisa que eu fora buscar, e iniciando outra corrida de volta – só então meu olhar tropeçou no homem.

Sozinho à cátedra: ele me olhava.

Era a primeira vez que estávamos frente a frente, por nossa conta. Ele me olhava. Meus passos, de vagarosos, quase cessaram.

Pela primeira vez eu estava só com ele, sem o apoio cochichado da classe, sem a admiração que minha afoiteza provocava. Tentei sorrir, sentindo que o sangue me sumia do rosto. Uma gota de suor correu-me pela testa. Ele me olhava. O olhar era uma pata macia e pesada sobre mim. Mas se a pata era suave, tolhia-me toda como a de um gato que sem pressa prende o rabo do rato. A gota de suor foi descendo pelo nariz e pela boca, dividindo ao meio o meu sorriso. Apenas isso: sem uma expressão no olhar, ele me olhava. Comecei a costear a parede de olhos baixos, prendendo-me toda a meu sorriso, único traço de um rosto que já perdera os contornos. Nunca havia percebido como era comprida a sala de aula; só agora, ao lento passo do medo, eu via o seu tamanho real. Nem a minha falta de tempo me deixara perceber até então como eram austeras e altas as paredes; e duras, eu sentia a parede dura na palma da mão. Num pesadelo, do qual sorrir fazia parte, eu mal acreditava poder alcançar o âmbito da porta - de onde eu correria, ah como correria! a me refugiar no meio de meus iguais, as crianças. Além de me concentrar no sorriso, meu zelo minucioso era o de não fazer barulho com os pés, e assim eu aderia à natureza íntima de um perigo do qual tudo o mais eu desconhecia. Foi num arrepio que me adivinhei de repente como num espelho: uma coisa úmida se encostando à parede, avançando devagar na ponta dos pés, e com um sorriso cada vez mais intenso. Meu sorriso cristalizara a sala em silêncio, e mesmo os ruídos que vinham do parque escorriam pelo lado de fora do silêncio. Cheguei finalmente à porta, e o coração imprudente pôs-se a bater alto demais sob o risco de acordar o gigantesco mundo que dormia.

Foi quando ouvi meu nome.

De súbito pregada ao chão, com a boca seca, ali fiquei de costas para ele sem coragem de me voltar. A brisa que vinha pela porta acabou de secar o suor do corpo. Virei-me devagar, contendo dentro dos punhos cerrados o impulso de correr.

Ao som de meu nome a sala se desipnotizara.

E bem devagar vi o professor todo inteiro. Bem devagar vi que o professor era muito grande e muito feio, e que ele era o homem de minha vida. O novo e grande medo. Pequena, sonâmbula, sozinha, diante daquilo a que a minha fatal liberdade finalmente me levara. Meu sorriso, tudo o que sobrara de um rosto, também se apagara. Eu era dois pés endurecidos no chão e um coração que de tão vazio parecia morrer de sede. Ali fiquei, fora do alcance do homem. Meu coração morria de sede, sim. Meu coração morria de sede.

Calmo como antes de friamente matar ele disse:

– Chegue mais perto...

Como é que um homem se vingava?

Eu ia receber de volta em pleno rosto a bola de mundo que eu mesma lhe jogara e que nem por isso me era conhecida. Ia receber de volta uma realidade que não teria existido se eu não a tivesse temerariamente adivinhado e assim lhe dado vida. Até que ponto aquele homem, monte de compacta tristeza, era também monte de fúria? Mas meu passado era agora tarde demais. Um arrependimento estoico manteve erecta a minha cabeça. Pela primeira vez a ignorância, que até então fora o meu grande guia, desamparava-me. Meu pai estava no trabalho, minha mãe morrera há meses. Eu era o único eu.

– ... Pegue o seu caderno... – acrescentou ele.

A surpresa me fez subitamente olhá-lo. Era só isso, então!? O alívio inesperado foi quase mais chocante que o meu susto anterior. Avancei um passo, estendi a mão gaguejante.

Mas o professor ficou imóvel e não entregou o caderno.

Para a minha súbita tortura, sem me desfitar, foi tirando lentamente os óculos. E olhou-me com olhos nus que tinham muitos cílios. Eu nunca tinha visto seus olhos que, com as inúmeras pestanas, pareciam duas baratas doces. Ele me olhava. E eu não soube como existir na frente de um homem. Disfarcei olhando o teto, o chão, as paredes, e mantinha a mão ainda estendida porque não sabia como recolhê-la. Ele me olhava manso, curioso, com os olhos despenteados como se tivesse acordado. Iria ele me amassar com mão inesperada? Ou exigir que eu me ajoelhasse e pedisse perdão. Meu fio de esperança era que ele não soubesse o que eu lhe tinha feito, assim como eu mesma já não sabia, na verdade eu nunca soubera.

- Como é que lhe veio a ideia do tesouro que se disfarça?

- Que tesouro? - murmurei atoleimada.

Ficamos nos fitando em silêncio.

- Ah, o tesouro! - precipitei-me de repente mesmo sem entender, ansiosa por admitir qualquer falta, implorando-lhe que meu castigo consistisse apenas em sofrer para sempre de culpa, que a tortura eterna fosse a minha punição, mas nunca essa vida desconhecida.

- O tesouro que está escondido onde menos se espera. Que é só descobrir. Quem lhe disse isso?

O homem enlouqueceu, pensei, pois que tinha a ver o tesouro com aquilo tudo? Atônita, sem compreender, e caminhando de inesperado a inesperado, pressenti no entanto um terreno menos perigoso. Nas minhas corridas eu aprendera a me levantar das quedas mesmo quando mancava, e me refiz logo: "foi a composição do tesouro! Esse então deve ter sido o meu erro!" Fraca, e embora pisando cuidadosa na nova e escorregadia segurança, eu no entanto já me levantara o bastante da minha queda para poder sacudir, numa imitação da antiga arrogância, a futura cabeleira ondulada: - Ninguém, ora... - respondi mancando. - Eu mesma inventei -, disse trêmula, mas já recomeçando a cintilar.

Se eu ficara aliviada por ter alguma coisa enfim concreta com que lidar, começava no entanto a me dar conta de algo muito pior. A súbita falta de raiva nele. Olhei-o intrigada, de viés. E aos poucos desconfiadíssima. Sua falta de raiva começara a me amedrontar, tinha ameaças novas que eu não compreendia. Aquele olhar que não me desfitava - e sem cólera... Perplexa, e a troco de nada, eu perdia o meu inimigo e sustento. Olhei-o surpreendida. Que é que ele queria de mim? Ele me constrangia. E seu olhar sem raiva passara a me importunar mais do que a brutalidade que eu temera. Um medo pequeno, todo frio e suado, foi me tomando. Devagar, para ele não perceber, recuei as costas até encontrar atrás delas a parede, e depois a cabeça recuou até não ter mais para onde ir. Daquela parede onde eu me engastara toda, furtivamente olhei-o.

E meu estômago se encheu de uma água de náusea. Não sei contar.

Eu era uma menina muito curiosa e, para a minha palidez, eu vi. Eriçada, prestes a vomitar, embora até hoje não saiba ao certo o que vi. Mas sei que vi. Vi tão fundo quanto numa boca, de chofre eu via o abismo do mundo. Aquilo que eu via era anônimo como uma barriga aberta para uma operação de intestinos. Vi uma coisa se fazendo na sua cara - o mal-estar já petrificado subia com esforço até a sua pele, vi a careta vagarosamente hesitando e quebrando uma crosta - mas essa coisa que em muda catástrofe se desenraizava, essa coisa ainda se parecia tão pouco com um sorriso como se um fígado ou um pé tentassem sorrir, não sei. O que vi, vi tão de perto que não sei o que vi. Como se meu olho curioso se tivesse colado ao buraco da fechadura e em choque deparasse do outro lado com

154

outro olho colado me olhando. Eu vi dentro de um olho. O que era tão incompreensível como um olho. Um olho aberto com sua gelatina móvel. Com suas lágrimas orgânicas. Por si mesmo o olho chora, por si mesmo o olho ri. Até que o esforço do homem foi se completando todo atento, e em vitória infantil ele mostrou, pérola arrancada da barriga aberta - que estava sorrindo. Eu vi um homem com entranhas sorrindo. Via sua apreensão extrema em não errar, sua aplicação de aluno lento, a falta de jeito como se de súbito ele se tivesse tornado canhoto. Sem entender, eu sabia que pediam de mim que eu recebesse a entrega dele e de sua barriga aberta, e que eu recebesse o seu peso de homem. Minhas costas forçaram desesperadamente a parede, recuei - era cedo demais para eu ver tanto. Era cedo demais para eu ver como nasce a vida. Vida nascendo era tão mais sangrento do que morrer. Morrer é ininterrupto. Mas ver matéria inerte lentamente tentar se erguer como um grande morto-vivo... Ver a esperança me aterrorizava, ver a vida me embrulhava o estômago. Estavam pedindo demais de minha coragem só porque eu era corajosa, pediam minha força só porque eu era forte. "Mas e eu?", gritei dez anos depois por motivos de amor perdido, "quem virá jamais à minha fraqueza!" Eu o olhava surpreendida, e para sempre não soube o que vi, o que eu vira poderia cegar os curiosos.

Então ele disse, usando pela primeira vez o sorriso que aprendera:

- Sua composição do tesouro está tão bonita. O tesouro que é só descobrir. Você... - ele nada acrescentou por um momento. Perscrutou-me suave, indiscreto, tão meu íntimo como se ele fosse o meu coração.
- Você é uma menina muito engraçada - disse afinal.

Foi a primeira vergonha real de minha vida. Abaixei os olhos, sem poder sustentar o olhar indefeso daquele homem a quem eu enganara.

Sim, minha impressão era a de que, apesar de sua raiva, ele de algum modo havia confiado em mim, e que então eu o enganara com a lorota do tesouro. Naquele tempo eu pensava que tudo o que se inventa é mentira, e somente a consciência atormentada do pecado me redimia do vício. Abaixei os olhos com vergonha. Preferia sua cólera antiga, que me ajudara na minha luta contra mim mesma, pois coroava de insucesso os meus métodos e talvez terminasse um dia me corrigindo: eu não queria era esse agradecimento que não só era a minha pior punição, por eu não merecê-lo, como vinha encorajar minha vida errada que eu tanto temia, viver errado me atraía. Eu bem quis lhe avisar que não se acha tesouro à toa. Mas, olhando-o, desanimei: faltava-me a coragem de desiludi-lo. Eu já me habituara a proteger a alegria dos outros, as de meu pai, por exemplo, que era mais desprevenido que eu. Mas como me foi difícil engolir a seco essa alegria que tão irresponsavelmente eu causara! Ele parecia um mendigo que agradecesse o prato de comida sem perceber que lhe haviam dado carne estragada. O sangue me subira ao rosto, agora tão quente que pensei estar com os olhos injetados, enquanto ele, provavelmente em novo engano, devia pensar que eu corara de prazer ao elogio. Naquela mesma noite aquilo tudo se transformaria em incoercível crise de vômitos que manteria acesas todas as luzes de minha casa.

- Você - repetiu então ele lentamente como se aos poucos estivesse admitindo com encantamento o que lhe viera por acaso à boca -, você é uma menina muito engraçada, sabe? Você é uma doidinha... - disse usando outra vez o sorriso como um menino que dorme com os sapatos novos. Ele nem ao menos sabia que ficava feio quando sorria. Confiante, deixava-me ver a sua feiura, que era a sua parte mais inocente.

Tive que engolir como pude a ofensa que ele me fazia ao acreditar em mim, tive que engolir a piedade por ele, a vergonha por mim, "tolo!", pudesse eu lhe gritar, "essa história de tesouro disfarçado foi inventada, é coisa só para menina!" Eu tinha muita consciência de ser uma criança, o que explicava todos os meus graves defeitos, e pusera tanta fé em um dia crescer - e aquele homem grande se deixara enganar por uma menina safadinha. Ele matava em mim pela primeira vez a minha fé nos adultos: também ele, um homem, acreditava como eu nas grandes mentiras...

... E de repente, com o coração batendo de desilusão, não suportei um instante mais - sem ter pegado o caderno corri para o parque, a mão na boca como se me tivessem quebrado os dentes. Com a mão na boca, horrorizada, eu corria, corria para nunca parar, a prece profunda não é aquela que pede, a prece mais profunda é a que não pede mais - eu corria, eu corria muito espantada.

Na minha impureza eu havia depositado a esperança de redenção nos adultos. A necessidade de acreditar na minha bondade futura fazia com que eu venerasse os grandes, que eu fizera à minha imagem, mas a uma imagem de mim enfim purificada pela penitência do crescimento, enfim liberta da alma suja de menina. E tudo isso o professor agora destruía, e destruía meu amor por ele e por mim. Minha salvação seria impossível: aquele homem também era eu. Meu amargo ídolo que caíra ingenuamente nas artimanhas de uma criança confusa e sem candura, e que se deixara docilmente guiar pela minha diabólica inocência... Com a mão apertando a boca, eu corria pela poeira do parque.

Quando enfim me dei conta de estar bem longe da órbita do professor, sofreei exausta a corrida, e quase a cair encostei-me em todo o meu peso no tronco de uma árvore, respirando alto, respirando. Ali fiquei ofegante e de olhos fechados, sentindo na boca o amargo empoeirado do tronco, os dedos mecanicamente passando e repassando pelo duro entalhe de um coração com flecha. E de repente, apertando os olhos fechados, gemi entendendo um pouco mais: estaria ele querendo dizer que... que eu era um tesouro disfarçado? O tesouro onde menos se espera... Oh não, não, coitadinho dele, coitado daquele rei da Criação, de tal modo precisara... de quê? De que precisara ele?... que até eu me transformara em tesouro.

Eu ainda tinha muito mais corrida dentro de mim, forcei a garganta seca a recuperar o fôlego, e empurrando com raiva o tronco da árvore recomecei a correr em direção ao fim do mundo.

Mas ainda não divisara o fim sombreado do parque, e meus passos foram se tornando mais vagarosos, excessivamente cansados. Eu não podia mais. Talvez por cansaço, mas eu sucumbia. Eram passos cada vez mais lentos e a folhagem das árvores se balançava lenta. Eram passos um pouco deslumbrados. Em hesitação fui parando, as árvores rodavam altas. É que uma doçura toda estranha fatigava meu coração. Intimidada, eu hesitava. Estava sozinha na relva, mal em pé, sem nenhum apoio, a mão no peito cansado como a de uma virgem anunciada. E de cansaço abaixando àquela suavidade primeira uma cabeça finalmente humilde que de muito longe talvez lembrasse a de uma mulher. A copa das árvores se balançava para a frente, para trás. "Você é uma menina muito engraçada, você é uma doidinha", dissera ele. Era como um amor.

Não, eu não era engraçada. Sem nem ao menos saber, eu era muito séria. Não, eu não era doidinha, a realidade era o meu destino, e era o que em mim doía nos outros. E, por Deus, eu não era um tesouro. Mas se eu antes já havia descoberto em mim todo o ávido veneno com que se nasce e com que se rói a vida - só naquele instante de mel e flores descobria de que modo eu curava: quem me amasse, assim eu teria curado quem sofresse de mim. Eu era a escura ignorância com suas fomes e risos, com as pequenas mortes alimentando a minha vida inevitável - que podia eu fazer? Eu já sabia que eu era inevitável. Mas se eu não prestava, eu fora tudo o que aquele homem tiver naquele momento. Pelo menos uma vez ele teria que amar, e sem ser a ninguém - através de alguém. E só eu estivera ali. Se bem que esta fosse a sua única vantagem: tendo apenas a mim, e obrigado a iniciar-se amando o ruim, ele começara pelo que poucos chegavam a alcançar. Seria fácil demais querer o limpo; inalcançável pelo amor era o feio, amar o impuro era a nossa mais profunda nostalgia. Através de mim, a difícil de se amar, ele recebera, com grande caridade por si mesmo, aquilo de que somos feitos. Entendia eu tudo isso? Não. E não sei o que na hora entendi. Mas assim como por um instante no professor eu vira com aterrorizado fascínio o mundo - e mesmo agora ainda não sei o que vi, só que para sempre e em um segundo eu vi - assim eu nos entendi, e nunca saberei o que entendi. Nunca saberei o que eu entendo. O que quer que eu tenha entendido no parque foi, com um choque de doçura, entendido pela minha ignorância. Ignorância que ali em pé - numa solidão sem dor, não menor que a das árvores - eu recuperava inteira, a ignorância e a sua verdade incompreensível. Ali estava eu, a menina esperta demais, e eis que tudo o que em mim não prestava servia a Deus e aos homens. Tudo o que em mim não prestava era o meu tesouro.

Como uma virgem anunciada, sim. Por ele me ter permitido que eu o fizesse enfim sorrir, por isso ele me anunciara. Ele acabara de me transformar em mais do que o rei da Criação: fizera de mim a mulher do rei da Criação. Pois logo a mim, tão cheia de garras e sonhos, coubera arrancar de seu coração a flecha farpada. De chofre explicava-se para que eu nascera com mão dura, e para que eu nascera sem nojo da dor. Para que te servem essas unhas longas? Para te arranhar de morte e para arrancar os teus espinhos mortais, responde o lobo do homem. Para que te serve essa cruel boca de fome? Para te morder e para soprar a fim de que eu não te doa demais, meu amor, já que tenho que te doer, eu sou o lobo inevitável pois a vida me foi dada. Para que te servem essas mãos que ardem e prendem? Para ficarmos de mãos dadas, pois preciso tanto, tanto, tanto - uivaram os lobos, e olharam intimidados as próprias garras antes de se aconchegarem um no outro para amar e dormir.

... E foi assim que no grande parque do colégio lentamente comecei a aprender a ser amada, suportando o sacrifício de não merecer, apenas para suavizar a dor de quem não ama. Não, esse foi somente um dos motivos. É que os outros fazem outras histórias. Em algumas foi de meu coração que outras garras cheias de duro amor arrancaram a flecha farpada, e sem nojo de meu grito.

Este conto de Clarice, publicado em A legião estrangeira, *em 1964, tornou-se um clássico sobre o tema da iniciação de uma jovem nos segredos da vida, em que se enraízam e se desenraízam as mudas catástrofes do amor, tema por demais característico de toda a obra da autora. Clarice nesta época tinha 38 anos, já era uma escritora reconhecida pela crítica como entre os melhores de sua geração.*

Rubem Fonseca

A FORÇA HUMANA

Já quebrei meus grilhões, dirás talvez. Também o cão, com grande esforço, arranca-se da cadeia e foge.
Mas, preso à coleira, vai arrastando um bom pedaço da corrente.
Pérsio – Sat.V – 158

Eu queria seguir em frente mas não podia. Ficava parado no meio daquele monte de crioulos – uns balançando o pé, ou a cabeça, outros mexendo os braços; mas alguns, como eu, duros como um pau, fingindo que não estavam ali, disfarçando que olhavam um disco na vitrina, envergonhados. É engraçado um sujeito como eu sentir vergonha de ficar ouvindo música na porta da loja de discos. Se eles tocam a é pras pessoas ouvirem; e se eles não gostassem da gente ficar ali ouvindo era só desligar e pronto: tod mundo desguiava logo; além disso só tocam música legal, daquelas que você tem que ficar ouvindo e qu faz mulher boa na rua andar diferente, como cavalo do Exército na frente da banda.

A questão é que passei a ir lá todos os dias. Às vezes eu estava na janela da academia do João, no intervalo de um exercício, e lá de cima via o montinho na porta da loja e não aguentava – me vestia correndo, enquanto o João perguntava, "aonde é que você vai rapaz? Você ainda não terminou o agachamento", e ia direto para lá. O João ficava maluco com esse troço pois tinha cismado que ia me preparar para o concurso do melhor físico do ano e queria que eu malhasse quatro horas por dia e eu parava no meio e ia para a calçada ouvir música. "Você está maluco", dizia ele, "assim não é possível, eu acabo me enchendo com você, você está pensando que eu sou palhaço?"

Ele tinha razão, fui pensando nesse dia, ele reparte comigo a comida que recebe de casa, me dá vitaminas que a mulher dele que é enfermeira arranja, aumentou meu ordenado de auxiliar de instrutor de alunos s para que eu não vendesse mais sangue e pudesse me dedicar aos exercícios, puxa!, quanta coisa, e eu nã reconhecia e ainda mentia para ele; podia dizer para ele não me dar mais dinheiro, dizer a verdade: que a Leninha dava para mim tudo que eu queria, que eu podia até comer em restaurante, se quisesse, era só dizer para ela: quero mais. De longe vi logo que tinha mais gente que de costume na porta da porta da lo gente diferente da que ia lá; algumas mulheres. Tocava um samba de balanço infernal – tum schtictum tu os dois alto-falantes grandes na porta estavam de lascar, enchiam a praça de música. Então eu vi, no asfalto, sem dar a menor bola para os carros que passavam perto, esse crioulo dançando. Pensei: outro maluco pois a cidade está cada vez mais cheia de maluco, de maluco e de viado. Mas ninguém ria. O crioulo estava de sapato marrom todo cambaio, numa calça mal-ajambrada, rota no rabo, camisa branca manga comprida suja e suava pra burro. Mas ninguém ria. Ele fazia piruetas, misturava passo de twist con samba de gafieira, mas ninguém ria. Ninguém ria porque o cara dançava o fino e parecia que dançava nu palco, ou num filme, um ritmo danado, eu nunca tinha visto um negócio daqueles. Nem eu nem ninguém, pois os outros também olhavam para ele embasbacados. Pensei: isso é coisa de maluco mas maluco não dança desse jeito, para dançar desse jeito o sujeito tem que ter boas pernas e bom molejo, mas é preciso também ter boa cabeça. Ele dançou três músicas do longplay que estava tocando e quando parou todo mundo começou a falar um com o outro, coisa que nunca acontece na porta da loja pois as pessoas ficam lá ouvindo música caladas. Então o crioulo apanhou uma cuia que estava no chão perto da árvore e a turma foi colocando notas na cuia que ficou logo cheia. Ah, está explicado, pensei. E pensei também que Rio estava ficando diferente; antigamente você via um ou outro ceguinho tocando um troço qualquer, às vezes acordeão, outras violão, tinha até um que tocava pandeiro acompanhado de rádio de pilha – mas dançarino era a primeira vez que eu via. Já vi também uma orquestra de três paus de arara castigando cocos e baiões e o garoto tocando o tico-tico no fubá nas garrafas cheias d'água. Já vi. Mas dançarino! Botei 200 pratas na cuia. Ele colocou a cuia cheia de dinheiro perto da árvore, no chão, tranquilo e seguro de que ninguém ia mexer na gaita dele, e voltou a dançar.

Ele era alto; no meio da dança, sem parar de dançar, arregaçou as mangas da camisa, um troço até bonito, parecia bossa ensaiada mas acho que ele estava era com calor, e apareceram dois braços muito musculosos que a camisa larga escondia. Esse cara é definição pura, pensei, e isso não foi palpite pois basta olhar para qualquer sujeito vestido que chega na academia pela primeira vez para dizer que tipo de peitoral ele tem ou qual o seu abdômen, se a sua musculatura dá para inchar ou para definir. Nunca erro.

Começou a tocar uma música chata, dessas de cantor de voz fina e o crioulo parou de dançar, voltou para a calçada, tirou um lenço imundo do bolso e limpou o suor do rosto. O grosso debandou, só ficaram mesmo os que sempre ficam para ouvir música com ou sem show. Cheguei perto do crioulo e disse que ele tinha dançado o fino. Ele riu. Conversa vai conversa vem ele explicou que nunca tinha feito aquilo antes. "Quer dizer, fiz uma outra vez. Um dia eu passei aqui e me deu uma coisa, quando eu vi estava dançando no asfalto. Dancei uma música só, mas um cara embolou uma notinha e jogou no meu pé. Era um cabral. Hoje eu vim de cuia. Sabe como é, estou duro que nem, que nem – ." "Poste", disse eu. Ele olhou para mim, dessa maneira que ele tinha de olhar para a gente sem a gente saber o que ele estava pensando. Será que pensava que eu estava gozando ele? Tem poste branco também, ou não tem?, pensei. Deixei passar. Perguntei, "você faz ginástica?" "Que ginástica?, meu chapa." "Você tem o físico de quem faz ginástica". Ele deu uma risada mostrando uns dentes branquíssimos e fortes e sua cara que era bonita ficou feroz como a de um gorila grande. Sujeito estranho, "Você faz?", perguntou ele. "O quê?" "Ginástica", e me olhou de alto a baixo, sem me dar nenhuma pala, mas eu também não estava interessado no que ele estava pensando; o que os outros pensam da gente não interessa, só interessa o que a gente pensa da gente; por exemplo, se eu pensar que eu sou uma merda, eu sou mesmo, mas se alguém pensar isso de mim o que que tem?, eu não preciso de ninguém, deixa o cara pensar, na hora de pegar para capar é que eu quero ver. "Faço peso", disse. "Peso"? "Halterofilismo." "Ah, ah!", riu de novo, um gorila perfeito. Me lembrei do Humberto de quem diziam que tinha a força de dois gorilas e quase a mesma inteligência. Qual seria a força do crioulo? "Como é o seu nome?", perguntei, dizendo antes o meu. "Vaterloo", disse ele, "se escreve com dábliu". "Olha Waterloo, você quer ir até à Academia onde eu faço ginástica?" Ele olhou um pouco para o chão, depois pegou a cuia e disse "vamos". Não perguntou nada, fomos andando, enquanto ele punha o dinheiro no bolso, todo embolado, sem olhar para as notas.

Quando chegamos na academia João estava de baixo da barra com o Corcundinha. "João, esse é o Waterloo", eu disse. João me olhou atravessado, dizendo "quero falar contigo", e foi andando para o vestiário. Fui atrás. "Assim não é possível, assim não é possível", disse o João. Pela cara dele vi que ele estava piçudo comigo. "Você parece que não entende" continuou ele, "tudo que eu estou fazendo é para o teu bem, se você fizer o que eu digo você papa esse campeonato com uma perna nas costas e depois você está feito; como é que você pensa que eu cheguei ao ponto em que eu cheguei?; foi sendo o melhor físico do ano. Mas tive que fazer força, não foi parando a série no meio não, foi malhando de manhã e de tarde, dando duro, mas hoje tenho academia, tenho automóvel, tenho 200 alunos, tenho o meu nome feito, estou comprando apartamento. E agora eu quero te ajudar e você não ajuda. É de amargar. O que eu ganho com isso? Um aluno da minha academia ganhar o campeonato? Tenho o Humberto, não tenho? O Gomalina, não tenho?, o Fausto, o Donzela – mas escolho você entre todos esses e essa é a paga que você me dá." "Você tem razão", disse eu enquanto tirava a roupa e colocava a minha sunga. Ele continuou: "Se você tivesse a força de vontade do Corcundinha! Cinquenta e três anos de idade! Quando chegou aqui, há seis meses, você sabe disso, estava com uma doença horrível que comia os músculos das costas dele e deixava a espinha sem apoio, o corpo cada vez caindo mais para os lados, chegava a dar medo. Disse para mim que estava ficando cada vez menor e mais torto, que os médicos não sabiam porra nenhuma, nem injeções nem massagens estavam dando jeito nele; teve nego aqui que ficou de boca aberta olhando para ele, o peito pontudo feito chapéu de almirante, a corcunda saliente, e todo torcido para frente, para o lado, fazendo caretas, dava até vontade de vomitar só de olhar para ele. Falei pro Corcundinha, te ponho bom, mas você tem que fazer tudo que eu mandar, tudo, tudo, não vou fazer um Steve Reeves de você, mas daqui a seis meses você será outro homem. Olha ele agora. Fiz um milagre? Ele fez o milagre, foi ele, castigando, sofrendo, penando, suando: não há limite para a força humana!"

Eu deixei o João gritar essa história toda pra ver se a chateação dele comigo passava. Disse, pra deixar ele de bom humor, "teu peitoral está bárbaro". João abriu os dois braços e fez os peitorais saltarem, duas massas enormes, cada peito devia pesar dez quilos; mas ele não era o mesmo das fotografias espalhadas pela parede. Ainda de braços abertos, João caminhou para o espelho grande da parede e ficou olhando lateralmente o seu corpo. "É esse supino que eu quero que você faça: em três fases – sentado, deitado de cabeça para baixo na prancha e deitado no banco; no banco eu faço de três maneiras, vem ver." Deitou-se no banco com a cara sob o peso apoiado no cavalete. "Assim, fechado, as mãos quase juntas; depois uma abertura média e finalmente as mãos bem abertas nos extremos da barra. Viu como é? Já botei na tua ficha nova. Você vai ver o teu peitoral dentro de um mês", e dizendo isso me deu um soco forte no peito.

"Quem é esse crioulo?", perguntou João olhando Waterloo, que sentado num banco batucava calmamente. "Esse é o Waterloo", respondi, "eu trouxe ele para fazer uns exercícios, mas ele não pode pagar". "E você acha que eu vou dar aula de graça para qualquer vagabundo que aparece por aqui?" "Ele tem base João, a modelagem deve ser uma sopa, ele tem base." João fez uma careta de desprezo: "O quê, o quê?, esse cara!, ha! manda embora, manda embora, você tá maluco." "Mas você ainda não viu, João, a roupa dele não ajuda." "Você viu?" "Vi", menti, "vou arranjar uma sunga para ele". Dei a sunga para o crioulo, dizendo, "veste isso, lá dentro".

Eu ainda não tinha visto o crioulo sem roupa, mas fazia fé: a postura dele só seria possível com uma musculatura firme. Mas fiquei preocupado: e se ele só tivesse esqueleto? O esqueleto é importante, é a base de tudo, mas tirar um esqueleto do zero é duro como o diabo, exige tempo, comida, proteína e o João não ia querer trabalhar em cima de osso.

Waterloo de sunga saiu do vestiário. Veio andando normalmente: ele ainda não conhecia os truques dos veteranos, não sabia que mesmo numa aparente posição de repouso é possível retesar toda a musculatura, mas isso é um troço difícil de fazer, como por exemplo saltar a asa e os tríceps ao mesmo tempo, e ainda simultaneamente os costureiros e os reto-abdominais, e os bíceps e o trapézio, e tudo harmoniosamente sem parecer que o cara está tendo um ataque epilético; – ele não sabia fazer isso, nem podia, é coisa de mestre, mas no entanto, vou dizer, aquele crioulo tinha o desenvolvimento muscular cru mais perfeito que eu já vi na minha vida. Até o Corcundinha parou o seu exercício e veio ver. Sob a pele fina de um negro profundo e brilhante, diferente do preto fosco de certos crioulos, os seus músculos se distribuíam e se ligavam, dos pés à cabeça, num crochê perfeito.

"Te dependura aqui na barra", disse o João. "Aqui?", perguntou Waterloo, já debaixo da barra. "É. Quando a tua testa chegar na altura da barra, para." Waterloo começou a suspender o corpo, mas no meio do caminho riu e pulou para o chão. "Não quero palhaçada aqui não, isso é coisa séria", disse João, "vamos novamente". Waterloo subiu e parou como o João tinha mandado. João ficou olhando para ele. "Agora, lentamente, leva o queixo acima da barra. Lentamente. Agora desce, lentamente. Agora volta à posição inicial e para." João examinou o corpo de Waterloo. "Agora, sem mexer o tronco, levanta as duas pernas, retas e juntas." E o crioulo começou a levantar as pernas, devagar, e com facilidade, e a musculatura do seu corpo parecia uma orquestra afinada, os músculos funcionando em conjunto, uma coisa bonita e poderosa. João devia estar impressionado, pois ele mesmo começou sem saber a contrair os próprios músculos e então notei que eu, e o próprio Corcundinha fazíamos o mesmo, como a cantar em coro uma música irresistível; e João disse, com uma voz amiga que ele não usava para aluno nenhum, "pode descer", e o crioulo desceu e João continuou, "você já fez ginástica?" e Waterloo respondeu negativamente e João arrematou "é não fez mesmo não, eu sei que não fez; olha vou contar para vocês, isso acontece uma vez em cem milhões; que cem milhões, um bilhão! Que idade você tem?" "Vinte anos", disse Waterloo. "Posso fazer você famoso, você quer ficar famoso?", perguntou João. "Pra quê?", perguntou Waterloo, realmente interessado em saber para quê. "Pra quê? Pra quê? Você é gozado, que pergunta mais besta", disse João. Para quê, eu fiquei pensando, é mesmo, para quê?, para os outros verem a gente na rua e dizerem lá vai o famoso Fulanéco? "Para quê João?", perguntei. João me olhou como se eu tivesse xingado a mãe dele. "Ué, você também, que coisa! Vivo cercado de imbecis, o que vocês têm na cabeça, hein? ahn?" O João de vez em quando perdia a paciência. Acho que ele estava com uma vontade doida de ver um aluno dele ganhar o campeonato. "O senhor não explicou para quê", disse Waterloo respeitosamente. "Então explico. Em primeiro lugar para não andar esfarrapado como um mendigo, e tomar banho quando quiser, e comer: peru, morango, você já comeu morango?, e ter um lugar confortável para morar, e ter mulher, não uma nega fedorenta, uma loura se você quiser, muitas mulheres, andando atrás de você, brigando para ter você, entendeu? Vocês nem sabem o que é isso, vocês são uns bunda-sujas mesmo." Waterloo olhou para João, mais surpreso que qualquer outra coisa, mas eu fiquei com raiva; me deu vontade de sair na mão com ele ali mesmo, não por causa do que ele havia dito de mim, eu quero que ele se foda, mas por ele estar sacaneando o crioulo; cheguei até a imaginar como seria a briga: ele é mais forte, mas eu sou mais ágil, um pouco mais ágil e ele um pouco mais forte, eu ia ter que brigar em pé, na base da cutelada – olhei para o pescoço grosso dele: tinha que ser ali no gogó, um pau seguro no gogó, mas para dar um cacete caprichado ali por dentro eu ia ter que me colocar meio lateral e a minha base não ficava tão firme se ele viesse com um passa-pé; e por dentro o bloqueio ia ser fácil, o João tinha reflexo: me lembrei dele treinando o Mauro para aquele vale-tudo com o Juarez em que o Mauro foi estraçalhado; reflexo ele tinha, estava gordo mas era um tigre; bater dos lados não adiantava, ia ter que bater muito, ali eram duas chapas de aço; eu podia ir para o chão tentar uma finalização limpa, uma chave de braço; duvidoso. "Vamos botar a roupa, vamos embora", disse para Waterloo. "O que que há?", perguntou João, apreensivo, "você está zangado comigo?" Eu bufei e disse: "sei lá, estou com o saco cheio disso tudo, quase me embucetei contigo ainda agora, é bom você ficar sabendo". João ficou tão nervoso que perdeu a pose, sua barriga chegou a estufar como se fosse uma fronha de travesseiro, mas não era medo da briga não, disse ele não tinha medo, ele estava era com medo de perder o campeonato. "Você ia fazer isso com o teu amigo", cantou ele, "você é como um irmão para mim, e ia brigar comigo?" Então ele fingiu uma cara muito compungida, o artista, e sentou abatido num banco com o ar miserável de um sujeito que acaba de ter notícia que a mulher o anda corneando. "Acaba com isso, João, não adianta nada. Se você fosse homem você pedia desculpa." Ele engoliu em seco e disse "tá bem, desculpa, porra! desculpa, você também, desculpa; está bem assim?" Ele tinha dado o máximo, se eu provocasse ele explodia, esquecia o campeonato, apelava para a ignorância, mas eu não ia fazer isso com ele, não só porque a minha raiva já tinha passado depois que briguei com ele em pensamento, mas também porque ele havia pedido desculpa e quando homem pede desculpa a gente desculpa. Apertei a mão dele, solenemente; ele apertou a mão do Waterloo. Eu também apertei a mão do crioulo. Ficamos sérios, como três doutores. "Vou fazer uma série para você, tá", disse João, e Waterloo respondeu, "sim senhor". Eu peguei a minha ficha e disse para João: "vou fazer a rosca direta com 50 quilos e a inversa com 40, o que que você acha?" João sorriu satisfeito, "ótimo, ótimo".

Terminei minha série e fiquei olhando o João ensinar o Waterloo. No princípio a coisa é muito chata, mas o crioulo fazia os movimentos com prazer, e isso é raro: normalmente a gente demora a gostar do exercício. Não havia mistério para Waterloo, ele fazia tudo exatamente como João queria. Não sabia respirar direito, é verdade, o miolo da caixa dele ainda ia ter que abrir, mas bolas, o homem estava começando! Enquanto Waterloo tomava banho João disse para mim: "Estou com vontade de preparar ele também para o campeonato, o que que você acha?" Eu disse que achava uma boa ideia. João continuou: "Com vocês dois em forma é difícil a academia não ganhar. O crioulo só precisa inchar um pouco, definição ele já tem". Eu disse: "Também não é assim não, João; o Waterloo é bom, mas vai precisar malhar muito, ele só deve ter uns 40 de braço." "Tem 42 ou 43", disse João. "Não sei, é melhor medir." João disse que ia medir, braço, antebraço, peito, coxa, barriga da perna, pescoço. "E você, quanto tem de braço?" me perguntou astuto; ele sabia, mas eu disse "46". "Hum... é pouco, hein?, pro campeonato é pouco... faltam seis meses... e você, e você..." "Que que tem eu?" "...Você está afrouxando..." A conversa estava chata e resolvi prometer para encerrar: "Pode deixar João, você vai ver, nesses seis meses eu vou pra cabeça". João me deu um abraço, "você é um cara inteligente... puxa! com a pinta que você tem, sendo campeão!, já imaginou?, retrato no jornal... você vai acabar no cinema, na América, na Itália, fazendo aqueles filmes coloridos; já imaginou?" João colocou várias anilhas de dez quilos no pulley. " Te pulley é de quanto?" perguntou. "80". E essa garota que você tem, como é que vai ser?" Falei seco: "Como é que vai ser o quê?" Ele: "Eu sou teu amigo, lembre-se disso". Eu: "Está certo, você é meu amigo, e daí?" "Tudo que eu falo é para o teu bem." "Tudo que você fala é para o meu bem, e daí?" "Eu sou como um irmão para você". "Você é como um irmão para mim, e daí?" João agarrou a barra do pulley, ajoelhou-se e puxou a barra até o peito enquanto os 80 quilos de anilhas subiam lentamente, oito vezes. Depois: "Qual é o teu peso?" "90". "Então faz o pulley com 90. Mas olha, voltando ao assunto, eu sei que peso dá um tesão grande, tesão, fome, vontade de dormir – mas isso não quer dizer que a gente faça isso sem medida; a gente fica estourando na ponta dos cascos, mas tem que se controlar, precisa disciplina; veja o Nelson, a comida acabou com ele, fazia uma série de cavalo pra compensar, criou massa, isso criou, mas comia como um porco e acabou com um corpo de porco... coitado..." E João fez uma cara de pena. Eu não gosto de comer, e João sabe disso. Notei que Corcundinha, deitado de costas, fazendo um crucifixo quebrado, prestava atenção na nossa conversa. "Eu acho que você anda funçando demais", disse João, "isso não é bom. Você chega aqui toda manhã marcado de chupão, arranhado, no pescoço, no peito, nas costas, nas pernas. Isso nem fica bem, temos uma porção de garotos aqui na academia, é um mau exemplo. Por isso vou te dar um conselho –" e João olhou para mim com uma cara de amigos-amigos-negócios-à-parte, com a cara de contar dinheiro; já se respaldava no crioulo? – "essa garota não serve, arranja uma que queira uma vez só por semana, ou duas, e assim mesmo maneirando". Nesse instante Waterloo surgiu do vestiário e João disse para ele, "Vamos sair que eu vou comprar umas roupas para você; mas é empréstimo, você vai trabalhar aqui na academia e depois me paga." Para mim: "você precisa de um ajudante. Guenta a mão aí, que eu já volto".

Sentei-me, pensando. Daqui a pouco começam a chegar os alunos. Leninha, Leninha. Antes que fizesse uma luz o Corcundinha falou: "Quer ver se eu estou puxando certo na barra?" Fui ver. Eu não gosto de olhar o Corcundinha. Ele tem mais de seis tiques diferentes. "Você está melhorando dos tiques", eu disse; mas que besteira, ele não estava, por que eu disse aquilo? "Estou, não estou?", disse ele satisfeito piscando várias vezes com incrível rapidez o olho esquerdo. "Qual a puxada que você está fazendo?" "Por trás, pela frente, e de mãos juntas na ponta da barra: três séries para cada exercício, com dez repetições. Noventa puxadas, no total, e não sinto nada." "Devagar e sempre", eu disse para ele. "Eu ouvi a tua conversa com o João", disse o Corcundinha. Eu balancei a cabeça. "Esse negócio de mulher é fogo", continuou ele, "eu briguei com a Elza". Raios, quem era a Elza? Por via das dúvidas disse, "é". Corcundinha: "Não era mulher para mim. Mas ocorre que estou agora com essa outra pequena e a Elza vive ligando lá para casa dizendo desaforos para ela, fazendo escândalos. Outro dia na saída do cinema foi de morte. Isso me prejudica, eu sou um homem de responsabilidade". Corcundinha num ágil salto agarrou a barra com as duas mãos e balançou o corpo para a frente e para trás, sorrindo, e dizendo: "essa garota que eu tenho agora é um estouro, um brotinho, trinta anos mais nova do que eu, trinta anos, mas eu ainda estou em forma – ela não precisa de outro homem". Com puxadas rápidas Corcundinha içou o corpo várias vezes, por trás, pela frente, rapidamente: uma dança: horrível: mas não spreguei olho. "Trinta anos mais nova?", disse eu maravilhado. Corcundinha gritou do alto da barra: "trinta anos!; trinta anos!" E dizendo isso Corcundinha deu uma oitava na barra, uma subida de rim e pôs balançar-se pendularmente tentou girar como se fosse uma hélice, seu corpo completamente vermelho do esforço, com exceção da cabeça que ficou mais branca. Segurei suas pernas; ele caiu pesadamente, em pé, no chão. "Eu estou em forma", ofegou. Eu disse, "Corcundinha, você precisa tomar cuidado, você... você não é criança". Ele: "Eu me cuido, eu me cuido, não me troco por nenhum garoto, estou melhor do que quando tinha vinte anos e bastava uma mulher roçar em mim para eu ficar maluco; é toda noite, meu camaradinha, toda noite!" Os músculos do seu rosto, pálpebra, narina, lábio, testa começaram a contrair, vibrar, tremer, pulsar, estremecer, convulsar: os seis tiques ao mesmo tempo. "De vez em quando os tiques voltam?", eu perguntei. Corcundinha respondeu, "é só quando eu fico distraído". Eu olhei para a janela pensando que a gente vive distraído. Lá embaixo estava o montinho em frente à loja e me deu vontade de correr para lá, mas eu não podia deixar a academia sem ninguém.

Depois chegaram os alunos. Primeiro chegou um que queria ficar forte porque tinha espinhas no rosto e voz fina, depois chegou um cara que queria ficar forte para bater nos outros, mas esse não ia bater em ninguém, pois um dia foi chamado para uma decisão e medrou; e chegaram os sujeitos que gostam de olhar no espelho o tempo todo e usar camisa de manga curta apertada pro braço parecer mais forte, e chegaram os garotos de calça Lee, cujo objetivo é desfilar na praia; e chegaram os que só vêm no verão, perto do carnaval, e fazem uma série violenta para inchar rápido e eles vestirem suas fantasias de sarong, riego, qualquer coisa que ponha a musculatura à mostra; e chegaram os coroas cujo objetivo é queimar a linha da barriga, o que é muito difícil, e, depois de certo ponto, impossível; e chegaram os lutadores profissionais: Príncipe Valente, com a sua barba, Testa de Ferro, Capitão Estrela, e a turma do vale-tudo: Mauro, Orlando, Samuel — estes não dão bola pra modelagem, só querem força para ganhar melhor sua vida no ring: não se aglomeram na frente dos espelhos, não chateam pedindo instruções; gosto deles, gosto de treinar com eles nas vésperas de uma luta, quando a academia está vazia: e vê-los sair de uma montanha, escapar de um arm-lock ou então bater quando consigo um estrangulamento perfeito; ou ainda conversar sobre a luta que ganharam ou perderam.

João voltou, e com ele Waterloo de roupa nova. João encarregou o crioulo de arrumar as anilhas, colocar barras e halteres nos lugares certos, "até você aprender para ensinar".

Era de noite quando Leninha telefonou para mim, perguntando a que horas eu ia para casa, para casa dela, e eu disse que não podia passar lá pois ia para minha casa. Ouvindo isso Leninha ficou calada: nos últimos 30 ou 40 dias eu ia toda noite para a casa dela, onde já tinha chinelo, escova de dentes, pijama e uma porção de roupas; ela perguntou se eu estava doente e eu disse que não; e ela ficou outra vez calada, eu também, parecia até que nós queríamos ver quem piscava primeiro; foi ela: "então você não quer me ver hoje?" "Não é nada disso", eu disse, "até amanhã, telefona para mim amanhã, tá bem?"

Fui para a minha casa, para o meu quarto, o quarto que eu alugava de d. Maria, a velha portuguesa que tinha uma catarata no olho e queria me tratar como se fosse um filho. Subi as escadas na ponta dos pés, segurando o corrimão de leve e abri a porta sem fazer barulho. Fui para o meu quarto e deitei imediatamente na cama, depois de tirar os sapatos. No seu quarto a velha ouvia novelas: "Não, não, Rodolfo, eu te imploro!", ouvi do meu quarto; "juras que me perdoas? Perdoar-te, como, se te amo mais que a mim mesmo... Em que pensas? Oh! não me perguntes... Anda, responde... às vezes não sei se és mulher ou esfinge..." Acordei com batidas na porta e d. Maria dizendo, "já lhe disse que ele não está", e Leninha: "a senhora me desculpe, mas ele disse que vinha para casa e eu tenho um assunto urgente para falar com ele". Fiquei quieto: não queria ver ninguém. Não queria ver ninguém — nunca mais. Nunca mais. "Mas ele não está." Silêncio. Deviam estar as duas frente a frente, d. Maria tentando ver Leninha na fraca luz amarela da sala e a catarata atrapalhando, e Leninha... É bom ficar dentro do quarto todo escuro. "... por mais tarde?" "Ele não tem vindo, há mais de um mês que não dorme em casa — mas paga religiosamente, é um bom menino."

Leninha foi embora e a velha estava de novo no quarto: "permiti-me contrariá-lo, perdoe-me a ousadia... mas há um amor que uma vez ferido só encontra sossego no esquecimento da morte... Ana Lucia! Sim, sim, um amor irredutível que paira muito além de todo e qualquer sentimento, amor que por si resume a delícia do céu dentro do coração..." Coitada da velha vibrava com aquelas baboseiras. Coitada? Minha cabeça pesava no travesseiro, uma pedra em cima do meu peito... um menino? Como é que era se menino? Nem isso eu sei, só me lembro que urinava com força, pra cima: ia alto; e também me lembro dos primeiros filmes que vi; e Carolina: mas aí eu já era grande – doze? treze? Já era homem. Um homem. Homem...

De manhã quando ia para o banheiro d. Maria me viu. "Tu dormiste aqui?" ela me pergunto "Dormi." "Veio uma moça te procurar, estava muito inquieta, disse que era urgente." "Eu s quem é, vou falar com ela hoje", e entrei no banheiro. Quando saí d. Maria me pergunto "não vais fazer a barba?" Voltei e fiz a barba. "Agora sim, estás com cara de limpeza", disse d. Maria, que não se desgrudava de mim. Tomei café, ovo quente, pão com manteiga, banana. D. Maria cuidava de mim. Depois fui para a academia.

Quando cheguei lá já encontrei Waterloo. "Como é?, está gostando?", perguntei. "Por enquanto está bom." "Você dormiu aqui?" "Dormi. O seu João disse para e dormir aqui." E não dissemos mais nada, até a chegada do João.

João foi logo dando instruções a Waterloo: "De manhã braço e perna; de tarde peito, costas e abdominal"; e foi vigiar o exercício do crioulo. Para mim não deu bola. Fiquei espiando. "De vez em quando você bebe suco de frutas", dizia João segurando um copo, "assim, ó": – e João encheu a boca de líquido, bochechou engoliu devagar, "viu como é" – e deu o copo para Waterloo que repetiu o que ele tinha feito.

A manhã toda João ficou paparicando o crioulo. Fiquei ensinando os alunos que chegaram. Arrumei os pesos que eles espalhavam pela sala. Waterloo só fez a série. Quando chegou o almoço – seis marmitas – João me disse – "olha não lev a mal, vou repartir a comida com o Waterloo, ele precisa mais do que você, não tem onde almoçar, está duro, e a comida só dá pra dois". Em seguida sentaram-colocando as marmitas sobre a mesa de massagens forrada de jornais e começaram a comer. Com as marmitas vinham sempre dois pratos e talheres.

Eu me vesti e saí para comer, mas estava sem fome e comi dois pastéis num botequim. Quando voltei João e Waterloo estavam esticados nas cadeiras de lona, João contando a história do duro que ele tinha dado para ser campeão.

Um aluno me perguntou como é que fazia o pullover reto e eu fui mostrar para ele, outro ficou falando comigo sobre o jogo do Vasco e o tempo foi passando e chegou hora da série da tarde – 4 horas – e Waterloo e João voltaram para o salão. Waterloo parou perto do leg-press e perguntou como funcionava e João deitou-se mostrou dizendo que o crioulo ia fazer agachamento que era melhor. "Mas agora vamos pro supino", disse ele, "de tarde peito, costas e abdômen, não se esqueça"

Às seis horas mais ou menos o crioulo acabou a série dele. Eu não tinha feito nada. Até aquela hora João não tinha falado comigo. Mas aí disse: "Vou preparar o Waterloo, aluno igual a ele nunca vi, é o melhor que já tive" – e m olhou, rápido e disfarçado; não quis saber onde ele queria chegar; saber, sabia, eu manjo os truques dele, mas não me interessei. Ele continuou, "voc já viu coisa igual? Você não acha que ele pode ser o campeão?" Eu disse: "Talvez; ele tem quase tudo, só falta um pouco de força e de massa". O crioulo que estava ouvindo perguntou: "Massa?" Eu disse, "aumentar um pouco o braço, a perna, o ombro, o peito – o resto está – " ia dizer ótimo mas disse: "bom". O crioulo: "E força?" Eu: "Força é força, um negócio qu tem dentro da gente". Ele: "Como é que você sabe que eu não tenho?" E ia dizer que era palpite, e palpite é palpite, mas ele me olhava de uma maneira que eu não gostei e por isso: "você não tem". "Eu acho que ele tem", disse João, dentro do seu esquema. "Mas o garotão não acredita em mim", disse o crioulo.

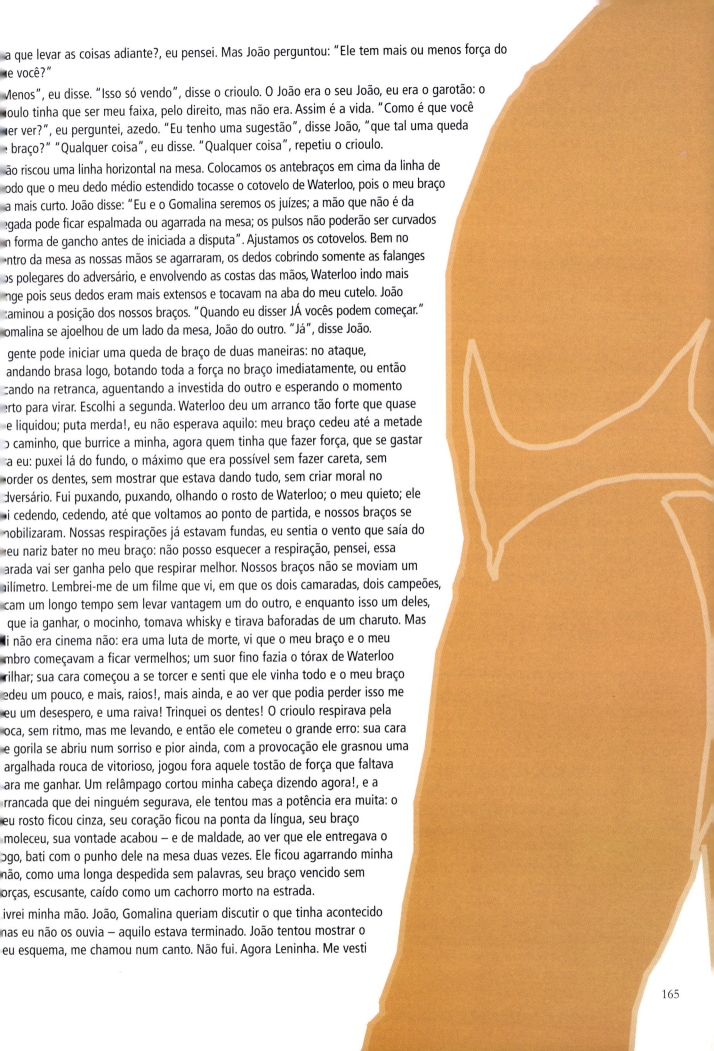

a que levar as coisas adiante?, eu pensei. Mas João perguntou: "Ele tem mais ou menos força do que você?"

"Menos", eu disse. "Isso só vendo", disse o crioulo. O João era o seu João, eu era o garotão: o crioulo tinha que ser meu faixa, pelo direito, mas não era. Assim é a vida. "Como é que você quer ver?", eu perguntei, azedo. "Eu tenho uma sugestão", disse João, "que tal uma queda de braço?" "Qualquer coisa", eu disse. "Qualquer coisa", repetiu o crioulo.

João riscou uma linha horizontal na mesa. Colocamos os antebraços em cima da linha de modo que o meu dedo médio estendido tocasse o cotovelo de Waterloo, pois o meu braço era mais curto. João disse: "Eu e o Gomalina seremos os juízes; a mão que não é da pegada pode ficar espalmada ou agarrada na mesa; os pulsos não poderão ser curvados em forma de gancho antes de iniciada a disputa". Ajustamos os cotovelos. Bem no centro da mesa as nossas mãos se agarraram, os dedos cobrindo somente as falanges dos polegares do adversário, e envolvendo as costas das mãos, Waterloo indo mais longe pois seus dedos eram mais extensos e tocavam na aba do meu cutelo. João examinou a posição dos nossos braços. "Quando eu disser JÁ vocês podem começar." Gomalina se ajoelhou de um lado da mesa, João do outro. "Já", disse João.

A gente pode iniciar uma queda de braço de duas maneiras: no ataque, mandando brasa logo, botando toda a força no braço imediatamente, ou então ficando na retranca, aguentando a investida do outro e esperando o momento certo para virar. Escolhi a segunda. Waterloo deu um arranco tão forte que quase me liquidou; puta merda!, eu não esperava aquilo: meu braço cedeu até a metade do caminho, que burrice a minha, agora quem tinha que fazer força, que se gastar era eu: puxei lá do fundo, o máximo que era possível sem fazer careta, sem morder os dentes, sem mostrar que estava dando tudo, sem criar moral no adversário. Fui puxando, puxando, olhando o rosto de Waterloo; o meu quieto; ele foi cedendo, cedendo, até que voltamos ao ponto de partida, e nossos braços se imobilizaram. Nossas respirações já estavam fundas, eu sentia o vento que saía do meu nariz bater no meu braço: não posso esquecer a respiração, pensei, essa parada vai ser ganha pelo que respirar melhor. Nossos braços não se moviam um milímetro. Lembrei-me de um filme que vi, em que os dois camaradas, dois campeões, ficam um longo tempo sem levar vantagem um do outro, e enquanto isso um deles, o que ia ganhar, o mocinho, tomava whisky e tirava baforadas de um charuto. Mas ali não era cinema não: era uma luta de morte, vi que o meu braço e o meu ombro começavam a ficar vermelhos; um suor fino fazia o tórax de Waterloo brilhar; sua cara começou a se torcer e senti que ele vinha todo e o meu braço cedeu um pouco, e mais, raios!, mais ainda, e ao ver que podia perder isso me deu um desespero, e uma raiva! Trinquei os dentes! O crioulo respirava pela boca, sem ritmo, mas me levando, e então ele cometeu o grande erro: sua cara de gorila se abriu num sorriso e pior ainda, com a provocação ele grasnou uma gargalhada rouca de vitorioso, jogou fora aquele tostão de força que faltava para me ganhar. Um relâmpago cortou minha cabeça dizendo agora!, e a arrancada que dei ninguém segurava, ele tentou mas a potência era muita: o seu rosto ficou cinza, seu coração ficou na ponta da língua, seu braço amoleceu, sua vontade acabou – e de maldade, ao ver que ele entregava o jogo, bati com o punho dele na mesa duas vezes. Ele ficou agarrando minha mão, como uma longa despedida sem palavras, seu braço vencido sem forças, escusante, caído como um cachorro morto na estrada.

Livrei minha mão. João, Gomalina queriam discutir o que tinha acontecido mas eu não os ouvia – aquilo estava terminado. João tentou mostrar o seu esquema, me chamou num canto. Não fui. Agora Leninha. Me vesti sem tomar banho, fui embora sem dizer palavra, seguindo o que meu corpo mandava, sem adeus: ninguém precisava de mim, eu não precisava de ninguém. É isso, é isso.

Eu tinha a chave do apartamento de Leninha. Deitei no sofá da sala, não quis ficar no quarto, a colcha cor-de-rosa, os espelhos, o abajur, a penteadeira cheia de vidrinhos, a boneca sobre a cama estavam me fazendo mal. A boneca sobre a cama: Leninha a penteava todos os dias, mudava sua roupa – calcinha, anágua, soutien; e falava com ela, "minha filhinha linda. Ficou com saudades da mamiquinha?"

Dormi no sofá.

Leninha com um beijo no rosto me acordou. "Você veio cedo, não foi na academia hoje?" "Fui", disse, sem abrir os olhos. "E ontem?, você foi cedo para sua casa?" "Fui", agora olho aberto: Leninha mordia os lábios. "Não brinca comigo não, querido, por favor..." "Fui, não estou brincando." Ela suspirava? "Eu sei que você foi lá em casa. A hora eu não sei; ouvi você falar com d. Maria, ela não sabia que eu estava no quarto." "Fazer uma sujeira dessas comigo!", disse Leninha, aliviada. "Não foi sujeira nenhuma", disse eu. "Não se faz uma coisa dessas com, com... com os amigos." "Eu não tenho amigos, podia ter, até príncipe, se quisesse." "O quê?", disse ela dando uma gargalhada; surpresa. "Eu não sou nenhum vagabundo, conheço príncipe, conde, fique sabendo." Ela riu, "príncipe?! – no Brasil não tem príncipe, só tem príncipe na Inglaterra, você está pensando que eu sou boba". Eu disse, "você é burra, ignorante; e não tem príncipe na Itália? Esse príncipe era italiano." "E você já foi na Itália?" Eu devia ter dito para ela que já tinha comido uma condessa que tinha andado com um príncipe italiano e bolas, quando você anda com uma dona com quem outro cara também andou isso não é uma forma de conhecer ele? Mas também Leninha não ia acreditar nessa história da condessa, que acabou tendo um fim triste como todas as histórias verdadeiras; mas isso eu não conto para ninguém. Fiquei de repente calado e sentindo a coisa que me dá de vez em quando, nas ocasiões em que os dias ficam compridos e isso começa de manhã quando acordo sentindo uma aporrinhação enorme e penso que depois de tomar banho passa, depois de tomar café passa, depois de fazer ginástica passa, depois do dia passar passa, mas não passa e chega a noite e eu estou na mesma, sem querer mulher ou cinema, e no dia seguinte também não acabou. Já fiquei uma semana assim, deixei crescer a barba e olhava as pessoas, não como se olha um automóvel, mas perguntando quem é?, quem é? Quem-é-além-do-nome?, e as pessoas passando na minha frente, gente pra burro neste mundo: quem é?

Leninha me vendo desse jeito apagado como se fosse uma velha fotografia, sacudiu um pano na minha frente dizendo, "olha a camisa bacana que eu comprei para você; veste, veste para eu ver". Eu vesti a camisa e ela disse "você está um pão, vamos na buate?" "Fazer o que na buate?" "Eu quero me divertir, meu bem, trabalhei tanto o dia inteiro." Ela trabalha de dia, só anda com homem casado e a maioria dos homens casados só faz essa coisa de dia. Mas é o dia inteiro. Ela chega cedo na casa da dona Cristina e as nove horas da manhã já tem cara telefonando para ela. O movimento maior é na hora do almoço e no fim da tarde; Leninha não almoça nunca, não tem tempo.

Então fomos à buate. Acho que ela gosta de me mostrar, pois insistiu comigo para levar a camisa nova, escolheu a calça, o sapato e até quis pentear o meu cabelo, mas isso também era demais e eu não deixei. Ela é gozada, não se incomoda que as outras mulheres olhem para mim. Mas só olhar. Se alguma dona vier falar comigo ela fica uma fera.

O lugar era escuro, cheio de infelizes. Mal tínhamos acabado de sentar um sujeito passou pela nossa mesa e disse, "como vai Tânia?" Leninha respondeu, "bem obrigada, como vai o senhor"; ele também ia bem obrigado; me olhou, fez um movimento com a cabeça como se estivesse me cumprimentando e foi para a mesa dele. "Tânia?", perguntei: "Meu nome de guerra", respondeu Leninha. "Mas o teu nome de guerra não é Betty?" perguntei. "É, mas ele me conheceu na casa da d. Viviane, e lá o meu nome de guerra era Tânia."

Nessa hora o cara voltou. Era um coroa, meio careca, bem vestido, enxuto, para a idade dele. Tirou Leninha para dançar. Eu disse: "Ela não vai dançar não, meu chapa". Ele talvez tenha ficado vermelho, no escuro, disse, "eu pensei..." Eu não dei mais pelota pro gorgota, ele estava ali em pé mas não existia; disse para Leninha: "esses caras vivem pensando, o mundo está cheio de pensadores". O sujeito sumiu.

Que coisa horrível isso que você fez", disse Leninha, "ele é meu freguês antigo, advogado, um homem distinto, e você fazer uma coisa dessas com ele. Você foi muito grosseiro". "Grosseiro foi ele, ele não viu que você estava acompanhada, por: um amigo, freguês, namorado, irmão, fosse o que fosse? Devia ter-lhe dado um pontapé na bunda. E que história é essa de Tânia, d. Viviane?" "Isso é uma casa antiga que eu frequentei." "Casa antiga?, que casa antiga?, você não começou na vida o ano passado? que casa antiga?" "Foi logo que eu me perdi, meu bem... no princípio..."

É de amargar.

"Vamos embora", eu disse. "Agora?" "Agora."

Leninha saiu chateada, mas sem coragem de demonstrar. "Vamos pegar um táxi", ela disse. "Por quê?", perguntei, "eu não sou rico para andar de táxi"; esperei que ela dissesse, o dinheiro é meu; mas ela não disse; insisti: "você é boa demais para andar de ônibus, não é?"; ela continuou calada; não desisti: "você é uma mulher fina"; – ; "de classe"; –, "de categoria"; então ela falou, calma, a voz certa, como se nada houvesse: "vamos de ônibus".

Fomos de ônibus, para a casa dela.

"O que que você quer ouvir?", perguntou Leninha. "Nada", respondi. Fiquei nu, enquanto Leninha ia ao banheiro. Com os pés na beira da cama e as mãos no chão fiz 50 mergulhos. Leninha voltou nua do banheiro. Ficamos os dois nus, parados dentro do quarto, como se fôssemos estátuas.

No princípio, esse princípio era bom: nós ficávamos nus e fingíamos, sabendo que fingíamos, que estávamos à vontade: ela fazia pequenas coisas, arrumava a cama, prendia os cabelos, mostrando em todos os ângulos o corpo firme e saudável – o pé e os seios, a bunda e os joelhos, o ventre e o pescoço; eu fazia uns mergulhos, depois um pouco de tensão de Charles Atlas, como quem não quer nada, mas mostrando o animal perfeito que eu também era, e sentindo, o que ela devia também sentir, um prazer enorme por saber que estava sendo observado com desejo, até que ela olhava sem rebuços para o lugar certo e dizia com uma voz funda e arrepiada, como se estivesse sentindo o medo de quem vai se atirar num abismo, "meu bem", e então a representação terminava e partíamos um para o outro como duas crianças aprendendo a andar, e nos fundíamos, e fazíamos loucuras, e não sabíamos de que gargantas os gritos saíam, e implorávamos um ao outro que parasse mas não parávamos, e redobrávamos a nossa fúria, como se quiséssemos morrer naquele momento de força, e subíamos e explodíamos, girando em rodas roxas e amarelas de fogo que saíam dos nossos olhos e dos nossos ventres e dos nossos músculos e dos nossos líquidos e dos nossos espíritos e da nossa dor pulverizada; depois a paz: ouvíamos alternadamente o bater forte dos nossos corações sem sobressalto: eu botava o meu ouvido no seu seio e em seguida ela, por entre os lábios exaustos, soprava de leve o meu peito, aplacando; e sobre nós descia um vazio que era como se a gente tivesse perdido a memória.

Mas naquele dia ficamos parados como se fôssemos duas estátuas. Então me envolvi no primeiro pano que encontrei, e ela fez o mesmo e sentou-se na cama e disse, "eu sabia que ia acontecer", e foi isso, e portanto ela, que eu considerava uma idiota, que me fez entender o que tinha acontecido; vi então que as mulheres têm dentro delas uma coisa que as faz entender o que não é dito; "meu bem, o que que eu fiz?", ela perguntou, e eu fiquei com uma pena danada dela; com tanta pena que deitei ao seu lado, arranquei a roupa que a envolvia, beijei os seus seios, me excitei pensando em antigamente, e comecei a amá-la, como um operário no seu ofício, e inventei gemidos, e apertei-a com força calculada. Seu rosto começou a ficar úmido, primeiro em torno dos olhos, depois a face toda; ela disse: "o que que vai ser de você sem mim?", e com a voz saíram também os soluços.

Botei minha roupa, enquanto ela ficava na cama, com um braço sobre os olhos. "Que horas são?", ela perguntou. Eu disse, "três e quinze." "Três e quinze... quero marcar a última hora que eu estou te vendo...", disse Leninha. E não adiantava eu dizer nada e por isso saí, fechando a porta da rua cuidadosamente.

Fiquei andando pelas ruas vazias e quando o dia raiou eu estava na porta da loja de discos louco que ela abrisse. Primeiro chegou um cara que abriu a porta de aço, depois outro que lavou a calçada, e outros, que arrumaram a loja, puseram os alto-falantes para fora, até que afinal o primeiro disco foi colocado e com a música eles começaram a surgir de suas covas, e se postaram ali comigo, mais quietos do que numa igreja – exato: como numa igreja, eu pensei, e me deu uma vontade de rezar, e de ter amigos, e pai vivo e um automóvel. E fui rezando lá por dentro e imaginando coisas, se tivesse pai ia beijar ele no rosto, e na mão tomando bênção, e seria seu amigo e seríamos ambos pessoas diferentes.

Este conto de Rubem Fonseca foi publicado em A coleira do cão, *livro de 1965. Rubem Fonseca tornava-se, já nesta época, um escritor consagrado pela análise dos mais contundentes temas sobre a violência urbana no Brasil, em particular no Rio de Janeiro. A força humana, cujo título lembra os primeiros versos de* Os Lusíadas, *de Luís de Camões, espelha o drama competitivo de alunos de uma academia de musculação – que, muitas vezes, é a única forma de educação a que jovens pobres têm acesso.*

AVENTURA

Nélida Piñon

Recebida na escola, após a sua estranha doença, disse-lhe o diretor: – É bom tê-la de volta, professora.

Embora amável, a observação envergonhava. Anos na profissão e ainda não dominara o sortilégio, os pequenos homens entregues à sua voracidade. Às vezes, a vantagem comovia-a, depois um ódio dominante, medo da infinita liberdade degenerar quando se destinara a educar. Conhecia teoricamente os limites, daí confundir-se.

Reaproximando-se das coisas, para impor-se o hábito antigo, avistou o menino que se aproximava. Apenas um jardim abandonado, e logo pressentiu que, apesar do seu indomável desejo, ensinaria aquele corpo a desistir, que esturgia dentro das roupas. Há meses, um perigo os envolvera, sem que comentassem. Ela conhecia a fatalidade da sabedoria de um menino. Mas o menino, toda a sua força ignorada, nunca reagira.

Foi então que gritou, já que não dispensava a rudeza para conviver com as coisas.

– O que é que você quer.

– A senhora não queria que eu viesse? – parecia doente, uma palidez de quem tomba. Não dormira bem nos últimos tempos.

Sem magoar o que pertencia ao mundo, a professora tomou seu pulso, até o menino corar. Percebia o perigo, o que se interpreta no gesto simples. E sendo isto o que mancha a vida, tanto instalava-se entre eles.

– Tudo que você pensar está errado.

O menino baixou a cabeça, com medo. Confundia-o o mundo que embora aderisse à sua pele envelhecendo-a, dera-lhe formação imperfeita. Você ainda não é homem, apesar dos indícios, dizia-lhe a consciência. E nem os sinais sensíveis o comoviam. Pensava então que a professora conhecia os seus mistérios, porque os dominara. E a cada descoberta, esta imprecisão o acompanhava. Como se nunca mais, desde que a vergonha o perseguira, nada abrandasse dentro dele. À professora ia submetendo a sua natureza, que embora audaciosa não sabia se empregar. Não que devesse à mulher desvendá-la, ou mesmo registrar na ação o que o atormentava nos músculos, os nervos expostos eram aptidões de quem se retesa no inútil, afobado ainda. Como até então a sua passividade fora resposta para a vida, passara a lhe pertencer.

Compreendia a professora o que o menino abandonava para segui-la. Mas não podiam se explicar. O silêncio acompanhara-os desde que se conheceram. Na aula inicial, logo aquele rosto inquieto. Teve medo de olhar, mas o menino a acompanhara, parecendo seu o grito de que precisava da vida. Àquela insistência, resistiu por muito tempo. Depois, porque se cansara, olhou também, com severidade, impressionada com a tristeza que o amolecia, embora suas convicções excluíssem piedade. Não se afastaria de um sistema cruelmente construído. Um dia, na rudeza habitual, gritou com o menino. – Saia da sala, vamos. "O menino" afastou-se sem compreender o castigo. Ficou sem aparecer alguns dias. A professora assustou-se. Chegou a discreta indagar dos colegas. Talvez soubessem. As informações, vagas, a aturdiram mais ainda. Foi à secretaria, entre tantas fichas decorou o seu endereço. Numa tarde, após as aulas, passou pela casa. O menino no jardim parecia ler. Olhou-o, detrás de uma árvore. Mas o menino, sem se mexer, não se deixou invadir por uma estranha. Algum tempo ainda aguentou a expectativa.

DE SABER

Depois, o menino forte e resistente na leitura, foi para casa. E não conseguia dormir. Entregue à resistência, o seu corpo comovia-se.

Finalmente, o diretor chamou o menino, exigindo satisfação, notícias talvez. Ele apareceu, abatido. E da sua cadeira pôs-se a observá-la. Distraída, a professora empenhava-se numa tradução poética. Esforçando-se embora habitual o exercício. A vez do menino responder, ela ignorou aquele rosto que parecia lhe pertencer. Seguro, a sua voz semelhante à voz de homem, modificada por nova convivência talvez.

– Uma mulher atrás de uma árvore. E se deteve. A professora, sem coragem de corrigi-lo, desprendeu-se do livro, descobrindo no menino o esforço. E irritou-se, não com o seu conhecimento, mas com aquela segurança que avaliara os dias de distração e repouso para comprometê-la com o poderio que sua carne de menino já ameaçava. Depois, choveu. À saída, o menino não se mexia. Molhava-se sem lhe oferecer ajuda, o guarda-chuva fechado. Na porta do colégio, ela pensou, agora ele vem. Mas, inquieto, como pagasse uma culpa, deixava-se molhar. Surgindo o diretor, ela deu-lhe o braço, e já ia longe quando se voltou. O menino na chuva, até que a esperança de vê-la ainda o protegesse.

Numa assembleia, reunidos os pais e os professores, o menino parecia menino no tumulto geral, na vantagem de um pai que o protegesse. Quando o viu acompanhado, um mal-estar a dominou. Sentia-se velha e cansada, talvez por não ter quem a acompanhasse, ou por ver pais acompanhando meninos, aquele principalmente. Discutia-se a necessidade de mútua comunicação, havia embaraços de parte a parte. O pai do menino levantou-se, encontrando soluções nos problemas do filho, expondo-os todos.

Ainda falava quando o menino procurou seus olhos, a vergonha dominando-o. Aquele pai intransigente desnudara-o diante dela. A professora, que lhe dera severidade para que nada o perturbasse, ou alguma coisa ferisse o percurso da vida, teve imensa piedade. E também imaginou-o nu, semelhante imagem perturbando. Procurou desviar seus olhos, esquecê-lo, mas o menino a dominava. E não suportando a ideia de conhecer seu corpo com um conhecimento que a alcançava com a sua desfaçatez, sem nele participar efetivamente, teve ódio do pai, e um intenso ciúme. Raivosa, abandonou a sala.

No dia seguinte, não se falaram. Ela intensificando a rudeza, ele carregando a vergonha que um pai lhe legara. Uma tristeza tão afrontosa que ela ainda sentiu raiva. Todo o seu ciúme, ainda não descoberto, apoiava-se naquele desamor. Deu-lhe notas mais baixas, o menino hesitava às questões propostas.

Uma menina, loura e curiosa, sentou-se ao seu lado, querendo lhe falar, nos recreios principalmente. O menino – o mundo o esmagava tão fatalmente que nem usava os recursos da conquista, o seu corpo queria a limpeza de a nada mais pertencer senão à sua hesitante e triste vontade – escapava-lhe, precariamente intuindo que assim devia proceder. Contudo a menina não percebia a fuga. E ignorava como avisar-lhe. Orientar a quem apenas se propõe a nos conquistar. Ou ensinar no sentido de desistir. Como hesitava e ferozmente rejeitava, deixou que a menina o invadisse, porque mais forte do que ele era a sua outra luta.

Desde que a menina apoiou-se no menino, soube a professora a que conclusões se chega quando as pessoas se aproximam, já que se tornou impossível recusar o que via. Mas aquela imperfeição que orienta os primeiros contactos de amor parecia-lhe de uma sabedoria tão perigosa que não aguentou. Gritando ameaçou-os com castigo, enquanto proibia-os de se sentarem juntos. Compreendia ainda a professora que na menina o seu inocente olhar fosse já aquele de uma espécie que arduamente luta para se esquivar por não ser hora de olhar, quando tudo impede o esclarecimento, porque esclarecer é difícil, e há tantas coisas que em nome da humanidade nunca devem ser esclarecidas. Como sabia também ser crime determinar o amor num olhar que tudo fizera para proteger o seu íntimo segredo, chegando mesmo a se envolver na graça de uma grave indiferença. Dera-lhe o menino um olhar de gratidão e apenas este olhar, de vez em quando, acalmava-a um pouco, suavizando a sua maldade.

Houve uma visita na sala. Falava-lhes o padre sobre a alma, o corpo. Da necessidade de se evitar o amor quando tudo era despreparo para esta função. Incomodado na clemência do padre, o menino mexia-se penosamente na cadeira. Distraída a professora tudo acompanhava na sua infinita atenção. Ou porque o cansaço o sustentava e talvez o envelhecesse, o menino fixava a professora. Precisando olhar para disfarçar, ou para ser forte, ela finalmente o encarou. E teve medo. Todo o olhar que dele recebia, era um olhar de homem e pensou estarem num quarto, havia uma grande cama grudada à parede. Ele se aproximava e tal ímpeto dirigia-os que nem descobririam quem se dera primeiro, e por ignorarem qual deles abdicara de todas as suas condições com mais coragem, mais empenharam-se na luta de saber quem primeiro se extinguiria. E parecia-lhe, na sua visão, que se amavam com ferocidade, a despeito da invasão da pobreza do quarto, do suor que os emagrecia pouco a pouco, de perderem noção do dia, apenas a fome a orientá-los dava-lhes o erro do seu frágil cálculo. Mas no amor e todo o seu engenho, não era o corpo do menino que a dirigia e orientava os nervos em dissolvência, e acompanhava a cara do menino. Muito pelo contrário, era o corpo do padre, alto e forte, que emprestara ao rosto do menino aquela disformidade desorientando-a e que no intervalo do amor dava-lhe medo, e como ele percebesse, naquele quarto, ter ela medo porque fazia-lhe amor com um corpo que não era seu, mais empenhava-se em tomá-la, para que no naufrágio nada ela enxergasse senão a sensação que aquele mesmo corpo enorme, não sendo seu, oferecia-lhe. Então, parecia à professora que, até no quarto, havia a irritante luta de não se apreciarem. O menino, que ela não visse o corpo do padre encaixado no seu rosto. A mulher, empenhada em não ser possuída, como prostituta, por um corpo que não sendo o do menino nunca poderia satisfazê-la. Certa de que apenas aquele corpo ainda indeciso, que não se enrijecera a ponto de controlar o seu com toda a sua habilidade, era o que lhe convinha. E como apesar de odiar o menino no amor do quarto com uma grande cama encostada na parede, queria oferecer-lhe a sua incerta fidelidade, começou a gritar, enquanto ele, agora inexplicavelmente, pois antes estavam igualmente nus na cama, arrancava-lhe as roupas, rasgando o que a ele se opunha, até ver a superfície da sua pele, haveria de roçá-la como uma carne se descontrola naquela lassidão escorregadia.

– A senhora está se sentindo mal? Todos se levantaram, viu-se estranhamente cercada, não sabia o que dizer. Suava, uma longa vida revelava-se no seu corpo, e o cansaço a abatia. – O que se passou, está se sentindo mal? – Sempre repetiam. Trouxeram água, e ela desconhecia o que fizera, prejudicando a conversa do padre, o interesse dos alunos. Vindo logo depois, ao diretor contaram que de repente começara a gritar até tombar da cadeira, a cabeça para trás, o suor invadindo-a talvez no alívio. Compreendendo o seu desatino, teve vergonha. Primeiro imaginou-se sem roupa, depois que percebessem no seu furor origens estranhas. Com a dignidade que lhe restava, levantou-se, que não se preocupassem, estava bem, tão terríveis as dores na cabeça que nem impedira os gritos, iria ao médico, há muito devia-se esta visita. O diretor ofereceu-se a acompanhá-la, teria férias, com doença não se brinca, e depois merecia a consideração do colégio. Deu-lhe o braço, ela aceitando. Súbito, enxergou a cara do menino, o desesperado rosto que embora se esforce, ainda é menino, mas a expressão de homem que possuíra uma mulher, sobre ela exerceu direitos, pertencia-lhe como o seu corpo a tomara, conhecia-a como se toma as coisas do chão, leva-se para casa, e passam a nos pertencer para sempre. Via a mulher arrastada pelo diretor, de nada participando – pois entre eles se estabelecera uma íntima comunicação – ele que a exaurira e a estragara com seu ímpeto de homem. Ressentia-se em não acompanhá-la, consolar a sua dor com o conhecimento que passara a existir, tão intimamente o pressentiram. Nervoso afastou as lágrimas que ainda invadiam o rosto, e parecia um homem selvagem.

Os dias passaram. Falou-se da professora, que se ausentara todos sabiam, o menino também, mas não lhe ajudava saber que abandonara a cidade, talvez não voltasse, porque também tivera vergonha, talvez se afastasse para sempre. Enquanto decidira-se pela severidade do rosto, o menino aguardava.

Agora que voltara e estavam juntos, e não se interpretara maliciosamente a sua ausência, aliviava-se como as pessoas solitárias no seu estranho equilíbrio.

Tudo que você pensar está errado, teve vontade de repetir, até que ele aprendesse. Mas se erravam em pensar, corrigiam-se na interpretação do que queriam. O menino acompanhou o seu andar. Jamais haviam passeado juntos. A professora e o menino. Andavam pela vida, como se anda pela floresta. Lentamente abandonava a professora a resistência daqueles meses. E pela primeira vez mantendo um diálogo, o menino falava-lhe do medo, das coisas, da paisagem. Ela respondia pacientemente, à voz imprimindo a suavidade que a envelhecia diante do menino. Compreendendo que um terrível sacrifício lhe seria exigido. Que já a dominava, porque apenas ela o compreendia, enquanto equipava o menino para possuir o mundo. E, se o engano orientava o menino, à professora garantia a limpidez de uma conduta moral.

170

Perguntou-lhe muitas coisas, o que realmente gostava. Sempre destruindo o passado que os unira, heroica acorrentava-se a um futuro ao qual jamais pertenceria. Sem que o menino percebesse o caminho doloroso que orienta uma mulher, e a elegância daquela brecha. Atingira a mulher uma tal suavidade, que afetados seus passos diminuíram, como se já fosse uma mulher gorda, nunca outro o seu destino. Embora conversassem, no seu precioso sacrifício ela envelhecia.

O menino agitava-se contente, quase dominando um corpo que embora sujeito a novos crescimentos, finalmente já lhe oferecia certos sintomas contra os quais empregaria a sua astúcia. Desvaneciam-se a espera e o desespero dos últimos meses. Gostava muito de chocolate, sabia? E a mulher teve vergonha de amar um menino que gostava de chocolate, como é vergonhoso, banhando-se uma criança, esquecer que nem se comprou o talco, proteção para a pele tenra sujeita aos detritos e às erupções. A seguir se acalmou, pois o seu destino se servia de uma coragem.

– Que mais que você gosta.

À medida que ele falava, aquele corpo, e definitivamente percebia-o um homem, embora inexperiente para amar, revelou-se desajeitado, perdendo a harmonia que ela sempre teimara descobrir. Aquele acúmulo de braços, pernas, ao qual sujeito ele não se dera conta, afligia-a, transmitindo-lhe a aparência de um corpo inconformado, e ainda a consciência que acompanha uma mulher que inicia um adolescente nas manobras da vida com cautela, sem feri-lo organicamente, poupando uma força destinada a tanta coisa.

No intuito de que finalmente descobrisse o mistério do seu rosto, até surpreendê-lo o longo engano, ela foi se dando toda, cedendo defeitos e sua vontade. Porque o menino ainda não dispunha de forças que compreendessem a integralidade de alguém a ponto de repousar sobre a análise que se fará feroz e continuar a amar. Desconhecia que se fazia necessário o vício para se apreciar as coisas melhores. Despreocupado, o menino errava os passos, mas ela, dolorosamente ferida, transmitia-lhe a imagem de quem não cuida das coisas corretas. Doía-lhe envelhecer diante dele, que fora um encanto e uma aptidão. Perder a aparência do amor era o seu sacrifício.

Esgotada a luta separaram-se. O menino sorrindo. A professora não dormiu toda a noite, alguma coisa muito séria se decidia. Pensou, se amanhã na sala ele me olhar com o mesmo amor, trago-o para minha casa e me entrego a ele, será meu enquanto ele me quiser. Definindo-se, sentia-se segura. Lembrou-se do menino, no corpo que amava e precisava. Desejou apagar o feio envelhecimento teimosamente construído na véspera, para juntos conhecerem a vida, um menino ainda compungido pelo amor.

De manhã, foi para o colégio. Antes, pusera o melhor vestido, no rosto a correção da pintura abrandava as suas feições, e os olhos brilhavam. Atrasou-se até. Mas de cabeça erguida entrou na sala. Contrafeita e com medo. Sem olhar a mesa onde ele estaria, foi se habituando à vida, tudo que a invadia. Agora a felicidade se esclarecia, viu o menino, o seu rosto claro, todo o amor que a desfigurara por meses acalmando-a, sentia-se pronta a se dar a um menino, sem temor ou vergonha, sem pensar que o perdia porque se daria inteira, sem pensar em ter mais nada, depois dele.

Tranquilo na sua mesa, o menino sorriu para ela, causando-lhe inquietação aquele sorriso, quase nojo. Olhou-a infiltrando-se em seus segredos, não nas artimanhas de mulher porque isto a acalmaria para sempre, mas nos segredos vulgares que a cada homem compete desvendar, sem vínculos maiores, e a impressão, embora não a explicasse, aniquilou-a. E viu ao seu lado a menina loura. Ainda não se falavam, exatamente como antes, quando injusta os denunciara. Mas nem a justiça de que se cercava no momento esconderia o mundo que entre eles ia se esclarecendo. A professora não se iludiu. O menino não era mais seu. Aceitara finalmente a sua época, ela que o fizera assumir um tempo.

Procurou controlar-se, prender-se desesperadamente aos limites do quadro-negro. Afinal compondo forças, virou-se de novo, envelhecida, ou pelo menos convencida de que até isto lhe seria indiferente. E como percebeu que ia sofrer toda a vida, analisou lentamente todos os rostos, não que procurasse um outro rosto de menino que substituísse aquele que ela amava, mas procurando confundir entre tantos aquele rosto único. A professora compreendia que as coisas a abatessem, que o menino amasse uma menina.

Nélida Piñon foi presidente da Academia Brasileira de Letras (1996-1997), a primeira mulher eleita para este cargo em toda a história da instituição. Seu primeiro livro publicado data de 1961; o conto "Aventura de saber", que faz parte desta antologia, foi publicado no livro Tempo das frutas, de 1966. Como em muitos de seus contos, a ação se desenrola num clima mais alusivo do que de referência direta, entre personagens apontados genericamente como "o diretor", "a professora", "o menino". O tema deste conto, como em outros de outros autores, é o da iniciação à vida e às desilusões do amor; mas aqui quem se inicia é a professora.

Todos aqueles que, por sadia curiosidade, irresistível inclinação ou sagrado impulso, projetam-se em direção a futuro; todos aqueles que não se contentam em viver o dia presente mas querem sondar os tempos que virã enfim, todos aqueles que se diferenciam do grosso da humanidade pela preocupação com o destino de se semelhantes encontram no Curso de Formação de Profetas os subsídios teórico-práticos de que necessitara para desenvolver sua difícil atividade.

O curso é desenvolvido no local conhecido como Refúgio da Profecia, situado num lugar distante dos centros urbanos. O acesso é difícil, mas o ar é puro e o silêncio absoluto. Apenas o crocitar de um ou outro corvo. Essas aves, como se sabe, sentem-se atraídas pelos profetas e procuram estar sempre perto deles.

As acomodações são modestas mas confortáveis. Pequenas cabanas, dispostas em círculo ao redor do salão principal, decorado, muito significativamente, com ampulhetas. Nesse local os estudantes fazem frugais refeições e também se reúnem para o estudo e a discussão.

A disciplina é rigorosa. O clarim da alvorada soa às cinco; os alunos saltam da cama e dirigem-se para o refeitório. Antes de entrar, são abordados por um dos professores, o profeta Aristides. "Teremos chá ou leite?", ele pergunta, e a indagação, aparentemente inócua, constitui na verdade o primeiro exercício profético do dia.

O curso de formação de profetas

Depois da refeição iniciam-se as aulas. A profetisa Joana leciona "Introdução à história da profecia" (dois créditos), um curso muito apreciado pelos alunos, sobretudo pelas demonstrações práticas. Matando uma galinha e expondo seus intestinos, a profetisa Joana nada mais faz do que ridicularizar aqueles que pretendem enxergar nas vísceras dos animais o destino dos povos. "Textos proféticos", a cargo do profeta Rubens (três créditos; ele não está satisfeito com esse número; "se o curso da profetisa Joana foi avaliado em dois créditos", diz, "o meu mereceria pelo menos quatro, não só pela carga horária, como pela transcendência"), é descrito no prospecto fornecido aos alunos como "um mergulho profundo nas palavras que informam a ciência e a arte da profecia". O profeta Rubens é famoso por seu estudo do perfil profético, baseado no estudo de figuras famosas. Trata-se de uma fórmula matemática em que entram fatores vários, com a percentagem de previsões corretas, o número de pessoas atingidas por essas previsões, o período de latência (anos ou séculos decorridos entre a formulação da profecia e a realização desta) e até peso e altura de profetas famosos, não faltando a intensidade de seu olhar, medida por um índice que resulta da comparação com o brilho de velas votivas. O profeta Rubens garante que o perfil profético permitirá selecionar os candidatos de forma muito mais acurada, mas a direção do curso reluta em aceitar suas ponderações. A profetisa Emília, que leciona "Oratória e profecia" (um crédito), faz veladas críticas ao curso do profeta Rubens: nós, profetas, sempre nos demos mal com textos, afirma: a palavra impressa remete a um passado morto, congelado, não a um futuro vivo e palpitante.

"Vida dos profetas", cinco créditos, é desenvolvido pelo profeta Ruel. Bom professor; homem amargo Todos sabem que não se dá bem com a esposa, que interrompe rudemente sua meditação gritando "Onde estás, profeta Ruel? No ano 2075, profeta Ruel? E o aluguel, quem vai pagar, profeta Ruel? A as profecias, profeta Ruel?" O profeta Ruel nada fala a respeito, mas às vezes, em plena aula, uma grima rola por sua face.

rofecia e meios de comunicação", um crédito, é o curso do profeta Leão. Que aliás não é bem-visto; seu livro *A profecia ao alcance de todos* não passa, segundo muitos profetas, de uma grosseira concessão ao público, feita exclusivamente com interesse mercadológico. Em defesa de seu trabalho, o profeta Leão preconiza a democratização e mesmo a massificação da profecia, que será, sustenta, a arte do consenso, grandes grupos de trabalho elaborando em conjunto visões do futuro. Quis vender um exemplar do livro ao profeta Ruel, que recusou ironizando: "Um bom profeta é capaz de adivinhar o conteúdo de um livro antes de lê-lo".

"Profecia e poder", desenvolvido pelo profeta Jamil (dois créditos), não é muito apreciado pelos alunos. Monarquista, o profeta Jamil atribui ao surto republicano dos últimos séculos o declínio da profecia: "os reis nos compreendiam e valorizavam", diz, a quem quer ouvir. O desprezo com que suas palavras são recebidas apenas reforça nele a convicção sobre a decadência geral da humanidade. Já "Ciência e profecia" (seis créditos) é muito prestigiado; o profeta Pói, que dá o curso, é famoso por suas pesquisas de laboratório. Tenta, por exemplo, correlacionar o traçado eletroencefalográfico de profetas com a validade das previsões.

O curso tem também atividades práticas. Os alunos são encorajados a fazer previsões de curto prazo e escopo limitado: por exemplo no que se refere às condições meteorológicas. São supervisionados pelo profeta Misael, que defende a aplicação da profecia às lides domésticas. "Sempre que eu digo em casa que o leite vai azedar, o leite azeda", conta, com bom humor. Mas não diz que sua mulher reage com mau humor a essa profecia; para ela, é o próprio profeta Misael que faz o leite azedar, sabe-se lá por que meios.

Moacyr Scliar

Para graduar-se, os alunos devem apresentar um trabalho de conclusão de curso. Trata-se, naturalmente, de uma profecia, cujo período de latência mínima é 12 anos. Sem que se verifique o acerto da previsão, seja ela política, econômica ou cultural, o diploma não é fornecido. Os candidatos a profetas aceitam com resignação essa rígida determinação. Sabem que o mercado de trabalho está saturado e que, sem o título, nada conseguirão. Contentam-se em sonhar com o dia em que, legitimada sua posição, poderão profetizar. E aí, como diz o profeta Astério, diretor do curso, não haverá desgraça que chegue. Não haverá desgraça que chegue.

O gaúcho, escritor e médico Moacyr Scliar estreou em 1968 com o livro de contos O carnaval dos animais. Desde então firmou-se entre os escritores mais conhecidos e reconhecidos de sua geração. Buscando sempre o insólito e a perplexidade da vida contemporânea, s vezes puxando para um tom alegórico que não poucas vezes parodia os escritos bíblicos, Scliar compõe um osaico crítico e vivaz da vida urbana ao sul do Brasil. Neste conto o escritor parodia ao mesmo tempo temas e suas raízes judaicas e da comercialização do ensino. Mas para além desses temas ressalta a elástica apacidade do ser humano de conviver com o absurdo.

Prova Final

Manoel Lobato

Samuel amava sua professora de português que ia ser irmã de caridade. Ele gostava mais dos outros idiomas do que da própria língua. Mesmo assim se esforçava, por causa do amor: decorava as regras de gramática e passagens de livros para as composições.

No final do ano letivo soube-se que a professora iria fazer os votos de freira.

Era o último exame; a mestra estava menos exigente:

– Para a dissertação, cada aluno escreverá sobre o que desejar. Esta questão vale cinco pontos.

Samuel olhou para um quadro de formatura no canto da sala, procurando ordenar a imaginação. De longe, os retratos em filas superpostas pareceram enigmas de palavras cruzadas: pequeninos quadrados brancos com pingos negros marchetando o conjunto. Acabaria assim também o seu sofrimento? A fotografia perdida entre outras, todas solitárias?

O aluno fixou os olhos da professora; os olhos dela olharam a folha de papel em branco.

– Comece.

– Estou sem inspiração.

– Escreva o que vier à cabeça.

Samuel tornou a fitar o rosto da mestra. Ela fez que nada viu. Mas encostou-se na carteira como fazia sempre: de lado, a perna rente ao joelho do adolescente.

– Professora, e a sinopse?

– O assunto é facultativo.

E distanciou-se, altaneira.

> *Amor: vocábulo que indica a complexidade sentimental de uma para outra pessoa, transmitindo com precariedade a ideia daquilo que está sendo. Por isso será variável o impulso, a cujas peculiaridades a consciência tentará dar o sentido, definindo toda a gama de reações para disciplinar os excessos inconscientes.*

Samuel não soube continuar. Leu o que havia escrito. Saberia de cor esse trecho? Ou teria sido um jato residual de sua vida interior?

Com certeza a professora iria julgar que havia colado. Ela corrigiria as provas sem antes identificar os alunos? Na certa todos já seriam iguais aos do quadro dos diplomandos: uniformes no anonimato, imagens coisificadas, saudade impessoal. Releu o parágrafo. Não convencia. Escolheria termos simples e com pretensões menos acadêmicas.

*Eram colegas de ginásio. Na mesma carteira em que a menina
se sentava durante o período da manhã, também se sentava, no
curso noturno, o jovem que descobriu a data do aniversário dela
no quadro de horário: treze anos incompletos. Ele era bem mais velho.*

E o amor? Como sugerir a explosão sentimental entre os dois, apesar da diferença de idade? Não se explicam as paixões. Relembrou novos textos: duas pessoas, lado a lado, numa convivência do dia a dia, nunca se conhecerão enquanto houver de parte a parte o desinteresse em mostrar a mutualidade das ânsias que as aproximaram. A impenetrabilidade do íntimo de cada um...

Samuel notou que a professora voltava para seu lado. Repetia-se o ritual: passos lentos, a naturalidade dela em fiscalizar o resto da turma, a aflição dele, o vazio expectante. E o joelho do aluno de novo roçaria na coxa da professora.

*Com a chegada das férias, o moço guardou o horário como lembrança da namorada; estava
escrito no verso do cartão: "adeus, amor". E ele chorou. Para disfarçar a tristeza, embriagou-se
pela primeira vez: só o embrutecimento dos sentidos encobriria o ridículo. Depois tentou
esquecê-la lendo romances de amor. A leitura não o entretia; para sofrer menos, planejou
escrever uma história baseando-se nas próprias experiências. Definiria o amor, interrompido que
fora pelas circunstâncias da separação; em seguida, falaria da dúvida e da perpetuidade
desse eufemismo que compensou o sacrifício.*

Samuel começou a perceber que de novo misturava as emoções com os confusos, embora elementares, conhecimentos de filosofia ministrados no currículo. A composição valia cinco pontos; melhor completá-la mais tarde. Virou a página; ia responder primeiro ao questionário gramatical, porém o tempo esgotara-se. Não havia opção. Entregou a prova sem mais perscrutar os olhos da professora. Foi para o botequim prevendo a reprovação. A angústia da espera: a professora daria nota em reconhecimento àquele esforço agônico? Pediu uma batida dupla de limão. Bêbado, Samuel chorou. No próximo ano estudaria mais; se ficasse para os exames de segunda época, iria examinar a literatura contemporânea; talvez escrevesse à professora: a verdade seria revelada pela ficção. A embriaguez – ao invés de permitir-lhe a dicotomia de um personagem à sua semelhança – vai fundindo-o na imagem criada por ele mesmo.

Quando a ex-mestra tornar-se monja, verá a figura de Samuel em forma de teofania. E então ela entenderá o mistério.

*O que escrever diante de um amor impossível? Esse é o mote
deste conto do escritor mineiro Manoel Lobato, que estreou em
literatura em 1961 e teve seus livros quase sempre premiados.
Da mesma geração literária que Murilo Rubião, embora tenha
começado a publicar em livros bem mais tarde, tomou seus temas
por diversas vezes da análise da vida em sua província natal, num
clima em que desejo e impotência se mesclam, resgatados pela
reminiscência de um momento agônico. Aqui o momento agônico
é o do exame final, em que o estudante, desesperado, considera sua
paixão pela professora que será freira.*

OS DRAGÕES

Murilo Rubião

"Fui irmão de dragões e companheiro de avestruzes."
Jó 30,29.

Os primeiros dragões que apareceram na cidade muito sofreram com o atraso dos nossos costumes. Receberam precários ensinamentos e a sua formação moral ficou irremediavelmente comprometida pelas absurdas discussões surgidas com a chegada deles ao lugar.

Poucos souberam compreendê-los e a ignorância geral fez com que, antes de iniciada a sua educação, nos perdêssemos em contraditórias suposições sobre o país e raça a que poderiam pertencer.

A controvérsia inicial foi desencadeada pelo vigário. Convencido de que eles, apesar da aparência dócil e meiga, não passavam de enviados do demônio, não me permitiu educá-los. Ordenou que fossem encerrados numa casa velha, previamente exorcismada, onde ninguém poderia penetrar. Ao se arrepender de seu erro, a polêmica já se alastrara e o velho gramático negava-lhes a qualidade de dragões, "coisa asiática, de importação europeia". Um leitor de jornais, com vagas ideias científicas e um curso ginasial feito pelo meio, falava em monstros antediluvianos. O povo benzia-se, mencionando mulas sem cabeça, lobisomens.

Apenas as crianças, que brincavam furtivamente com os nossos hóspedes, sabiam que os novos companheiros eram simples dragões. Entretanto, elas não foram ouvidas.

O cansaço e o tempo venceram a teimosia de muitos. Mesmo mantendo suas convicções, evitavam abordar o assunto.

Dentro em breve, porém, retomariam o tema. Serviu de pretexto uma sugestão do aproveitamento dos dragões na tração de veículos. A ideia pareceu boa a todos, mas se

savieram asperamente quando se tratou da partilha dos animais. O número
stes era inferior ao dos pretendentes.

sejando encerrar a discussão, que se avolumava sem alcançar objetivos
áticos, o padre firmou uma tese: Os dragões receberiam nomes na pia
tismal e seriam alfabetizados.

é aquele instante eu agira com habilidade, evitando contribuir para
acerbar os ânimos. E se, nesse momento, faltou-me a calma, o respeito
vido ao bom pároco, devo culpar a insensatez reinante. Irritadíssimo,
pandi o meu desagrado:

São dragões! Não precisam de nomes nem do batismo!

rplexo com a minha atitude, nunca discrepante das decisões aceitas
la coletividade, o reverendo deu largas à humildade e abriu mão do
tismo. Retribuí o gesto, resignando-me à exigência de nomes.

uando, subtraídos ao abandono em que se encontravam, me foram
tregues para serem educados, compreendi a extensão da minha
sponsabilidade. Na maioria, tinham contraído moléstias desconhecidas
em consequência, diversos vieram a falecer. Dois sobreviveram,
felizmente os mais corrompidos. Melhor dotados em astúcia que os
mãos, fugiam, à noite, do casarão e iam se embriagar no botequim.
dono do bar se divertia vendo-os bêbados, nada cobrava pela bebida
e lhes oferecia. A cena, com o decorrer dos meses, perdeu a graça e o
otequineiro passou a negar-lhes álcool. Para satisfazerem o vício, viram-se
rçados a recorrer a pequenos furtos.

o entanto eu acreditava na possibilidade de reeducá-los e superar a descrença
e todos quanto ao sucesso da minha missão. Valia-me da amizade com o
elegado para retirá-los da cadeia, onde eram recolhidos por motivos sempre
petidos: roubo, embriaguez, desordem.

omo jamais tivesse ensinado a dragões, consumia a maior parte do tempo indagando
elo passado deles, família e métodos pedagógicos seguidos em sua terra natal.
eduzido material colhi dos sucessivos interrogatórios a que os submetia. Por terem
ndo jovens para a nossa cidade, lembravam-se confusamente de tudo, inclusive da morte
a mãe, que caíra num precipício, logo após a escalada da primeira montanha. Para dificultar
minha tarefa, ajuntava-se à debilidade da memória dos meus pupilos o seu constante mau
umor, proveniente das noites mal dormidas e ressacas alcoólicas.

O exercício continuado do magistério e a ausência de filhos contribuíram para que eu lhes dispensasse uma assistência paternal. Do mesmo modo, certa candura que fluía dos seus olhos obrigava-me a relevar faltas que não perdoaria a outros discípulos.

Odorico, o mais velho dos dragões, trouxe-me as maiores contrariedades. Desastradamente simpático e malicioso, alvoroçava-se todo à presença de saias. Por causa delas, e principalmente por uma vagabundagem inata, fugia às aulas. As mulheres achavam-no engraçado e houve uma que, apaixonada, largou o esposo para viver com ele.

Tudo fiz para destruir a ligação pecaminosa e não logrei separá-los. Enfrentavam-me com uma resistência surda, impenetrável. As minhas palavras perdiam o sentido no caminho: Odorico sorria para Raquel e esta, tranquilizada, debruçava-se novamente sobre a roupa que lavava.

Pouco tempo depois, ela foi encontrada chorando perto do corpo do amante. Atribuíram sua morte a tiro fortuito, provavelmente de um caçador de má pontaria. O olhar do marido desmentia a versão.

Com o desaparecimento de Odorico, eu e minha mulher transferimos o nosso carinho para o último dos dragões. Empenhamo-nos na sua recuperação e conseguimos, com algum esforço, afastá-lo da bebida. Nenhum filho talvez compensasse tanto o que conseguimos com amorosa persistência. Ameno no trato, João aplicava-se aos estudos, ajudava Joana nos arranjos domésticos, transportava as compras feitas no Mercado. Findo o jantar, ficávamos no alpendre a observar sua alegria, brincando com os meninos da vizinhança. Carregava-os nas costas, dava cambalhotas.

Regressando, uma noite, da reunião mensal com os pais dos alunos, encontrei minha mulher preocupada: João acabara de vomitar fogo. Também apreensivo, compreendi que ele atingira a maioridade.

O fato, longe de torná-lo temido, fez crescer a simpatia que gozava entre as moças e rapazes do lugar. Só que, agora, demorava-se pouco em casa. Vivia rodeado por grupos alegres, a reclamarem que lançasse fogo. A admiração de uns, os presentes e convites de outros, acendiam-lhe a vaidade. Nenhuma festa alcançava êxito sem a sua presença. Mesmo o padre não dispensava o seu comparecimento às barraquinhas do padroeiro da cidade.

Três meses antes das grandes enchentes que assolaram o município, um circo de cavalinhos movimentou o povoado, nos deslumbrou com audazes acrobatas, engraçadíssimos palhaços, leões amestrados e um homem que engolia brasas. Numa das derradeiras exibições do ilusionista, alguns jovens interromperam o espetáculo aos gritos e palmas ritmadas:

– Temos coisa melhor! Temos coisa melhor!

Julgando ser brincadeira dos moços o anunciador aceitou o desafio:

– Que venha essa coisa melhor!

Sob o desapontamento do pessoal da companhia e os aplausos dos espectadores, João desceu ao picadeiro e realizou sua costumeira proeza de vomitar fogo.

Já no dia seguinte, recebia várias propostas para trabalhar no circo. Recusou-as, pois dificilmente algo substituiria o prestígio que desfrutava na localidade. Alimentava ainda a pretensão de se eleger prefeito municipal.

Isto não se deu. Alguns dias após a partida dos saltimbancos, verificou-se a fuga de João.

Várias e imaginosas versões deram ao seu desaparecimento. Contavam que ele se tomara de amores por uma das trapezistas, especialmente destacada para seduzi-lo; que se iniciara em jogos de cartas e retomara o vício da bebida.

Seja qual a razão, depois disso muitos dragões têm passado pelas nossas estradas. E por mais que eu e meus alunos, postados na entrada da cidade, insistamos que permaneçam entre nós, nenhuma resposta recebemos. Formando longas filas, encaminham-se para outros lugares, indiferentes aos nossos apelos.

O contista mineiro Murilo Rubião (1916-1991) foi dos poucos escritores do Brasil a cultivar o gênero fantástico. Suas narrativas têm sempre um clima ao mesmo tempo estranho e familiar. É disto que trata este seu conto, da transformação do estranho em familiar por meio da escola, a tal ponto que perdemos de vista a estranheza da vida e passamos a nos estranhar, dentro da aridez de uma vida desencantada. Foi publicado em O pirotécnico Zacarias, *de 1974, mas deve-se assinalar que Murilo escrevia e reescrevia os próprios textos, a partir do livro* O ex-mágico, *de 1947.*

Solo de clarineta

Érico Verissimo

Capítulo XVIII

O Colégio Cruzeiro do Sul está situado num verde vale, no arrabalde de Teresópolis, em Porto Alegre. Quando cheguei ao internato, preocupava-me a ideia de ser submetido aos trotes que os estudantes veteranos infligem tradicionalmente aos calouros, aos "bichos". Eu possuía um singular senso de dignidade pessoal. Aos 14 anos portava-me como um respeitável senhor quarentão que recusa submeter-se a situações ridículas. Inexplicavelmente fui poupado. Que teriam meus colegas visto na minha cara que me deixaram em paz? Não me deram sequer uma alcunha. Entre os internos havia "apelidos" que pegavam logo e aos quais a vítima se resignava: o Negrão, o Só-de-carne, o Lobisomem, o Catarro, o Batista-com-bicho, o Cavalo...

Naquele tempo considerei o meu privilégio uma vitória, mas hoje desconfio de que me cercava uma certa aura quase polar, uma espécie de inverno serrano que repelia o verão dos outros. (No fundo sempre a timidez.) Nunca fui verdadeiramente popular entre meus condiscípulos. Minha seriedade e senso de disciplina irritava os insubordinados, que no internato constituíam uma minoria, mas ativa e dominadora, e que usava duma técnica parecida com a dos terroristas políticos.

Se por um lado eu sentia desejos "sebastianescos" de confraternizar com os colegas, rir com eles, fazer-me querido, por outro o meu pudor de revelar emoções ou recorrer a estratagemas verbais para agradar aos companheiros relegou-me – principalmente naquele primeiro ano de internato – a uma espécie de zona de sombra e silêncio. Apesar de tudo, fiz nos três anos que passei no Cruzeiro do Sul, vários bons amigos, que não vou mencionar nesta memória, para não alongá-la demasiadamente. Deixei no ginásio uma reputação, creio que imerecida, de bom estudante. Numa de suas primeiras cartas meu pai me lembrava de minha obrigação de conquistar todos os meses o primeiro lugar na classe, para honrar o nome da família. Satisfiz-lhe o desejo, apesar de minha alergia à Matemática. A verdade, porém, é que eu estudava apenas nos últimos minutos antes de ir para as aulas, e no fim de cada mês, na véspera das sabatinas. Passava a maior parte das horas voando no tapete mágico das minhas fantasias, lendo ou imaginando romances, rabiscando caricaturas ou então curtindo a saudade de minha gente, de minha casa, de minha namorada e de meus amigos.

O meu competidor na obtenção do primeiro lugar na nossa classe era Aldo Magalhães, um externo de família modesta, rapaz um pouco mais velho que eu, mais alto e mais magro, com uma cabeça que lembrava a do poeta Castro Alves. Era um sujeito quieto, introvertido e de boa índole, e nossas relações humanas eram boas, se levarmos em conta que se tratava de dois caramujos. Eu vencia o Magalhães todos os meses por uma pequeníssima diferença na média geral. Aldo tirava boas notas em Matemática, ao passo que eu ainda me arrastava claudicante e catacego nessa matéria, em que minhas notas nunca iam acima de 5 ou 6. Não sei por onde andará hoje o Aldo Magalhães, se está vivo ou morto, casado ou solteiro, se prosperou na vida como comerciante, se optou pelo funcionalismo público ou seguiu uma profissão liberal. Perdi-o de vista por completo depois de 1922. Seja como for, gostaria de encontrá-lo agora para lhe dizer que ele merecia tirar os primeiros lugares que me couberam durante os anos que passamos juntos naquele colégio. É que muito tarde vim a descobrir que o nosso professor de Matemática me protegia, dando-me notas que me permitiam conseguir uma média geral alta, pois achava uma pena que um aluno como eu, que ia tão bem em História Universal, Geografia, Francês, Inglês, Português, História Natural etc., fosse ficar para trás só por causa de sua alergia aos números. Assim, dava-me notas como 5, 6 e não raro 8, quando eu "desconfiava" que merecia zero ou quando muito 2.

Meu caro Aldo Magalhães, silencioso e retraído colega, tão desajeitado no teu uniforme cáqui do Cruzeiro do Sul, devolvo-te depois de meio século os meus troféus. E peço-te perdão por um "crime" que não devo ter cometido deliberadamente mas do qual eu talvez tenha sido cúmplice subliminarmente. Teu pai, Aldo, talvez se contentasse com o simples fato de seres aprovado nos exames finais, passando para a classe imediatamente superior. O meu exigia, em nome duma discutível tradição de família que seu filho, portador de seu nome, fosse sempre o primeiro de sua classe. Em meu favor, Aldo, tenho uma só coisa a dizer-te. Depois que me tornei adulto, passei a não dar um níquel por honrarias, títulos e condecorações de qualquer natureza.

Nos meus tempos do Cruzeiro do Sul, uma das fontes do complexo de inferioridade que me perturbava, eram as minhas roupas. A fatiota cinzenta domingueira era obra do pior alfaiate de Cruz Alta, que devia ser um dos piores do mundo. Num tempo em que estavam na moda casacos muito compridos e cintados, e calças tão estreitas que nas partes inferiores mais pareciam perneiras, eu saía aos domingos com o meu "casaquinho de pular cerca", as calças com boca de sino, os pés metidos nuns sapatos de bico rombudo, quando o último grito eram os calçados com solas de borracha (ah, a novidade, o prestígio da sola Neolin!) pontiagudos como torpedos.

O curioso é como isso tudo produzia em mim um sentimento de frustração que acentuava minha timidez e a ideia de que eu não passava dum mambira serrano, cujo aspecto e companhia não podiam ser agradáveis a ninguém.

Logo que cheguei ao ginásio, com o atraso de quase uma semana, o aluno Victor Graeff – que viria a ser no futuro deputado pela União Democrática Nacional – convocou-me para uma reunião secreta na ponte de pedra que marcava um dos limites do território do internato. Éramos uns 15 ou 20 colegas. Victor arengou-nos, tratando de convencer-nos de que devíamos fazer uma greve de protesto contra a má qualidade da comida que o Cruzeiro do Sul servia aos seus alunos. A maioria dos presentes àquela pequena assembleia aprovou a ideia. Graeff voltou-se para mim (era um rapaz alto, forte e insinuante, com qualidades de líder) e perguntou: "E tu, cruzaltense; estás conosco?". Respondi que não estava. Victor exclamou com desprezo:

"Frouxo!" Repliquei: "Mas eu cheguei hoje de manhã e nem provei ainda a comida...". Graeff voltou-me as costas e se foi. Não sei por que razão a greve gorou.

Devo dizer francamente que não sei como, talvez por falta de elemento melhor, fui classificado no primeiro time de futebol do ginásio, na posição de extrema-direita. Diga-se a bem da verdade que eu era um jogador entre medíocre e mau. Tinha pouca mobilidade, não sabia driblar e principalmente faltava-me agressividade. Naqueles tempos as regras de futebol eram mais "liberais" que as de hoje. Se, por exemplo, o goleiro agarrava a bola, os atacantes contrários podiam empurrá-lo legalmente para dentro do gol a "pechadas", empurrões e pontapés.

Creio que nosso capitão se havia deixado iludir pela minha habilidade em centrar – coisa que eu fazia com certa precisão e numa coreografia absolutamente desnecessária, mas de grande efeito de arquibancada: ajoelhava-me no momento exato em que, com o peito do pé chutava a bola de modo a que ela fosse cair na frente da pequena área dos adversários... E os meus companheiros que se arranjassem como pudessem.

Lembro-me duma partida em que a equipe do colégio enfrentou a do S. C. Universal, do vizinho arrabalde da Glória. Éramos rapazes entre 15 e 17 anos, ao passo que nossos competidores já estavam avançados na casa dos 20, sujeitos parrudos, de pernas e peitos cobertos de pelos. Quando olhei para a estatura dos componentes do onze do Universal – camisetas listradas de verde contra fundo branco – pensei: "Estamos fritos". Coube-nos dar a saída. O juiz apitou, nossa linha avançou, recebi a bola em condições favoráveis, fiz uma centrada com tanta força e tão fechada, que o balão bateu na trava superior do gol do Universal, ricocheteou e o Humberto Kruel, um de nossos melhores atacantes, deu-lhe uma rija cabeçada, marcando assim nosso primeiro ponto, em menos de meio minuto de jogo. Daí por diante começou o massacre dos inocentes. Os jogadores do Universal resolveram atemorizar-nos com seu tamanho físico e começaram a empregar a violência – e dê-lhe caneladas, dê-lhe empurrões, dê-lhe rasteiras. O sujeito de barba cerrada que havia sido designado para me marcar não me abandonou mais. Viramos irmãos siameses. Vendo-me assim amarrado, meus companheiros não me passaram mais a bola durante o resto da partida. Meu marcador e eu ficamos praticamente fora de jogo. Quando o Universal fazia suas cargas assassinas contra a nossa cidadela, o meu irmão siamês e eu nos sentávamos na grama e nos púnhamos a conversar. Trocamos cartões de visita verbais e ali ficamos em cordial palestra. A partida terminou num duro empate. Depois que me despedi de meu marcador com um aperto de mão, o capitão de nossa esquadra aproximou-se de mim e me perguntou, sarcástico: "Pra quando é o noivado?"

Quando o inverno chegou, tive de enfrentar e sofrer uma dura realidade. O internato não dispunha dum serviço de água quente: tínhamos de tomar banho com água gelada às seis e meia da manhã.
Despíamo-nos no banheiro geral, pavimentado de cimento. O primeiro contato de meu corpo com a água me foi quase insuportável. Soltei um longo gemido sincopado, entrei a bater dentes e pés. Só a vergonha de fazer papel de maricas me deu força para me manter debaixo do gélido jorro d'água. Ensaboei-me estabanadamente. Nossos corpos despediam fumaça. Ouviam-se gritos: "A la fresca!" – "Macho é macho!" –

"Barbaridade, seu!" Veteranos aplicavam pontapés nos traseiros dos calouros. Um rapazote magro e ruivo, tremendo como um maleitoso, chorava a um canto, sem coragem para tomar o seu banho. "Aguenta, Mariazinha!" As risadas e os gritos eram amplificados pela boa acústica do banheiro. "Me passa a toalha ligeiro, que me entrou sabão no olho." Alguém perguntou: "Que olho?" Resposta pronta: "O da mãe". Ouviu-se a seguir o estalo duma bofetada e dois dos rapazes se atracaram num corpo a corpo e rolaram pelo pavimento. No seu canto o menininho ruivo tremia ainda, arroxeado de frio.

Saíamos dali para o estudo da manhã, na aula geral, e ainda em jejum. Só às oito é que descíamos para o refeitório. Antes de nos sentarmos à mesa, tínhamos de esperar que um dos professores ou dos alunos-mestres, a cabeça baixa e os olhos cerrados, pedisse a bênção de Deus para os alimentos que íamos ingerir. E ele não havia terminado ainda de pronunciar o seu Amém, e já se ouvia o áspero ruído do arrastar de cadeiras nas lajes do chão, e nós nos atirávamos com um apetite de piranhas aos pães barrados de manteiga e sorvíamos, às vezes queimando a boca, o quentíssimo café com leite. Íamos depois para as aulas. Eu sentia então os efeitos do banho frio: no corpo, a circulação do sangue estimulada, e no espírito um certo orgulho de ginasta espartano.

Jamais esqueci a melancolia daqueles invernos do Cruzeiro do Sul, o céu cinzento, o vento soprando no vale, os cerros de Teresópolis às vezes quase invisíveis na bruma.

Logo ao chegar eu recebera, numa lânguida e dourada tarde de outono, uma carta de Vânia em que ela jurava que ainda me amava com toda a força de seu coração. Li e reli aquelas palavras escritas numa letrinha redonda e nítida de colegial. Respondi imediatamente que eu também a amava perdidamente. (Mesmo aos 14 anos não me era fácil usar expressões dramáticas como amar perdidamente.) O outono envelheceu, caíram as folhas amareladas dos plátanos e árvores que eu ainda não conhecia – os caquizeiros – eram pinceladas dum vermelho manchado de amarelo em meio do pomar do internato. Foram-se o sol e o ouro dos dias, chegaram as chuvas, o Morro da Polícia parecia encolhido de frio, os dias se arrastavam e Vânia não me escrevia... Um dia recebi uma carta de meu irmão em que ele me contava que Vânia andava de "namoro sério" com um conterrâneo nosso, e que tudo indicava que "a coisa ia dar em casamento". Curti em silêncio a minha dor, a minha decepção, o meu despeito. Por esse tempo líamos e analisávamos em classe *Eurico, o presbítero*, de Alexandre Herculano. Hermengarda! Hermengarda! Vânia! Vânia! Agora naquele internato eu me sentia como Eurico enclausurado no seu mosteiro.

Quando, porém, a primavera chegou, eu já havia esquecido a ingrata e fazia mentalmente uma lista das meninas cruzaltenses que eu poderia namorar durante as próximas férias de verão.

O escritor gaúcho Érico Verissimo publicou seu livro de memórias Solo de clarineta, já quase no fim da vida, em 1974, pouco antes de morrer. Em 1976 o livro já andava pela nona reimpressão, coisa rara em tão pouco tempo no Brasil. A certa altura ele rememora sua vinda para Porto Alegre, a capital da província, para um colégio "situado num verde vale", mas onde o escritor tinha de tomar banho "com água gelada às seis e meia da manhã", nos cerros "quase invisíveis pela bruma".

Luis Fernando Verissimo

Cursinho

Você certamente acompanha – mesmo que não queira – a guerra dos cursinhos. Pelos jornais e pelas rádios, os pré-vestibulares lutam por cada candidato como se fosse o último, e se xingam mutuamente com igual vigor. A julgar pela qualidade da sua propaganda, a maioria dos cursinhos parece pouco capaz de manter a razão, quanto mais ensinar qualquer coisa a alguém, mas isto não vem ao caso. O que eu quero contar é que bolei um novo curso pré-vestibular.

É um curso para quem *não* quer passar no vestibular. Um curso para quem não tem o mínimo interesse em entrar na faculdade mas precisa dar uma satisfação aos pais, à namorada etc. O cara se inscreve, paga, frequenta, estuda, tudo como num cursinho normal, só que não aprende absolutamente nada. Ou melhor: aprende tudo errado e não tem a mínima chance – nem em caso de recaída, de chegar na hora e pensar em se regenerar – de ser classificado no vestibular. E, é claro, volta no ano seguinte, com a bênção dos pais ("Coitado, se esforçou tanto, vai tentar de novo...").

Como os cursinhos costumam vender o nome e a qualidade dos seus professores, pensei em lançar a campanha do meu com um anúncio de página inteira, em todos os jornais, figurando a equipe. "Estude física e química com a ex-glamour girl Tânia ("Tatá") Tenerife, autora da célebre frase: "Todas as minhas experiências, meu Deus, fazem 'PUM!' Português e letras com Valdomiro. Matemática (só até dez) com..." Etc. As instalações do meu cursinho, um ponto importante, seriam enaltecidas em anúncios posteriores.

Sauna, boate com chão de vidro, bilhar, pequena biblioteca com toda a coleção *Tio Patinhas*, bar, *playground*, churrasqueira. E, breve, uma sala de aula!" E não faltariam os mais atualizados recursos didáticos eletrônicos: Gigantesco estéreo com fones individuais! Discoteca própria, com orientador. Em duas aulas você saberá tudo sobre a influência de John Lee Hooker em Eric Clapton!"

O meu cursinho teria projetos especiais de grande alcance cultural. Palestras. "A empada, história e fenomenologia, por dona Mimi Moro". "Cento e dezessete maneiras de vencer o soluço". "Tatata Pimentel, um novo Rimbaud?" "A febre aftosa na literatura". "Tudo que você sempre quis saber sobre a Beki Klabin mas tinha medo de perguntar". E excursões socioculturais. A Montevidéu para ver *O último tango em Paris*. A Paris para ver se é verdade. À Alemanha com a Seleção!

Não faltariam os empreendimentos cívicos. Uma vez por ano, todos os alunos assinariam um abaixo-assinado dirigido ao Ministro da Educação pedindo menos vagas na Universidade.

Mas o nosso grande momento, em matéria de promoção, seria no fim do ano. Com os outros cursinhos reivindicando o maior número de aprovados nos vestibulares, nós proclamaríamos em grandes manchetes: "Só o Pro-Vagal pode se gabar, nenhum aprovado no vestibular!" E se alguma ovelha branca, por distração ou acaso, conseguisse chegar à classificação, seria execrada em público, exemplarmente. Em página inteira.

O gaúcho Luis Fernando, da estirpe dos Verissimo, é dos cronistas mais conhecidos entre os da nova geração. Esta crônica foi publicada em livro em A grande mulher nua, em 1975. Seu tema é a paródia à publicidade dos cursinhos, que então conheciam a expansão enorme que a transformação dos vestibulares em espetáculos de macrocompetição propiciou. E nesse caminho faz um elogio, também paródico, à preguiça, numa tirada digna de Macunaíma.

Josué Guimarães

Camilo Mortágua

(parte 4 do capítulo IV)

O velho Quirino achava que Camilo andava muito atrasado nos estudos. Filho meu tira anel de doutor nem que seja para cuidar das vacas da estância e saber distinguir entre um pé de milho e uma ramada de melancia, mas não quero ninguém sem instrução, como eu fiquei quando meu pai morreu. Dona Eudóxia fazia um crochê delicado, sentada na sua cadeira de balanço predileta; Camilo tentava decifrar coisas difíceis numa pequena mesa de muitas gavetinhas, cabeça apoiada na mão esquerda, o sono a querer chegar, enquanto Vinícius conversava amorosamente com Eleonora numa *confidente*, um sofá da segunda metade do século passado, formada por dois assentos estofados em forma de S, vinda da França, um dia, ninguém sabia por quem nem quando. Estofada em dourado, com braçadeiras pequenas de mogno trabalhado, grandes franjas circundando todo o móvel. Eles ficavam de lado, de frente e costas em posições opostas, trocando palavras em voz quase sumida, mãos dadas, Eleonora preocupada com o menino de nove anos que lutava com seus cadernos sebentos, meio desesperado porque não sabia fazer as coisas.

Dona Eudóxia, sem olhar, disse que ele tratasse de fazer as lições; na manhã do dia seguinte, ela sabia, haveria sabatina e ai que seu pai soubesse que ele não fora bem. Foi quando a cunhada beijou a testa do marido, encaminhou-se para junto da mesinha e do menino, puxou uma cadeira de espaldar oval forrado de veludo vermelho, disse que gostaria muito de ajudar. Camilo sentiu um alívio enorme, abriu o caderno para que ela visse os enigmas terríveis

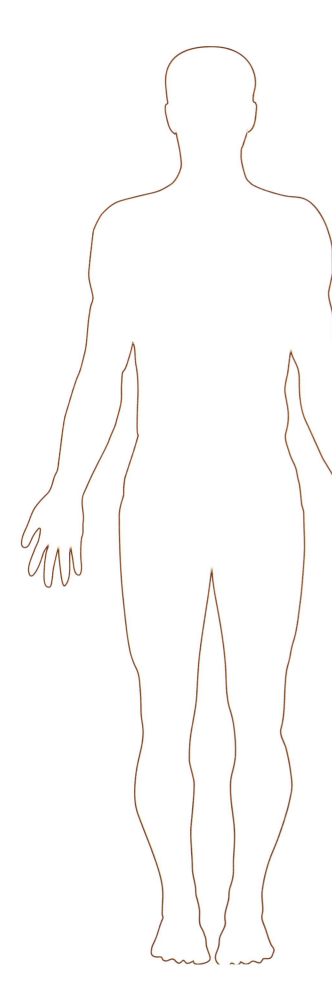

que lhe davam no colégio e a seguir Eleonora começou a explicar tudo com voz tão doce e suave, com tanta persuasão, que Camilo de repente começou a entender as coisas e a achar tudo muito fácil. O velho examinava papéis e mais papéis na mesa grande, olhou bem para a cena do filho e da nora, balançou a cabeça e perguntou se ela teria paciência para abrir a cabeça dele e botar tudo o que havia nos livros lá dentro; o menino era muito distraído. A mãe pediu ao marido que não desencorajasse o menino, ele era inteligente, apenas precisava encarar as coisas com mais vontade. E isso ele tem, disse Eleonora, com sua bela voz, passando a mão sobre a cabecinha do menino agradecido.

– E onde está Esmeralda? – perguntou o velho.

– Depois que enviuvou – disse Dona Eudóxia –, ela tomou conta desta casa que não deixa nada para mim. Da sala da frente aos galpões de cavalariça lá nos fundos do pátio. Pobrezinha, deixou aquele trabalho duro no empório dos couros e veio para cá como se fosse contratada para ser a nossa governanta.

– Isso é bom para ela – disse Vinícius, acendendo um charuto. – Ela assim se distrai, ela gosta disso e se a obrigassem a ficar sentada num sofá qualquer ia terminar morrendo de tédio. Esmeralda sempre foi assim.

– Saiu à minha mãe – disse o velho Quirino – e quem sai aos seus não degenera, não é isso o que todos dizem? Deixem a menina cuidar da casa, é uma distração.

– Mas não precisava exagerar – disse a mãe, meio contrariada.

Eleonora prosseguia na lição, carinhosamente, Camilo sentindo o perfume de suas roupas, seu hálito fresco, a suavidade de sua mão quando pegava na dele para escrever uma palavra com mais perfeição.

Dona Eudóxia não queria dar o assunto Esmeralda por encerrado:

– Acho que tudo está certo, concordo em que uma pessoa nas condições dela, depois de perder o marido, precise de fazer alguma coisa para se distrair. Tudo bem. Só não vejo razão para uma Mortágua transformar-se de uma hora para outra numa criada de luxo na casa dos seus próprios pais. O que vão pensar os outros, quando souberem disso?

– Isso é um problema deles – disse o marido, remexendo sempre na sua papelada – pois aqui ninguém bebe água na orelha de ninguém.

Vinícius acercou-se da mulher, abraçou-a pelas costas:

– Chega de ensinar esses meninos burrinhos, eles não aprendem nunca. E nada de dar a ele as coisas mastigadas. Está certo que ensine, mas deve obrigá-lo a pensar pela própria cabeça. É assim que se faz – disse ele dando um leve piparote na cabeça do irmão –, enfia-se a lição por um ouvido e tapa-se o outro para que nada se perca.

Camilo ficou zangado com o irmão, disse que ele não tinha nada que se meter, que fosse tratar das suas coisas e que deixasse Eleonora em paz, ela ajudava muito.

– Está bem – disse ele, cordato –, vou subir e tratar dos meus assuntos. Espero que esta lição não enfie madrugada adentro.

– Não há perigo – disse Eleonora, passando a mão de leve no rosto do menino. – Camilo é o mais inteligente da família.

– Mais do que eu? – protestou Vinícius.

– Muito mais – disse ela, sorrindo com candura, dando um leve empurrão para que ele fosse embora e não atrapalhasse mais.

O velho Quirino deu um soco sobre a grande mesa da sala de jantar, disse que as coisas não estavam indo bem, estava sendo roubado escandalosamente só porque a família fazia questão de morar na cidade quando todos deviam estar morando lá na fronteira. Os números não combinam nunca e o capataz encontra sempre uma justificativa qualquer para mostrar que o engano é meu. E depois ainda há aquela demanda de terras dos Chaves, dez advogados a fazerem chicana, juízes corruptos, leis safadas, mas uma coisa eu digo, posso perder aquela terra toda, mas não sobra um vivo para contar a história para os seus netos. Dona Eudóxia olhou para o marido marcado pela idade, setenta e dois anos nas costas, ele não teria forças para vingança nem brigas muito acirradas. Disse para o velho: por que não entrega a causa para teu filho advogado e para o Francisco que estuda agronomia?

– Se a gente morasse lá, tudo seria mais fácil.

– Morar lá, como? – repeliu com energia Dona Eudóxia. – Como é que se ia educar os filhos? Tu pensas numas coisas e esqueces outras.

– Mas eu sei – disse ele –, a cidade tem os seus apelos, os teatros, as festas, a casa boa, a sociedade encasacada que uma vez por mês vem aqui para comer e beber de graça. Uns pobretões que escondem a camisa furada por debaixo do paletó lustroso de alpaca inglesa. Conheço essa gente como a palma da minha mão.

Esmeralda entrou na sala, sentou-se numa

poltrona perto da mãe e disse que estava tudo nos seus lugares e que as criadas tinham ido dormir.

– Ora, Esmeralda, a gente estava agora mesmo falando nisto tudo. Precisava ficar lá dentro como uma mucama, quando bastava dar as ordens e apenas fiscalizar? Tu não és empregada de ninguém, és dona da casa.

Ela não protestou, viu Eleonora ensinando Camilo, apontou para os dois:

– E ela não é professora de ninguém e lá está dando aulas para aquele malandro que não presta atenção na escola e depois vem para casa sem saber nada.

Eleonora sorriu, disse que adorava ensinar, se não tivesse casado com Vinícius teria sido professora. E Camilo não é nada disso que vocês dizem, é um menino aplicado e essa distração é própria da idade. Não é mesmo, Camilo?

– Tu vais deixar esse menino convencido – disse Dona Eudóxia, concordando no fundo com os elogios da nora.

O pai continuava irritado, eles me roubaram papéis, documentos, falta o registro daquelas terras que limitam com o Ibirapuitã, o cartório de Alegrete já alegou que eles não estão registrados lá, mandei saber nos municípios vizinhos e nada e enquanto isso o gado vai desaparecendo como se subissem em carne e osso para o céu. Mas eles vão ver...

Dona Eudóxia fez um muxoxo, largou o que estava fazendo, pediu à nora que encerrasse a lição e que por favor levasse o menino para a cama, estava na hora. Beijou o filho, passou a mão nos cabelos de Eleonora, ajudou a fechar os cadernos e os livros e dirigiu-se para Esmeralda

que se mostrava cansada, olhar perdido, olhando para o vácuo.

– Minha filha, vamos deitar, amanhã é outro dia. Deves estar caindo aos pedaços. E uma coisa: não quero que isso se repita. A partir de amanhã dá ordens, fiscaliza e controla tudo, mas nada de se matar como está acontecendo. Quero que levante mais tarde, pode sestear muito bem. Dirigir uma casa não é fazer serviço pesado, ainda mais com tanta negra por aí, muitas delas se fazendo de sonsas, se escorando umas nas outras como boi de canga. Vamos.

O velho Quirino esperou que a sala esvaziasse, cruzou os braços sobre a mesa e deitou a cabeça sobre eles, raivoso. Não sentia sono, não queria dormir.

Josué Guimarães nasceu em São Jerônimo, Rio Grande do Sul, em 1921, e morreu na capital dos gaúchos em 1986. Durante sua vida foi, sobretudo, jornalista, tendo a oportunidade de cobrir a Revolução dos Cravos, em Portugal, no ano de 1974. Como tantos outros brasileiros, foi perseguido pelo Regime de 1964, que não lhe perdoou as ideias libertárias e de esquerda nem sua amizade com o presidente João Goulart. Começou a publicar suas obras literárias perto dos 50 anos, fazendo um painel histórico do Rio Grande do Sul e do Brasil no momento em que se tornavam sociedades urbanas e industriais. Daí vem seu romance Camilo Mortágua, *do qual publicamos este trecho em que, ao lado de um jovem muito jovem que se inicia nos estudos, aparece uma sedutora e envolvente moça para quem o casamento significou o fim de sua vocação de professora.*

Confissões de um

Muito hesitei, antes de escrever, para edificação dos meus contemporâneos, o depoimento que se segue. Receava trazer a público um caso pessoal isolado e que, portanto, só a mim interessasse. Entretanto, refletindo mais demoradamente, conclui que o meu caso, não obstante os pormenores que o singularizam, longe de ser uma exceção, é típico. Reflete o de milhões de brasileiros meus contemporâneos, que, dentro das possibilidades que nos são judiciosamente atribuídas pelos governantes, sempre ciosos de não nos sobrecarregarem com demasiadas responsabilidades, vimos construindo a grandeza do país.

Pensei, além disto, que o debate é sempre um tanto abstrato e que, por vezes, a descrição de um caso específico pode ser mais esclarecedora quanto a determinado problema que toda uma longa discussão. Quem sabe, refleti, se o relato minudente e frio da minha própria vida não ilustrará melhor as vantagens – e mesmo as poucas e eventuais deficiências – do regime político a cuja sombra vigilante, paternal, sábia e protetora temos a fortuna de viver? Vamos pois ao relato que é, não obstante algumas dúvidas que ultimamente me inquietam e de que falarei no tempo apropriado, um tributo aos que vêm, com mão segura, regendo a Nação, a minha vida e mesmo, de certo modo, a minha consciência.

Puseram-me, quando nasci, o nome de Artaxerxes. Até aí, nada de mais, pois eu ainda não sabia falar. Já não estou muito de acordo com a troca que anos depois veio a ser feita, à altura dos meus sete ou oito anos. Perguntaram-me:

– Como se chama?

E ao ouvirem o nome de Artaxerxes:

– Não. Esse não lhe serve. Agora você se chama João. É melhor, mais cômodo e será mais vantajoso. Pensamos sempre no nosso querido João.

Eu já estava na escola. Não a que eu desejava cursar, num prédio antigo, de paredes amarelas, com um gramado na frente, mas outra, perto do cemitério, com professores vindos do estrangeiro, atenciosos, cheios de sabedoria, mas incapazes de entender o meu Português. Eu preferia ir à aula de manhã e ficar livre à tarde. Por coincidência, assim foi feito: eu ia à escola às oito e voltava ao meio-dia, passando a tarde na brincadeira, mas não por ser assim que eu ambicionava, pois não fui consultado. Eis por que, vez por outra, eu me perguntava se não seria melhor o contrário, folga pela manhã e aula de tarde. E se o regime escolhido não tinha em vista os interesses de alguma outra pessoa, não os meus. Reflexões infantis, sem maior importância. Sabe-se que as crianças, na sua inocência, sempre pensam coisas assim.

brasileiro de hoje

Osman Lins

Quanto
à alimenta-
ção, nem uma só
vez, em toda a vida, pro-
curaram saber do que eu gostava. Café da manhã, almoço, jantar,
tudo era bem preparado e sempre vinha à
hora certa. Nunca, entretanto, davam-me a oportunidade de dizer o que desejava ter à mesa. Sabia que
devia comer e comia. Mas nunca tive fome, nunca. E acho
que a pessoa, às vezes, tem o direito de jejuar. Essa opinião é talvez um defeito da minha formação, mas estou dando de mim um retrato
sem retoque e por nada no mundo tentarei ocultar o meu lado incivil, rebelde
à modelagem.

No que se refere aos brinquedos e roupas, seria injusto queixar-me. Jamais senti frio e
os brinquedos eram periodicamente substituídos, de acordo com a minha idade. Houve até
alguns aos quais me afeiçoei. Não pude conservá-los. Eram tirados de mim no momento oportuno.
Naturalmente, sem consulta prévia, pois o cidadão deve habituar-se a não ser consultado.

Não se pense que os cuidados comigo foram apenas nessas coisas. Eu tinha (e ainda tenho) de pentear o
cabelo segundo um molde aprovado sem meu voto; meu modo de falar prejudicava-me, tive de seguir aulas
de dicção; andava com as pontas dos pés meio afastadas, fui obrigado a endireitá-las; sentava-me derreado,
isto também foi corrigido; dormia de borco e tanto apanhei que me submeti, resignado, à posição correta.

Alguns dos meus companheiros, hoje no exílio, liam obras pornográficas ou de aventuras. Eu, como era de
norma, não escolhia o que ler: os livros eram postos em minha cabeceira, histórias de porquinhos, de coelhi-
nhos, de fadas, de princesas, de burrinhos filósofos, de abelhinhas, depois de bons meninos com bons pais,
boas mães, boas irmãs, depois de homens honestos, depois de vultos da História Universal, nenhum dos quais
urinava, coisa que até hoje me intriga.

Concluídos os preparatórios, foi estabelecido que eu seria um cidadão útil e correto. Foi quando me perguntaram:

– João, você quer ser o quê?

Eu disse:

– O que os senhores quiserem.

E eles:

– Ótimo, excelente. Maravilhoso. Você vai ser um homem útil e correto.

Fiz o vestibular e entrei na Faculdade Integrada de Homens Úteis e
Corretos. O currículo era amplo e eu, aí, podia escolher, por
exemplo, entre Introdução à Obediência ou Prolegômenos
do Consentimento Tácito. Ou entre Sistemática da
Resignação ou Estilística da Concordância
Absoluta. Ou, ainda, entre História
UniversaldaDecênciaouFilosofia
da Honestidade Ainda
que Aparente.

Estudá-
vamos em
apostilas, as quais
tinham a vantagem de
expurgar, dos livros, os trechos impróprios, inconvenientes,
cansativos, preparatórios, suspeitos
ou dispensáveis, atendo-se ao essencial
– ao que caía nos exames. Como é de prever,
éramos todos – ou quase todos – ótimos alunos,
cuidadosos, pontuais, servis, jamais questionávamos os
programas, venerávamos os professores e sempre estávamos
de acordo com tudo que a direção resolvia. Sempre conversáva-
mos sobre as matérias estudadas, em hipótese alguma ocupando-nos
de assuntos estranhos aos currículos, e só nos espantava (mesmo assim, não
muito) o fato de serem quase idênticas – na verdade, iguais – as apostilas, por
exemplo, de Prolegômenos do Consentimento e de Introdução à Obediência. Mas nunca
chegou a inquietar-nos.

Mal saí da Faculdade, vi que existia toda uma legislação à minha espera, pronta – não obstante suas
constantes mudanças – para guiar-me os passos, proteger-me e evitar que, devido a erros meus, me sobre-
viesse algum infortúnio. Eu tinha a ideia, é certo que um tanto vaga, de fixar-me no litoral; mas fui enviado para
o Oeste, o que foi – confesso – uma surpresa, pois nunca me ocorrera que o nosso país tivesse Oeste.

Tudo que eu devia fazer e pensar fora estabelecido há muito tempo. Aliás, eu aprendera, na Faculdade,
com o catedrático de Imobilismo Estrutural, que não devia propor nenhuma ideia nova ou ensaiar,
por exemplo, qualquer alteração nas organizações para as quais eu fosse nomeado, cuja perfeição e cuja continuidade, em grande parte, dependeriam do meu silêncio.

Consta que algumas pessoas, no país, não ganham o suficiente para viver. Será verdade? Quanto a mim, pagavam-me o suficiente, e, vez por outra, até me conce-
diam aumentos, sendo-me expressamente vedado, por ser parte interessada,
discutir as respectivas percentagens.

A certa altura, eu andava cansado, aborrecido, procurando
não sabia o quê e me ocorreu que talvez fosse bom ficar
desempregado uns tempos. Pedi demissão. Não me foi
concedida. Alegaram que eu ia ser transferido para
um clima talvez menos benigno, porém mais
adequado à minha natureza. E que, na outra
cidade, me esperava a mulher com
quem eu devia casar-me.

Protestei. Não sei por que, mas
protestei. Responderam
que eu não tinha
qualquer apti-
dão para

escolher

esposa. Na

Alemanha, ou na

França, ou nos Estados

Unidos, países onde o povo

chegara a um alto grau de educa-

ção, admitia-se que um homem pudes-

se escolher livremente a mulher com quem

dividiria a sua vida. No Brasil, não. Concluíra-se

que o brasileiro não tinha maturidade suficiente para

isto, que os casamentos infelizes estavam destruindo a

nossa sociedade, a qual necessitava proteger-se a partir das suas

bases. Eu, por exemplo, me inclinava por mulheres totalmente inade-

quadas ao meu gênio e a escolha feita por eles tinha em vista, ao mesmo

tempo, o equilíbrio da sociedade e o meu próprio bem-estar. Acrescentaram que

eu teria três filhos, com um e dois anos de intervalo entre eles, de acordo com o Plano

de Desenvolvimento Integrado. Deram-me a lista de nomes para o sexo feminino e outra

para o sexo masculino. A casa onde devíamos morar estava pronta e a transação já aprovada:

eu tinha de comprá-la a prestações, através do BHSH (Banco Home Sweet Home), cujos fundos, como

se sabe, são proporcionados pela renda da Loteria Esportiva. Já encontraria dentro de casa a mobília, as

roupas. Isto porque temiam que eu comprasse tudo errado, podendo assim prejudicar-me e prejudicar a família,

perturbando a calma de que o país necessita como potência emergente.

Transferi-me e casei-me. Minha mulher é ótima, deu-me os três filhos que eu devia ter, eles têm os

nomes que deviam ter e eu levo a vida que devia levar. Levanto-me na hora que devo levantar-

me, saio na hora que devo sair, faço o que devo fazer, penso o que devo pensar cada semana,

digo o que devo dizer, como o que devo comer e sou profundamente grato aos que, sem

consultar-me, sem interrogar-me, organizaram tão bem e tão paternalmente a minha

existência.

Mas, nos últimos tempos, dois tipos de perguntas, perfurando como vermes

toda a minha ventura, vêm insinuando-se. Pergunto se, cuidando tanto

de mim, tanto me tutelando, na verdade não cuidaram eles de si:

se não se protegiam a eles. Pergunto se, afinal, já que a vida é

minha, se sou eu que arco com ela, não tinha o direito de,

ao menos uma vez, ser ouvido sobre o meu destino.

Ainda: penso que o mundo não pertence apenas a
eles, mas também a mim e que talvez eu tenha
igualmente o direito de opinar sobre o
mundo – e até, quem sabe, de opinar
sobre o país. Finalmente, se eles
decidem por mim, quem decide
por eles? Sim, eu gostaria
ao menos de substituí-
los por minha pró-
pria escolha.

Este conto-crônica do escritor pernambucano Osman Lins (1924-1978), publicado primeiro em jornal e depois no livro póstumo Evangelho na taba (outros problemas inculturais brasileiros), *tem por ambiente o clima sufocante das épocas repressivas e autoritárias na vida escolar brasileira, que foram tantas. Mas aqui se acrescenta o tema da massificação, característico dos anos de 1970, época em que foi escrito. Osman Lins por diversas ocasiões abordou o tema do ensino em seus escritos, quase sempre em artigos ou crônicas, ao lado de reflexões sobre a recepção da obra literária e suas condições de produção.*

Terra

Jarrê, filho de Deija, gritou que tinha estiado, se não queria vadiar; falei pra ele que não queria não; pai andava numa matutação, podia não gostar, estava desde a hora da comida olhando para o mundo, morrinhento. Sem bolinação; que fosse sozinho, outra hora eu ia.

Jarrê, filho de Dalva, falou sei lá o quê, desceu a rua amassando lama, fui me achegando pra saber se pai não queria nada, tinha precisão de mim, mais me aproximei.

Pai pensava alto que tanta água como esta só em 32. Castigo de Deus.

Somente escutei o castigo de Deus, pensei que era eu o castigo, meti os pés para trás, acautelei-me para não ser visto e me encoivarei por detrás da porta, na tocaia, mão na tramela. Sestroso, fiquei que só em sentinela: o cristão morto, a gente observando pouco ligando, boca lacrada na tristeza dos outros.

Pai disse, meio amuado, pesaroso, debruçado no portal do fundo da casa, que aqui nunca foi de chover tanto, mas o que vem de cima tudo é bom, enquanto avistava a baixada coberta de água, água descendo rio abaixo num coculo de gravetos, folhas finas do canavial, até mesmo da gameleira copuda da beiradinha do rio. Até: cobras fazendo caracóis se estrebuchando todas, roda pra lá o redemunho leva, roda pra cá o redemunho traz. Água que não respeita nada.

Pai triste, calado assuntando: na inzona de ver os bois com águas nas juntas, cavalo pegando rama com precisão de nadar, água barrenta nos peitos. As moendas paradas. Sei: pai nem deve ter em pensamento que está quase no tempo de eu ir para Bananeiras, para o estudo. Nem gosto de ficar nessa pensação. Estava pensando, disse besteira ficar assim pensando. Saí correndo pela casa, para o quarto, sem nem olhar a vela acesa, apaga não apaga, que queimava aos pés do santo: acho que, mãe me disse um par de vezes, não sei direito, Santo Antonio, ou acho que São Pedro, ou não?, sei lá que santo é. Ou é São Francisco? Me esqueci de pedir, ao santo que fosse, pra pai me tirar de lá do estudo.

Roniwalter Jatobá

Mãe estava na sala, a chuva já tinha parado com o vento soprando para longe as nuvens de chuva. Ela me viu passar pelo corredor me esquivando: o que este menino fez agora, ela disse, e foi ter comigo lá no quarto, andando de mansinho como ela gostava. Entrou silenciosa como gato matreiro, com jeito de não querer nada, foi se achegando, de olhos nas maneiras que eu ficava. Dando trabalho, deixando atarefado o teu pai, não desarrume a cama, ela disse só pra se aproximar, que mãe é assim mesmo: briga, briga, até xinga, mas é do lado da gente. Eu só estou pensando, mãe, e não dei trabalho não, pai nem me viu, também a gente não pode brincar lá fora, uma lameira, eu disse.

Mãe perguntou o que eu tinha, eu não era assim, deixasse de tristeza boba, eu ia pra escola lá em Bananeiras depois que o barreiro secasse, não gostava muito, mas que jeito, o teu pai quer.

Aí ela disse, será que tem trem nesses dias por causa da chuva? Devia mandar perguntar lá na estação da Lajinha, o filho de Deija ia num pulo. A escola não é tão longe, não é fim de mundo, passava uns tempos, depois logo voltava, ficava nesse vai e vem um tempão, depois é homem de bem, doutor.

Não queria ir pra lá não, mãe? Gosto daqui, eu disse pra ela.

Ela me olhou como passarinho faz com filhotes, me beliscou com carinho e disse: e o sacrifício do teu pai?, um prejuízo danado com essa chuva, me arrenego da hora que a gente pensa no teu bem.

Aí eu disse que queria ficar aqui, ajudando, labutando, dando adjutório, prendendo as vacas no curral toda tarde escurecendo, tocando boi no engenho, a garapa descendo para o cocho espumando, eu gosto é daqui, não gosto de lá, a gente só estuda, nem se brinca.

E ela falou depois: se teu pai souber disso tudo ele te mata, tu com tuas ideias. Logo agora que tu já sabes ler tudo direitinho. Quer ser do jeito da tua família que nem sabe soletrar?

Fiquei em pé olhando pra ela. Agarrei a pensar que mãe tinha as suas razões. Nem queria imaginar, Deus me ouça, se pai soubesse dessas minhas vontades de não ir mais estudar. Tia Joana falava pra todo mundo: meu sobrinho, filho do João, vai ser doutor se assim Deus o permitir. Parece que estou vendo: pai orgulhoso, mas ele sempre dizia besteira mulher; mas que ele ficava orgulhoso, ficava. Eu é que não ligava muito. Quando pensava nos mandis, grandões, gordos, que pegava no rio com o filho de Deija, o Jarrê, esquecia da escola, nem lembrava de nada que existia. Depois, de noite a gente ficava escutando estórias de trancoso, cadê que dava vontade de voltar à escola. Na escola só livro difícil, um jeito diferente com a gente. Aqui, ou não é?, os casos entram na cabeça da gente, nunca se esquece nada, grudam que só visgo, não saem nem que se queira.

Quero bem a todo mundo, a Tereza não. Uma vez ela fez fuxico, pai veio lá, eu no meu canto, já esperando, a Tereza, nem gosto de falar o nome, chorando e contando: seu João, teu filho, lá no rio, ele botou a binga pra fora e me chamou pra fazer besteira. Pai chegou, pegou a bainha de facão, aproximou zangado que só boi de carro quando fica bravo, disse: respeita filha alheia, e desceu o braço. Mãe disse, não bate assim no menino, tu bates na cabeça, em qualquer lugar, depois o menino fica bobo assim igual o Zé da Cruz, aquele da feira que pede esmola. Ele não bateu mais, mas disse que no próximo desrespeito me matava.

Faz um tempo que não vejo pai triste como naquele dia. Nem olhei mais pra moça. Tenho raiva dela, mas que eu pedi o xibiu pra ela eu pedi sim.

Gostava de chegar na cozinha, mãe fazendo doce de manga, quando era época ou mesmo com manga temporã, dizia que me doía a cabeça, que era por causa da bainha do facão, ela me dava a rapa da panela, e eu ia brincar ou ver se tinha alguma nambu presa na arapuca. Ou ia para o rio atrás de jega, com o filho do seu Gustavo, de égua e até de vaca.

Jega chegava com sede, a gente passava o cabresto, um segurava, um ia, outro segurava... no mourão. Vaca deitada, remoendo, e a gente cruzava ela assim mesmo.

Se eu falar que não quero ir pra escola, pai que agora anda tão triste como a vez que ele me bateu, só assuntando essa água besta que não para, que cobriu todo o canavial, ele pode se arruinar com essas besteiras, pegar a peia e então... já estou vendo.

Mãe ainda estava lá me olhando, parece que vendo os meus pensamentos. Ela veio me agarrou no colo, fez cafuné, saiu devagar pra cozinha. Pensei, se pai morresse eu não ia sentir muito, mas mãe, não gosto nem de ficar com isso em pensamento.

Aí chegou o dia de me ir embora. A chuva, também já era tempo, tinha parado. Escutei pai falar para Gustavo com o chapéu na mão: quero todo mundo amanhã aqui, as águas baixando, os facões comendo, se perder não perco muito, água molenga, só cobriu não derrubou.

Aí chegou a hora de me ir embora. Dei bênção a pai, ele me abraçou. Na vez de mãe me abraçar quase não aguento, controlei segurando as lágrimas, não chorei na hora. Pai podia dizer que homem não chora. Um pingo de choro deslizou no rosto, enxuguei logo, ninguém viu, me despedindo nesse dia de fevereiro, sol quente no alto do morro.

Via umas nuvens, umas cinco contadas nos dedos, brancas, meio ralas, perto da cumeeira do morro, parecendo encostadas nas flores de ipês-roxos e amarelos, colorindo a tristeza que se tem, e também: um sem jeito de mais chuva.

Mãe chora.

Toma jeito cavalo depravado, diz pai para o animal que pisa e cavouca a terra, impaciente. O cabresto curto, nó de laço no tronco de São João, repreende ele.

Me aprumo no alto da sela, me arrenego da tristeza de ir, sei que pai e mãe só querem ver o meu bem, mas me benzo na vontade de ficar.

Pai calado enrola o cigarro sem vontade de fumar.

O cavalo desce a ladeira sem precisão de tocar. Na garupa, Jarrê me acompanha. Vamos calados. Sei que ele está tão triste como eu, mas ele só por uns dias, depois esquece, eu sei.

Lembro que um dia ele falou, se pudesse, ia se instruir, viajava pra São Paulo, mudava de condições e... deixa. Pra que lembrar essa coisa agora.

O cavalo amassa barro já perto do rio. Jarrê na volta, da estação até em casa, vai ficar pegando parelha com quem estiver na estrada. Agora bem que podia correr no cavalo fogoso, mas Jarrê vai dizer que não corra não, a mala pode cair e se quebrar.

Deixo para lá as vontades e vejo o rio. As águas já baixas encostam na barriga do alazão, redemunho querendo acertar na anca, a gente com os pés levantados na altura das crinas do animal que vai de brida solta, e eu nuns repentes de voltar. Sou ciente, não posso ter querer.

Aí deu pelo menos uma vontade de dar uma olhada de banda antes de chegar na curva que encobria tudo da vista. Fiquei com receio de me fazer chorar. Jarrê podia dizer: cê mole, Jacinto.

Assim, com isso na ideia, assim mesmo olhei.

Primeiro, sumiu a rua, tenho o peito em fogo; o braço de mãe que dizia adeus, tenho um nó na garganta que me sufoca; depois, foi sumindo, sumindo, os telhados das casas até sumir de vez a cruz do alto da igreja. Sinto um aperto como se estivesse sentado nas raízes da gameleira copuda e escapasse do anzol alguma piaba pequena, morta de fome, arisca. Ou como Jarrê, Tico, Duca, eu, estivéssemos de mergulhos no poço do Juá, de manhã ou no fim da tarde, e faltasse fôlego.

Mineiro de Campanário, nascido em 1949, Roniwalter Jatobá de Almeida viveu na Bahia, depois em São Paulo. Morou alguns meses na Europa. Foi caminhoneiro, operário metalúrgico e gráfico. Acabou se formando em jornalismo. Seus contos espelham suas vivências pela grande cidade e pelo sertão, quase sempre do lado (e sempre ao lado) dos pobres e explorados. Autor de muitos livros, ganhou o prêmio Casa de las Américas, de Cuba em 1978 com seu Crônicas da vida operária. *Neste conto, "Terra", estão presentes os desafios que traz para o menino pobre a perspectiva de ir para a escola, no fundo do sertão brasileiro.*

Flávio Aguiar

A última palavra

a Magra
distante musa minha
de um melhor mundo

Acontece que nós éramos demais. A gente pintava o caneco, eu e Cristiano. Já sei que algum engraçadinho aí viu simbologia nesse nome e vai logo pensar que o meu é Judas, ou coisa parecida. Ledo engano. Essa história se passa em colégio de padre, é verdade. Mas não tem fundo religioso. Também não fiquem esperando, como foi moda, que eu vá contar sacanagens de confessionário ou escabrosidades da clausura. Meu assunto é outro. E me chamo Pedro. Pedro Netto.

Naquele tempo Pedro e Cristiano ensinavam seus discípulos. Mas não com palavras; com dribles. Eram curtos, secos, precisos: driblávamos a dois, parecíamos quatro, tal o perfeito entendimento. Pedro e Cristiano foram a melhor dupla de área do Colégio Santo Inácio de Loyola durante dois anos pelo menos. Não minto: valsavam atrás de nós, eu vi. E não é estranho que eu escreva na terceira pessoa. O prazer e a harmonia transportavam-se para fora de mim. Dentro do campo éramos, em conjunto, uma outra personalidade, com razões e sentimentos próprios. Ele era baixo, meio atarracado, e usava a cabeleira puxada toda para trás. Jogava mais recuado, na cobertura. Eu era alto, magro, já ensaiava algum bigode. Saía nas bolas altas, dava o primeiro combate. Muitos atacantes desapareceram diante dessa zaga. Pedro e Cristiano eram amigos.

No Colégio Santo Inácio havia um costume, entre os alunos do último ano, que pode parecer estranho nos dias apáticos de hoje. Era a "despedida". No segundo semestre os alunos do terceiro colegial faziam gato e sapato, num protesto informal contra a escolaridade. A coisa começava devagar. As aulas tornavam-se inquietas. A disciplina decaía. Os padres sorriam contrafeitos, tentando manter a esportiva. Bombas sonorosas começavam a explodir nos banheiros. Untava-se a cadeira do professor com a santa goiabada. Rezavam-se missas negras nas aulas mais chatas. Saía-se do inverno para a primavera: o sexo suava em todos os poros. Havia discursos inflamados. Se o professor era míope, fazia-se guerra de batatas na sala de aula. Queimava-se gás inseticida na sala das autoridades, como o padre Prefeito, o padre Reitor, o diretor Espiritual. Aos poucos os padres entravam na dança, perseguindo, denunciando, reverberando, ameaçando com pecados, infernos, excomunhões. As bombas recrudesciam. Os recreios viravam carnaval, com batucada, blocos, desfiles de fantasia. Aí os padres e os professores eram atingidos mais duramente em caricaturas ao vivo. O Santo Inácio era um colégio exclusivamente masculino: aproveitava-se qualquer gesto dúbio de um professor ou padre para ampliá-lo, globalizá-lo, transformando a vítima em homossexual nato. E eu era feliz então? Claro que sim! Era-o outrora, e sou-o agora, ao evocar essas vinganças adocicadas. Mas é evidente que para a sua despedida Pedro e Cristiano pensariam em algo flor de especial. Como eu já disse, eles, nós, éramos demais.

Planejamos a coisa durante o mês de julho. Mais tarde os padres culpariam o demônio. Eu não faria tanto. Culparia o Sol, simplesmente. Aqueles entardeceres langorosos, de fazer corar um morto pela lassidão que oferecem. Foi um julho excepcional: suave, pródigo, morno. Uma primavera em pleno inverno. Os dias se sucediam, azuis e convidativos. Nós íamos para a beira do rio, desfrutar da companhia e da bola. Suar o corpo. Dar de si. Olharmos um para o outro. Fazíamos confidências. Sugeríamos. Ameaçávamos céus e terras, mulheres e meninas. A época era tensa. Segundo os jornais, recém fôramos salvos do abismo comunista.

Havia cochichos e estranhos pombos arribavam ou partiam. E nós dois treinávamos toda a tarde, trocando passes, tecendo jogadas imaginárias. Depois sentávamos lado a lado, cheirando nossos cheiros misturados, e trocávamos ideias, tecíamos planos para o futuro. Éramos amigos. Houve método: a coisa urdiu-se aos poucos, e com firmeza. Quando um tardio minuano levou aquele prematuro paraíso, estava tudo pronto. Nem sei se foi dele ou de mim que partiu a ideia. A compartimos livremente, os dois.

No Santo Inácio havia um professor, o velho Adolfo, alemão suspeito de pretérito e emérito nazista em sua terra natal. Pois imaginamos que uma digna despedida de Pedro e Cristiano seria tirar isso a limpo, e de público. Os outros que saracoteassem no pátio. Nós, eu e ele, agulharíamos a fundo, sem perdão. O plano era simples, porém convexo. Quero dizer, não havia mistérios, mas sim riscos na execução. Em todas as salas de aula do Santo Inácio havia o sacrossanto livro de turma, sempre sobre a mesa do professor. A primeira obrigação deste era abri-lo, fazer a chamada, registrar as faltas e demais irregularidades. Qualquer acontecimento inusitado, qualquer quebra da disciplina deviam passar para o sacrossanto. "Ir para o livro" era coisa temível e digna de lamentos. Significava conversas longas com o diretor Espiritual, o Regente de Classe, o Prefeito, o Reitor, conforme as reincidências sucessivas. Ao final da aula o professor registrava a matéria dada e assinava o sacrossanto, fechando-o e dando tudo por assente. Pois no abrir do livro pegaríamos o velho Adolfo. Das páginas odiadas saltaria uma suástica perfeita, interpondo-se entre ele e nós. O gozo seria ver a sua cara, a expressão do monstro a denunciá-lo. Para nós ele era de antemão culpado. Se não fora nazista, o era na sala de aula. Toda a semana mandava meia dúzia para o sacrossanto. Era professor de História. Em dó de peito, com voz de barítono e sotaque carregado, falava dos proeminentes europeus que até hoje vinham doar a sagrada civilização a estas terras bárbaras de índios repelentes e burros. Um saco para nós, dois meninos perdidos nesta história suja.

Havia duas ordens de dificuldades. A primeira era técnica e mais fácil de encaminhar. Havia que recortar a suástica de tal maneira que se pudesse colá-la no livro e que, uma vez este aberto na página certa, dali se erguesse inconfundível. Cristiano quebrou o galho, colando e descolando suásticas a torto e a direita. Não é à toa que hoje seja arquiteto, organizador de espaços. O jogo de papeletas era meio complicado. Não vou reproduzi-lo, não lembro direito de como funcionava. Não tenho coragem de pedir a Cristiano, hoje, que o refaça. Sei que se abria o livro e paf! lá se erguia a cruz denunciadora. A segunda ordem de dificuldades dizia respeito à prática da coisa propriamente dita. Dada a natureza da operação, embora ela fosse divertir a todos, não poderíamos contar com mais ninguém. Tudo permaneceria secreto até a hora H. E havia que descobrir o momento certo: um recreio de maior descuido por parte de padres e professores. Um, Cristiano, deveria ir à sala, abrir o livro e plantar a cruz. Outro, eu, deveria ficar na porta e no corredor, cuidando quem passasse, e dar aviso em caso de perigo. As salas de aula davam todas para extensas e altas galerias, onde era proibido permanecer durante os intervalos. De nossa galeria, no penúltimo andar, havia três saídas: uma escada que descia para a galeria inferior, ao nível do pátio dos maiores; uma porta, ao lado da escada, que dava para a capela principal, vale dizer, para a boca divina; e uma outra escada, oposta à primeira, que subia para o Salão de Festas e Solenidades do Colégio. Como não havia festas, o Salão estava fechado. De fato, havia apenas uma saída: descer para o pátio. A situação era mortal, em caso de erro ou demora.

Em nenhum momento nos passou pela cabeça o que aconteceria se nos pegassem. Era tudo tão natural que tal hipótese era descabida. Ensaiamos os passos do grande acontecimento por agosto afora. Primeiro, a colagem. Segundo, a rapidez. Terceiro, os sinais de alarme. Quarto, descer para o pátio. Quinto, chegamos a provocar um pequeno incidente para ver de onde viria o perigo de sermos descobertos. Atrasei-me propositadamente num recreio. Quem primeiro me viu foi um Fritz, isto é, um dos rapazes encarregados da limpeza, que vinham da colônia alemã para o colégio. Falavam alemão, viviam no sótão sobre o salão e a capela. Eram perigosos: havia muita rivalidade entre os alunos e eles. Andavam mal vestidos, de pés descalços, usavam cabelo escovinha. Eram fiéis aos padres. Não perderiam a oportunidade de denunciar um aluno em situação irregular. E nos esquecêramos deles. Falha imperdoável. Um Fritz subia, no recreio, para dar uma varrida nas salas. Era óbvio: havia que detê-lo.

Calculamos que a única coisa capaz de deter um Fritz seria a continuidade do dever. E este, no caso, era a limpeza. Por isso levei comigo, no dia combinado, um frasco cheio de sopa guardada há vários dias. Tinha um pesado ar estomacal. Escolhêramos aquele dia – uma quinta-feira – por termos as duas últimas aulas com o velho Adolfo, logo após o recreio maior. E aquela época – meados de

setembro – por já irem adiantadas as despedidas. As bombas estouravam plenamente nos banheiros. Começavam os discursos. Os padres andavam atarefados com o pátio; o terreno estaria mais limpo na galeria. Ao mesmo tempo não havia ainda vigilância total, pois não chegara também o desbunde completo. Uma honesta mediania permeava os acontecimentos.

A senha foi a campainha do recreio, interrompendo a anterior aula de Religião. Ficou pelo meio da frase a necessidade de que o cristão se interessasse pela vida social para impedir que os comunistas tomassem conta da juventude. A turma começou a se movimentar e a descer. Cristiano se deixou ficar arrumando livros na pasta. Propositadamente larguei minha malha no chão. Desci. Lá embaixo fiz cara de frio no primeiro golpe de vento. A sensação veio real. Acreditei em mim. Voltei correndo escada acima. No meio ela fazia uma volta para a direita, em ângulo reto. Na volteada derramei o conteúdo do frasco. Um clássico ar de vômito borrou a

escada. Uma cena certamente sedutora para um Fritz. Continuei a subir. Na sala de aula Cristiano trabalhava apressadamente. Tinha o livro aberto na página reservada para o velho Adolfo, e colava as aparas de papel que comandariam o truque. Lá embaixo uma bomba estourou, provavelmente no banheiro. Seguiu-se um coro de vaias. Distingui a voz grave de padre Cantídio, o professor de Religião, ordenando silêncio. Houve um zum-zum de descontentamento. Outra bomba. Outra vaia. Padre Cantídio histérico. Silêncio. Ouvi um plec-ple de tamancos. Um Fritz se aproximava da escada. Arrisquei um olhar sobre a mureta da galeria. Todos pareciam congelados: numa das janelas do prédio da Direção rebrilhavam os óculos do padre Prefeito Terrível Soberano do nosso Reino. Dei sinal para Cristiano, corri para a escada: plec-plec e o Fritz se deteve diante da mancha, com uma tirada em alemão de audível desgosto. Começamos – ele a limpar o chão, eu a observá-lo. O trabalho fora bem feito, quer dizer, bem espalhado. O Fritz resmungava alemoagens exaltadas.

Pensei se devia ter pena dele. A calça estava em trapos. A camisa era fina demais para o vento. O cabelo era curto e espetado. Os padres nos enchiam com histórias de Fritz que viravam engenheiros e superiores da ordem ou de outras ordens. Mas o que poderia ser ele na verdade? Mestre-cuca? Policial? Eterno sacristão? Voltaria para sua terra e plantaria sem parar? Ou deveria desprezá-lo? Eu fazia dele um bobo, valia-me de sua condição de servo da padrecada. Hoje eu poderia pensar em outras alternativas. Na época, a compaixão e o desprezo eram sentimentos suficientemente complexos para que entre ambos me debatesse, ficando sem saída entre a culpa e o gozo do pecado de desrespeitar o próximo.

Diante do inusitado o Fritz foi tão meticuloso que acabou lambuzando todo o pano para limpar a sujeirada. Voltou escada abaixo, quem sabe para buscar outro. Voltei à sala. Disse a Cristiano que era nossa oportunidade de sair dali. Com um último retoque ele fechou o livro. Eu fui na frente, pela galeria; no topo da escada ouvi a voz do irmão Jubileu, o chefe do pequeno exército dos Fritz. Falava

m o tal que limpara a escada. Devia desconfiar
e algo. Corri para a capela, com o coração no
stômago. Cristiano voltou atrás. Entrei naquele
êncio semiparadisíaco, semi-infernal. Ajoelhei-me.
ntabulei uma engrolada, como se rezasse. Ouvi
clique suave da porta. Uma pausa. Depois, a voz
alma do irmão Jubileu:

Alguma coisa, meu filho? Te sentes mal?

Nada, irmão – respondi. – Um exame de
onsciência.

Tu sabes que não é permitido ficar aqui em cima,
ão é?

Sei, irmão. Mas eu precisei vir.

ela fresta da porta vi Cristiano passar para baixo,
om os sapatos na mão. Rezei para que o Fritz
vesse sumido.

Desça logo que puder, meu filho.

Sim, irmão. Desculpe incomodá-lo.

Não foi nada. Louvado seja Nosso Senhor Jesus
    Cristo.

       – Para sempre seja louvado.

preso por cordas invisíveis. No meio da escada o
olhar casual do irmão Jubileu gelou o sangue dessa
criança que dentro de mim estava apavorada. Ela e
Cristiano eram irmãos de sangue, crime e espírito.
Longe um do outro eu contemplava friamente (como
agora quando escrevo) o pânico do primeiro. As
pernas tremeram. Imaginações bárbaras vinham à
cabeça. Desmascarado, o velho Adolfo dava um tiro
na têmpora. O pobre coitado. Não, melhor: dizia "o
tempora o mores", jogava-se da galeria, espatifava-se
no pátio. Uma mulher de cabelos brancos chorava.
Varões fortes, alourados, consolavam-na. Tudo
era uma injustiça: ele não fora nazista. Magoado,
chorava diante dos alunos. Nunca mais daria aulas.
E ele era um ser humano. A mulher de cabelos
brancos torcia as mãos. Passavam fome. O mundo
era cruel. Alguém suficientemente estúpido fizera
aquela desgraça. Não. Furioso, desmascarado, o
velho Adolfo pegava o primeiro objeto à mão – um
tinteiro, uma régua – e descarregava na cabeça
de qualquer um. Lá se ia um inocente
para a enfermaria. Sangue
jorrava. Ódios

porta fechou-se
uavemente, como se abrira. Meu
oração bufava. Eu sentia orgulho. Trepidava. Quase
erdi o controle e gritei de alegria. De um recanto
repuscular Cristo me espiava. Ah, se eu estivesse
e atuasse tão bem assim na frente do Pilatos a
rucificação seria diferente. Armei a melhor cara
e compungido que pude e abri a porta. Dei de cara
om irmão Jubileu, que aguardava do lado de fora.
mbarafustei escada abaixo, antes que viesse uma
argalhada. Ao chegar no pátio o vento cortou-me
s costelas suadas. Esquecera da malha. Mais uma
omba explodiu. Não houve vaias.

ão tive tempo de falar com Cristiano. O sinal
ateu. Fazíamos fila, marchávamos em silêncio
ara a sala de aula. Éramos maiores: tínhamos o
rivilégio de nenhum professor nos acompanhar.
onfiavam em nós, apesar das bombas e das
rruaças. A insistência com que eu e Cristiano não
os olhávamos nos denunciaria? Íamos lado a lado.
em aviso assaltou-me um pânico de afogado. Vi-me
uado, arrastado na fila com os outros, a eles

estremeciam as
paredes. Para se vingarem, os
alunos empurravam Adolfo pela escada.
Os padres intervinham. Um suspiro agitou
a fantasia. Desmanchou-a. Chamei-me a mim.
Confuso, variado, passei o degrau da entrada. Apertei
o braço de Cristiano. Ele finalmente olhou-me. Nos
olhos. Sorri. Aquilo tudo era uma brincadeira. Uma
despedida. Uma digna despedida. Num lado da
moeda a frieza transformou-se em calma. No outro, o
pânico passou a ser uma irriquieta expectativa.

O velho Adolfo entrou. Tinha o cabelo muito curto,
entre inexistente e branco. Fizemos o sinal da cruz.
Sentamo-nos. Ele puxou as calças amarrotadas e
sentou-se. O coração me apareceu na boca. Suor,
saliva e comichão. Entre os dentes ele viu o velho
Adolfo abrir o livro e a suástica saltar. Os óculos
sem aro do velho fuzilaram. Numa pancada de mão
a cruz sumiu. Olhei aqueles olhos diminutos. Azuis,
transparentes, assassinos. Eram de cão de caça. De
gato cercado. Farejavam. Eram de gente treinada. De
arame farpado. Renascia uma raposa. E o deserto
éramos nós. O silêncio total. Fora, o sol brilhava.

Então meu coração riu. Um riso gutural, seco. Talvez um rugido de coisa encarcerada. Rugido, gemido. Tanto faz, tanto fez. Em passos enormes o velho Adolfo saiu da sala. Eu me perdera. A vitória, enfim trabalhada, ruía.

Seguiu-se uma barulheira de sussurros e comentários. Ninguém se levantou. Todos se debruçavam. Havia confusões dentro de mim. Eu e Cristiano não éramos mais zagueiros. Crescíamos em centro-avantes. Marcávamos o gol. A trama era dele. A finalização era minha. O gol, nosso. Os braços, muitos. Era canja de galinha. Arranja outro nazi que esse já perdeu a linha. Súbito, as arquibancadas silenciaram. O juiz anulava? Era necessário sangue frio. Muita cabeça no lugar. Padre Pureza acabara de entrar em cena. O velho Adolfo atrás. Padre Pureza era o Regente de Classe. O responsável pela nossa disciplina. Professor de Português. Era alto, gordo, tinha uma boca pequena. Mas suficiente para o verbo, e ele o abriu. Quem éramos? Demônios, para assim insultar a um servo de Cristo? Comunistas, para desprezar a sociedade de Deus e dos homens? De que valia nossos pais suarem, pagarem nosso ensino a ouro, se assim agradecíamos os favores recebidos? Porcos. Canalhas. Viciados. Meninos ricos mal-acostumados. Que perguntássemos a um cão se teria a coragem de morder a mão que o alimentava. Uma criança inocente e inculta valia por dez de nós. Tínhamos merda na cabeça. O palavrão estalou. Naquele tempo, de um professor tudo, menos um palavrão. A coisa era grave, para tais exageros. O silêncio aumentou. O olhar de Pureza impôs o diagnóstico: bando de fariseus, de crucificadores, soldados romanos comunistas ateus dignos de Herodes, Pilatos e redondezas. O velho Adolfo mantinha os olhos baixos. Crucificava-se o cordeiro inocente. Inclinava a cabeça. Recebia o lançaço com resignação. Só faltava nos mandar comer seu corpo. E eu comeria. A raiva me subira. Tinha ganas de levantar e responder que hipócrita, fariseu, porco, canalha, eram Pureza e Adolfo. Eles que repartissem entre si os adjetivos. Não precisei me levantar por iniciativa própria. Pureza mandou que eu o fizesse. Gelado, obedeci. Adolfo me pregava na suástica. Ir ao padre Prefeito. Abri a boca, fui para a porta. Pureza ordenou-me que parasse. Que rezasse por minha alma, ali na frente de todos. Em voz alta. Respondi-lhe que era inocente. Mentia, mas meu grito era sincero. Olhei os demais. Baixavam o rosto. Inclusive Cristiano, aquele porco. Meu gêmeo,

e nem para me insuflar coragem servia. Que se fritasse. Saí. Pureza seguiu distribuindo culpas e infernos. Bom cão, Adolfo seguiu-me até a porta do gabinete do padre Prefeito.

Quando entrei, não acreditava em mim. Via-me num sonho. Não era possível. Não era eu. Era outro. Eu acordaria dez minutos atrás. Dez horas. Dias. Vários meses. Refaria tudo. Nunca nascera, diziam minhas têmporas. Engolira meu coração. Não riria de novo. Denúncias, nunca mais. Estudaria. Boca fechada. Jogaria futebol. Daria exemplo. Padre Prefeito tinha o apelido de Patrulheiro. Estava sentado atrás da mesa. Foi direto ao assunto:

– De qualquer modo o caso é grave. Insultar um professor. Senão com a suástica, com o riso público. Indigno de um Inaciano. Parágrafo nove.

Eu tinha de voltar atrás. Assim ia me dar mal. Eu era outro. Era um pesadelo. Tinha de entregar a bola a outro. Ele que a levasse, que a perdesse, que se fritasse.

– Não fui eu, disse.

O Patrulheiro olhou-me, duro e inexpressivo.

– Tenho o depoimento do irmão Jubileu. Não percas tempo. Ele te viu lá em cima. Não viu ninguém mais lá, percebes? E o padre Cantídio me garantiu que não havia suásticas no livro quando deu a aula de Religião, logo depois do recreio. Não percas tempo. E depois, riste.

Olhei o relógio sobre a cabeça dele. Eram 20 para as 11. Se eu não chegasse em casa até o meio-dia e meia, telefonariam de lá. Meu pai viria até a escola. Ficaria entre eu e os padres. Não é comigo que o Patrulheiro está falando, eu latejava. Não é comigo. Isso não aconteceu. Isso não está acontecendo. Eu vou acordar dessa.

– Fui rezar na capela.

O Patrulheiro cortou-me a explicação com uma porrada na mesa.

– Não tomes o nome do Senhor em vão – berrou.
– Não o tragas em teu auxílio, criminoso. Ele era desmesurado. Eu não era um criminoso. Não era de mim que falava. Lembrei-me vagamente de que criminoso seria o velho Adolfo. Criminoso de guerra. Bandido. Matara judeus, padres. E agora aquele filho da mãe o defendia. Por quê? Por quê? Não era de mim que o Patrulheiro falava. Eu não era um criminoso.

Fui eu, sim, gritei quase com orgulho. Nunca fui m criminoso, nunca matei ninguém, nunca botei inguém em campo de concentração.

Muito bem.

le suava, como eu. Tive medo de que me batesse.

São pelo menos 15 dias de suspensão. Conversarei om teus pais. Além de futuros entendimentos. Quem abe uma expulsão. Uma transferência. Insultou uplamente a um professor dedicado. Desonrou o anto Inácio. Usou o nome de Deus em vão.

u queria tirar o time de campo. Já me arrependia o arranco.

Foi uma despedida.

Como!? Quer alegar que foi uma brincadeira?! luerer a desmoralização de um professor? Calei-me. or dentro chorei. Pelo menos tudo terminaria, ideia ue me animou. Eu iria embora, suspenso. Acordaria o pesadelo. Levantei-me.

Um momento – cortou o Patrulheiro. – Teu diretor spiritual quer falar contigo. Quem mente tem muito que explicar. Levantou-se e saiu pelos fundos. Eram 1 horas. Houvera muita pausa na conversa.

Hoje me pergunto se eu sabia dos acontecimentos. Duvido um pouco e me espanto. Embora eu estivesse paralisado, a verdade é que estava frenético. Já me esquecera dos motivos que me arrastaram àquela situação. O velho Adolfo e Cristiano estavam muito longe. Meu coração matraqueava arrependimentos. O ódio se concentrava nas mãos. Vontade de rasgar papéis, quebrar vidraças, torcer o pescoço de galinhas. Eu me desfazia em pontas. Tremia e suava em vermelho. Sem aplausos. Padre Cantídio entrou olhando-me por cima dos óculos le tartaruga. Coçou a carapaça da careca antes de sentar-se. Fisguei-lhe um olhar furtivo ao relógio: então eles também se preocupavam com o tempo! Aquilo me refez um pouco. Padre Cantídio tinha dificuldades em arranjar as banhas entre a cadeira e a mesa. Alguns segundos para respirar. A janela brilhava demais. Ele tinha fama de hipnotizador. Olhava-me na garganta.

Não vou reproduzir aqui, ao vivo, o diálogo que se seguiu. Não poderia. Flutuei na superfície das palavras que se ouviram. Tudo começava em Eva, mãe primeira, ou transpondo logo: nas meninas. Sua ausência. Entre muitas outras coisas, ele nterrogou-me sobre minha convivência com elas.

Nulas. Olhadelas e fantasias ardentes. Aquilo me cortou ao meio, definitivamente. Daí ele foi direto a Cristiano, nossas relações. O perigo do demônio, Cristiano, pecado contra o primeiro mandamento: amarás ao Senhor teu Deus sobre todas as coisas. As nossas tardes fagueiras. Julho, promessa a que eu queria voltar, encerrar aquele capítulo de merda. Que se fritassem o demônio e as tardes, o que me importava era não denunciar o companheiro. Tinha de ganhar tempo. Tempo. Mas o triângulo de ferro me encerrava. Cristiano, meninas, demônio. Eu não poderia ter feito tudo só. Padre Cantídio argumentava, mostrava minha ficha, as notas baixas em Trabalhos Manuais na primeira série do ginásio. Mostrava os gordos dez de Cristiano. E dali não saíamos, não sairíamos a menos que algo diverso acontecesse. Eu negava sempre. Ele insistia. O suor me denunciava. A mim não. Ao outro que era eu. Um sonho. Sonho era o mundo lá de fora. Mandou que eu recompusesse a cruz amarrotada. Rasguei tudo em pedacinhos. A prova se fora. Quase ri. Queria tempo. Tempo.

De repente ele me tomou a mão. Erguemo-nos. Caminhamos. Passamos pela porta por que saíra o Patrulheiro. Ele falava e eu não o ouvia. Lembro-me de um longo corredor, de uma escada escura. Uma voz distante me falava dos homens. Da confiança nos homens. De como eles antes eram crianças. E o Santo Padre tinha de recorrer a drásticos corretivos. Naquela sala de não sei onde padre Cantídio exibiu-me quadros desses corretivos. Primeiro, os coletivos: as guerras, cabeças e mãos de língua para fora. Depois as fogueiras, os autos-de-fé. Havia livros e figuras. Era horrível. A necessidade de se extirpar o mal pela confissão ao padre. A necessidade de arrancar a confissão. Eu soluçava por dentro. Os quadros: as pessoas dependuradas, as mulheres seminuas, os ferros em brasa, os azeites. Carnes chiavam. Eu cheirava meu próprio suor e o dele misturados, carne de minha carne, sangue de meus sangues. Cristiano rodopiava. A suástica destruída. Os cacos. As línguas saltavam. Havia uma maquininha. Um negócio de enfiar no dedo. Em cima tinha um torniquete, um parafuso, na ponta uma farpa. Aquilo girava. Era só para mostrar. As cabeças saltavam. Unhas também. Senti uma dor aguda, seria o dedão? Uma respiração pesada. Minha unha vertia sangue. Eu olhava através do padre as cabeças que pulavam sós. Era isso: uma imensa solidão. Agarrada a essa ideia minha alma transmigrou. Mas o outro a que chegou era o espelho. Isento e indolor, ouvi-me, soluçante, contar o que sabia. Falei de Cristiano e dos planos. Era o espelho, não eu. A dor aguda no dedo me humilhava. Eu era um animal indefeso. Isso: um cão ladrando, indefeso. Padre Cantídio me escutava, absorto. Parecia desinteressado. Aquilo aumentou-me o desespero, e falei até o fim. Cristiano, as meninas, o demônio. As cabeças, a língua, o dedo. Eu tinha chifres. Pés de cabra. Muito medo, e merecia o inferno.

Padre Cantídio me reconduziu acima. Tratou do dedo. Disse que confiava em mim. E que me admirava. Que me afastasse de Cristiano. O pecado sempre dava mal. E que não contasse a ninguém o que sucedera. Eu fora um homem, ao reconhecer os erros. Devia me orgulhar. Deu-me água com açúcar. Eu devia estar orgulhoso. As dores da vida passam. Ficam as grandes lições. Ele estava estranho. Olhava pela janela, parado, distante. Falava baixo. Ofegava. Às vezes gritava. Cumprira o seu dever, pensei com raiva. Agora botava banca de bonzinho e perturbado. Tivera minha alma nas suas mãos e a reduzira a frangalhos. Agora chega! berrei. E ele pediu calma. Segurei o pranto. Calei-me, mas não tive calma. Ele perguntou-me, grave, se o que eu revelara a respeito de Cristiano era minha última palavra. Frisou que eu não sofria da menor opressão naquele momento. Falei que sim, que era a última palavra. E que me deixasse ir.

Antes de sair da escola tive de aturar o padre Reitor em cima do saco. O Reitor era a suma, a sumidade, o Santo Pontífice, o Imprimatur Potest da autoridade administrativa e disciplinar. Como Pontífice, distribuía bênçãos liberais. Era o oposto do Patrulheiro. Começou a arenga dizendo que o colégio tudo faria para manter o escândalo a portas fechadas, que aquele era meu último ano, que "minha carreira" fora posta em perigo infantilmente, que comprometer a imagem do Santo Inácio com suásticas comunistas era coisa grave, prejulgar os outros era coisa errada, acusá-los em público era calúnia. Era inexpressivo. Falava burocraticamente, para as paredes. Sorria aqui e ali, num rictus de "boa vontade". Suspensão por uma semana. Confiança em que eu melhoraria. Comunicação e posterior conversa com os pais. Se até o fim do ano nosso comportamento fosse exemplar, teríamos até o atestado de boa conduta para o vestibular. Em caso de reincidência disciplinar, expulsão. Parágrafo quinze. Que o caso não transpirasse,

sobretudo. Ele bocejou. Eu escutava, apático, mudo. Queria sair. E que na saída eu pedisse desculpas ao professor Adolfo. Louvado fosse Nosso Senhor Jesus Cristo. Que sempre fosse. O carimbo vermelho na caderneta de presença. Suspenso de acordo com o parágrafo. Uma semana. Porque eu colaborara. Senão, seriam duas. Mas Deus nos ilumina certos por caminhos tortos. Meu dedão estava torto.

Na saída do gabinete esperava-me o velho Adolfo. Olhou-me de sua toca. Mediu a distância. E se aproximou. Era passo de ganso pastor. Seria tão mau assim? E se fosse inocente? Sorria, o cão. Olhava-me o dedo e sorria. As cabeças cortadas. Os arames farpados. Os cães pastores. As botas batendo. O sorriso. O demônio. O cão. A mulher de cabelos brancos. Que será que eu fiz? O Fritz, Jubileu, Pureza, o Patrulheiro, Cantídio, o Reitor, Adolfo, Cristiano, todos me denunciavam. Eu era uma barata de chifres e pés de cabra. Sem língua. Mas que confessava tudo para um cão pastor, de botas enormes. Um ovelheiro fardado que guardava o rebanho do Senhor.

– Do Senhor, sim, seu...

Ia dizer cachorro. Ele recuou assustado. Passos no gabinete do Reitor. Corri para casa.

O que se seguiu dá para traçar em dois tapas. Evidentemente o caso transpirou. Bateu até às portas da Secretaria da Educação. Meu pai teve de dar explicações. Exigiu outras, de mim e dos padres. Os pais de Cristiano entraram na dança. Minha mãe queria a pele de padre Cantídio. As despedidas arrefeceram naquele ano. O controle disciplinar recrudesceu. Os professores arrocharam. Quase rodei em duas matérias. Ia à escola e chispava para casa. Os vizinhos comentavam em voz baixa. Estranhos à paisana apareceram pela frente do Santo Inácio. Um me seguiu. Mas tudo ficou por isso mesmo. Quando o ano parecia acabar em letargia, o colégio explodiu. Na última semana transformou-se num inferno paradisíaco. O velho Adolfo teve de interromper suas aulas. Alguns banheiros foram destroçados. Duas carteiras voaram pela janela, espatifando-se no pátio.

Fez-se uma guerra de batatas durante o recreio. Não restou uma janela inteira ao Patrulheiro. Houve um princípio de incêndio num confessionário. Urinaram na porta de padre Cantídio. Pureza encontrou o sacrossanto livro de denúncias sobre a mesa, em milhares de pedacinhos. O velho Adolfo deixou a escola no ano seguinte. Não sei que fim levou. Cantídio saiu também, foi plantar batatas no Paraná ou no Mato Grosso. Quem resistiu mais tempo foi o Reitor, sabonete como era. Afinal se mandou, com seu comparsa, o Patrulheiro. Foi para postos mais altos da educação governamental, para longe, enfim. O Patrulheiro, que eu saiba, patrulha até hoje em colégios do interior. Hoje o Santo Inácio é um colégio dito "progressista", com padres liberais à frente, sem sombras daquelas escuridões. Não há mais Fritz, que eu saiba. Mulheres contratadas fazem o serviço. São tão servis quanto os Fritz, mas ganham para isso. E são mais respeitadas pelos alunos. E pelos padres. Já sei que alguma besta aí estará pensando que "o nosso sacrifício não foi em vão". Que olhe para o mundo à volta. E decida o que é em vão e o que não é.

Minha amizade com Cristiano nunca mais retornou. Até hoje o vejo, mas quando nos encontramos na rua sempre resta um olhar torto, sempre falta uma palavra. Nunca tocamos no assunto. Faz dez anos já. Voltamos a jogar juntos na zaga, algumas vezes. Mas era como se tivéssemos tédio. Não trocávamos passes. Disseram-me coisas tristes dele, na época. Que confessara tudo sem hesitar. Que os padres nem precisaram recorrer a meu testemunho.

Ficou tudo em suspenso. Jamais o interroguei, ele jamais me interrogou. Apenas nos separamos. Também sei lá o que disseram a meu respeito para ele, e para outrens. Ele seguiu suas arquiteturas, eu minhas escrevinhações. Uma ou duas vezes, no campo de futebol, senti que se armava uma conversa reveladora. Quando ensaiávamos uma jogada à antiga. Um desarme de classe. Uma abertura benfeita. Depois de concluído o lance, ficavam dúvidas. Uma certa harmonia na garganta. Talvez a gente se abraçasse, se tocasse. Podíamos ir conversar na beira do rio. Escutar o vento. Experimentar o frio, o calor, o outono, a primavera. Quem sabe nossa amizade renascesse mais forte da privação. Mas não. Acontece que éramos demais. Demais de orgulhosos. E tudo se desaguava em olhares furtivos pelo chão. Em recriminações porque alguém estava fora de posição. Em qualquer coisa borrada pelo medo.

Assim este relato fica sendo uma derrota solitária. Uma derrota dentro do poço de meu olho, onde seguido me debruço com perguntas sobre o que aconteceu. Deste poço não sairei. Mesmo que me reconcilie com Cristiano. E por mais que eu nele cave, só encontro palavras, palavras, e mais palavras. As palavras que meu espelho pronunciou. Aquela terceira pessoa familiar, íntima. E na ponta percebo um redemoinho que me arrasta. Para as últimas. Para a última palavra, que sempre cuido de evitar, mas a que sempre retorno, acorrentado, e que se resume nessa desamparada consciência de uma inesgotável traição.

Flávio Aguiar nasceu na cidade de Porto Alegre, em 1947, e é escritor, poeta, professor e jornalista. Este conto, publicado em Os caninos do vampiro, *de 1979, tem por tema o clima de repressão na escola logo após o golpe militar de 1964, a partir de dentro, não por intervenção externa.*

Luiz Vilela

O professor de inglês

Chegou atrasado à primeira aula. A porta estava encostada e ele empurrou-a. Ao entrar, não vendo nenhuma carteira vazia, pegou a que estava em frente à porta e arrastou-a para junto das outras.

– Muito bem – disse o professor –, então eu pus essa carteira aí foi para você sentar?

A classe riu e ele enrubesceu.

– Não viu que eu pus ela aí foi para encostar a porta?

Ficou ali em pé, procurando com os olhos aflitos uma carteira, todas aquelas caras fixas nele.

– Como é? – disse o professor. – Estou esperando; você vai sentar ou não vai?

– Não há carteira – balbuciou.

– Pois então senta nessa aí, moço! – gritou o professor, e a sala pareceu encolher. – Você já chegou atrasado, já interrompeu minha aula, e agora vai ficar aí de pé atrapalhando até quando?

Ele sentou-se.

O professor passou os olhos desconfiados pela classe. Continuou a ler.

Ele perguntou ao colega de trás o número da página; abriu o livro e acompanhou a leitura com os outros. Seu coração ainda batia depressa, sua cabeça estava zonza, acompanhava com dificuldade.

O professor terminou de ler. Tirou os óculos, de aros de tartaruga. Abriu a pasta em cima da mesa. Era um sujeito pequeno, com alguns cabelos ralos na cabeça e uma cara de rato. Devia ter uns 40 anos. Enquanto mexia na pasta olhava de momento a momento para a classe, com a testa franzida e um ar desconfiado. Não se ouvia o menor ruído na sala.

Tirou a caderneta de chamada e fechou a pasta, afastando-a para um lado. Tornou a pôr os óculos. Abriu a caderneta. Correu os olhos pela página, de cima a baixo e depois de baixo a cima.

– Número três – disse.

Um aluno se levantou e foi à frente levando o livro.

"E meu número?" – ele pensou, aterrado. Era o primeiro dia que ia à aula e não podia nem imaginar qual o seu número de chamada.

– Vamos lá – disse o professor.

O rapaz começou a ler.

– Mais alto – disse o professor.

O rapaz aumentou a voz, continuando a ler.

– Mais alto, já disse – insistiu o professor.

O rapaz interrompeu a leitura e olhou sem graça para os colegas.

– Estou esperando – disse o professor.

O rapaz continuou a ler.

– Você não tomou café hoje não, moço? – gritou o professor.

A classe riu, mas foi um riso brusco: logo todo mundo estava em silêncio de novo, enquanto o professor se demorava a olhar para o rapaz, que de cabeça baixa e o livro já fechado, esperava.

– Vai sentar, vai – encerrou o professor.

Tirou a caneta do paletó, destampou-a com lentidão, e escreveu na caderneta.

> – Ganha dois – disse, sem erguer os olhos.
>
> Percorreu outra vez a lista de chamada. Toda a classe em silêncio.
>
> – Número vinte.
>
> Uma menina caminhou para a frente. Começou a ler onde o rapaz havia parado.

O professor acompanhava no seu livro. De repente parou de acompanhar e ficou olhando para a menina. A menina, concentrada no livro, ia lendo. Quando chegou um parágrafo novo, parou e olhou para o professor.

– Onde você fez o ginásio? – o professor perguntou: – no interior?

– É sim senhor – a menina respondeu com timidez.

– Está se vendo – disse o professor.

Voltou-se para a caderneta, e sem olhar para a menina:

– Pode ir: ganha um.

A classe em silêncio de novo. Alguém se mexeu inquieto numa carteira.

– Cinco; número cinco.

Ninguém se levantou.

– Número cinco! – repetiu forte o professor, olhando para a classe.

– Número cinco não será você?... – o colega de trás sussurrou.

– Eu?... – sua voz sumiu.

O professor voltara à caderneta:

– Número cinco: Carlos. Não está?

Ele se levantou.

– Você outra vez, rapaz?

A classe riu.

– Há uma semana que começaram as aulas, e você até hoje não sabe o seu número?

– É o primeiro dia que ele vem, professor – o colega de trás explicou.

– Ninguém está te perguntando nada – disse o professor.

– Estou dizendo porque...

– Ninguém está te perguntando nada – disse mais forte o professor e o rapaz se calou.

Ele foi à frente. Abriu o livro e começou a ler.

– Chegue mais para a frente – disse o professor.

Deu alguns passos. Recomeçou a ler. Suas mãos tremiam, suas pernas tremiam, sua voz tremia.

– Vire-se para os seus colegas – interrompeu o professor –; você não está lendo só para mim.

Virou-se com dificuldade, as pernas duras, todo ele tremendo. Ao continuar a leitura sua voz engasgou, ele ficou indo e vindo pela página, simulando haver perdido a sequência.

– Estou esperando – disse o professor.

Leu mais algumas palavras.

– Mais depressa, moço, mais depressa; desse jeito tartaruga te atropela.

A classe riu. O professor passeou os olhos satisfeito.

Ele leu mais um pouco, de novo parou: era impossível.

– Escuta, moço – disse o professor, olhando para ele: – você não prepara as lições, você não vem às aulas; aqui na lista de chamada você não tem nenhuma presença; como é? Desse jeito você já está na bomba.

Ele ficou em silêncio, incapaz de dizer que estivera doente aqueles dias, incapaz de dizer uma palavra que fosse, paralisado ali na frente da classe.

– Vai – disse o professor –, vai sentar.

Pegou a caneta:

– Ganha um.

Tornou a percorrer os nomes na caderneta.

– Número sete.

Mais três alunos foram arguidos. Quando o último começou a ler, a sirene tocou. O aluno parou e olhou para o professor: o professor não se mexeu; o aluno continuou. Lá fora o barulho no corredor.

– Professor, o sinal já tocou – alguém observou do fundo da sala.

– Eu ouvi muito bem, moço, eu não sou surdo, eu ouvi muito bem; não tem importância nenhuma o sinal ter tocado. – Voltou-se para o que lia: – Pode continuar.

No fim do parágrafo mandou o aluno ir sentar-se e deu a nota.

– Vão deixando de estudar – falou. – Vão deixando de estudar. No fim do ano está todo mundo na bomba. Do jeito que vai está todo mundo na bomba.

Marcou uma lição nova para a próxima aula. Fechou o livro e guardou-o na pasta. Depois guardou a caderneta. Enfiou a caneta no bolso interno do paletó. Toda a classe estava em silêncio, olhando para ele. Guardou os óculos. Olhou desconfiado para a classe. Levantou-se, colocou a pasta debaixo do braço, e desceu do tablado.

– Até logo – disse.

Mal saiu, a classe se transformou: gente pulando, batucando nas carteiras, gritos, aviõezinhos de papel, bolinhas.

Carlos tomou um café na cantina, depois saiu para o pátio. Lá, por acaso, encontrou o colega.

– Obrigado pelo que você fez – disse.

– Eu?... – o colega espantou-se, depois lembrou e fez um gesto vago com a cabeça.

– Você foi camarada.

– Não fiz nada de mais, só falei. Se ainda tivesse adiantado alguma coisa. Quanto mesmo que ele te deu?

– Um – disse, olhando envergonhado para o chão.

– Pois é – disse o colega.

Iam andando devagar pelo campo de futebol, vazio àquela hora. A manhã estava fresca. Longe, por sobre o muro do colégio, apareciam alguns prédios da cidade, muito brancos contra o céu azul. Carlos pensou em sua casa e em sua cidade, que estava longe dali; teve vontade de chorar.

– Você é de onde? – perguntou o colega.

Ele disse.

– Sua família mora lá?

– É.

– Foi lá que você fez o ginásio?

– É.

O colega ficou em silêncio.

– E você?...

– Sou daqui mesmo.

– Ainda não sei o seu nome...

– Newton; mas me chamam aí é de Baiano.

– Baiano?...

– Pois é – disse o colega –; não tem explicação; cismaram de me chamar de Baiano, agora só me chamam assim. Você entende uma coisa dessas? Tenho cara de baiano?

Voltou-se para ele. Carlos riu.

– Não tenho cara nenhuma de baiano, essa é que é a verdade. Mas cismaram.

Carlos riu.

– Você já estudou aqui antes?

– O ano passado. Tomei bomba.

– Com o Godofredo?

– Não; com o Godofredo até que eu fiz uma prova boa; foi em francês.

– Ele é sempre assim, Newton?

– Pode me chamar de Baiano mesmo, só me chamam assim.

– Tá...

– Quê que você perguntou?

– Ele é sempre assim?

– Godofredo?

– É.

– Você diz feito hoje?

– É.

Baiano sacudiu a cabeça:

– Sempre...

Carlos sentiu um aperto na barriga.

– Mas a gente acostuma – acrescentou Baiano.

– Eu nunca me acostumarei com isso.

– Você vai ver – disse Baiano.

Tinham parado. Baiano pegou o maço de cigarros no bolso da camisa e ofereceu-lhe; ele agradeceu; Baiano tirou um, pôs na boca e acendeu-o.

– E nas provas – continuou perguntando –; como que ele é?

– Provas?

– Nas provas mensais.

– Ele não dá prova não – disse Baiano –, é só arguição.

– Só arguição?...

– Toda aula tem arguição.

– Toda aula?... – sentiu outro aperto na barriga.

– A nota mensal é a média das notas das arguições; toda aula ele dá arguição.

Ficou sentindo como se estivesse de novo lá na frente e tudo aquilo acontecendo de novo.

– É assim – explicou Baiano: – se você ganha nota ruim, ele te chama outra vez: para melhorar a nota, como ele diz; mas se você tem nota boa, ele também te chama outra vez: para ver se você mantém a nota, como ele diz; ele sempre te chama outra vez, não tem jeito de escapar. O jeito, você pode pensar então, é matar aula; mas acontece que quem não tem nenhuma falta ganha mais um ponto, e ninguém quer perder esse ponto assim à toa; uma falta, uma falta só, e o sujeito já não ganha mais o ponto. É... – Baiano deu uma risadinha –, bobo a gente não pode dizer que o Godofredo é não; ele é até muito sabido...

– E você acostumou com isso?

– A gente acostuma, você vai ver; eu também no começo pensava assim.

Ficaram um momento em silêncio.

– Godofredo é um neurótico – disse Carlos. – Ele devia estar num hospital.

– É, neurótico ele é mesmo – concordou Baiano.

– Nunca tentaram tirar ele daqui?

– Tirar? Quem vai ter peito pra isso?

– Podiam pelo menos reclamar.

– Reclamar? Na diretoria? Você acha que eles se importariam?... Eles já sabem que ele é assim, faz tempo que o Godofredo dá aula aqui no colégio. Aqui, o sujeito dando aula e o aluno pagando, eles estão pouco ligando pro resto. E depois também, o Godofredo é competente, ele entende mesmo de inglês; por que que eles vão-se preocupar com o resto?...

A sirene tocou no alto-falante, colocado acima da porta que dava para o pátio. Alunos começaram a aparecer de vários cantos, caminhando para o prédio.

Os dois também foram voltando.

– Acho tudo isso horrível – disse Carlos.

– É – disse Baiano –; mas um dia você ainda vai achar graça disso; você vai ver.

– Nunca vou achar graça disso, tenho certeza.

– Você vai ver – disse Baiano.

– Nunca vou achar graça disso, nem vou esquecer. Nunca vou esquecer disso.

O escritor mineiro Luiz Vilela nasceu em Ituiutaba, em 1944. É discreto como são em geral os narradores ou a voz narrativa de seus contos. Consagrado como dos melhores entre as novas gerações, é dono de um estilo seco e que disseca os panos de fundo da superfície das relações humanas. Aqui seu tema é o clima algo sufocante que pode se estabelecer entre professor e aluno – numa relação marcada pelo autoritarismo, coisa tão característica da história da sociedade brasileira.

Affonso Romano de Sant'Anna

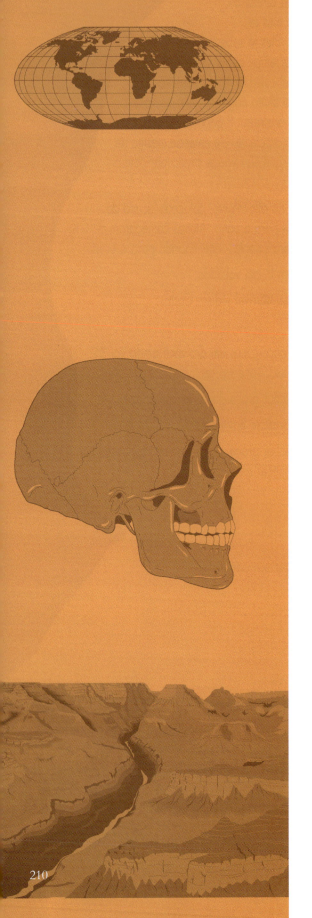

G y m

Enquanto não aprendia Matemática
outros
      operavam juros em minha carne operária
colhendo notas e cifras na classe
de minha ignorância primária.

Enquanto mal-decorava planícies, pontos altos, capitais,
outros
      instalavam chaminés no meu nariz, desviando rios
e dinheiro, desabando montes de lixo
e me deixando a poluída cicatriz.

Enquanto o professor de Ciências Naturais abria o corpo
                                        [humano
com suas artérias e sonhos,
minha tireoide azul e branca pulsava entre as coxas da
                                        [colega
e eu retinha o sangue venal do meu desejo
vertendo mudo a amarela bílis do medo
      paralisado
porque num canto da sala me olhava duro
      – um esqueleto.

Enquanto nas aulas de Canto Orfeônico desentoava
hinos marciais e Paris, Polônia e Holanda caíam em chamas
sob a pauta e pata da SS alemã
      meus próprios generais exercitavam clarins
sobre meus tímpanos, fincando mil bandeiras nos meus
olhos e desolando metade de minha vida em mim.

nasium

Enquanto esbatia diedros nos cadernos de espiral
treinando mãos e dedos com cola e tédio nos Trabalhos
[Manuais
outros
     ágeis, hábeis
          armavam pirâmides de lucros
passavam uma borracha em meu passado-futuro
deixando-me trabalhador boçal-braçal
suando nos canaviais com a elástica fome
que se expande pelos seringais.

Enquanto o professor de Química e Física derramava
[cadinhos
e provetas, acionava esferas e discos a demonstrar
          que ciência é coisa séria,
outros
     faziam sua alquimia com o aguado sangue do povo
transformando osso em ouro, como se cobaias
devessem parecer
       para comprovar as leis de Newton
e a relatividade do sonho e da matéria.

Enquanto eu perdia o meu Latim
e o demônio declinava no meu corpo seus pecados
eu
     romano, desterrado com meu falar ibérico e vulgar
via Catilina a conspirar, Cícero a verberar
e no senado a traição a prosperar, enquanto minha triste Gália
era partida em partes três:
       – de Júlio César todas três.

2

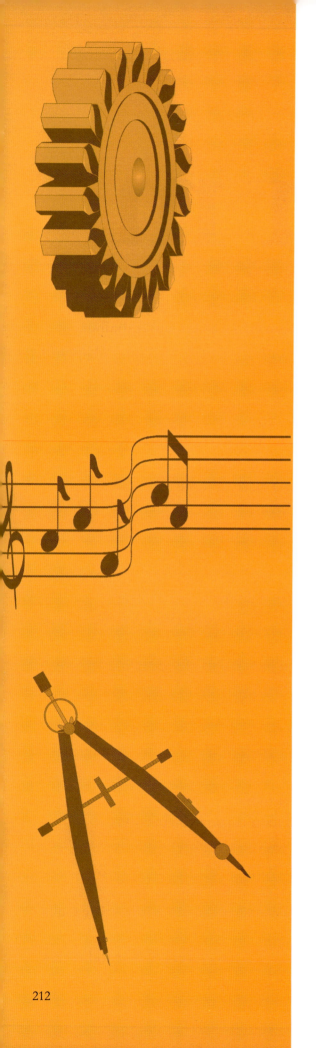

Quiseram-me professor de História.
Cheguei a sê-lo de Geografia
              e de outras cartas
com pífios tesouros e ilhas.
         O boletim chegando, e eu
         num mar morto e vermelho
         envergonhado envergonhando.

Os irmãos, sempre melhores.
Os colegas – os primeiros, para a Escola Militar.
Eu já carpindo o inútil pendor das Letras,
perdendo-me em Números e Levíticos, mas achando-
me em Salmos e Cânticos e enrodilhado na Gênesis
do verbo como um escolar crucificado.

– Estude línguas, rapaz!

Francês, mal aprendi. Explodiam
escolas e hospitais em Argel. Caíam
em frangalhos em minha cabeça
personagens de Molière e Jarry.

–Veja o Inglês – língua moderna. E eu lá ia
entre coreanos e vietnamitas arrozais
segregando vermelho e preto
e outros filmes coloridos nas vesperais.

Enquanto ciciava o Espanhol
com o professor da Terra do Fogo, "la guardia civil
                                [caminera"
me levava com Federico "codo con codo",
e espremia o pescoço dos bascos no mesmo garrote vil.

Iniciava o Italiano. Os terroristas
ainda não formigavam nas ruínas dos partidos,
Roma exibia as volumosas tetas das atrizes
e eu já sonhava com a mulher que tornaria minha
                                [vida uma cidade
aberta, infensa a novas guerras de conquistas.

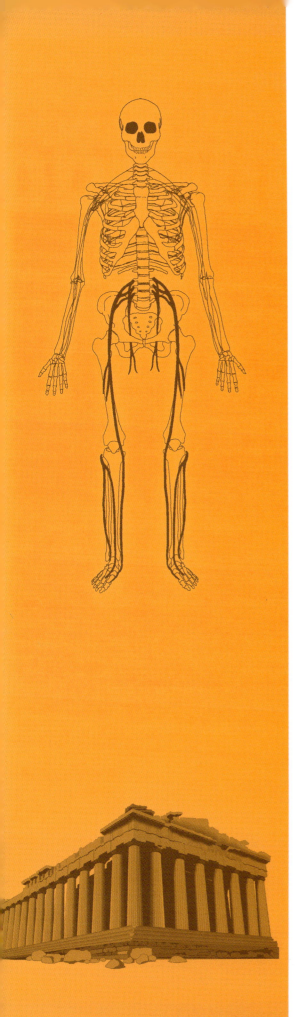

Hoje abro o livro de Alemão. Sequestradores do industrial e do barão garganteiam nos jornais uma nova canção de Lorelai.

3

Tudo isto acontecendo
     e eu enfrentando a sintaxe policial armada
     ao sol da ditadura semântica implantada,
     trocando de uniforme numa morfologia
                              [antiquada
     gritando anseios de uma fonética silenciada.

Aluno pouco aplicado,
professor às avessas
ao repassar o imerso
imagino a perdida infância da História.

Certo não saberei nunca a língua dos caldeus e dos
                                     [sumérios.
Mas nem assim me livro de minhas alheias misérias
pra sempre escritas na carteira.

Certo não aprenderei o Sânscrito
             – língua de suicidas mansos.

Feliz era meu pai, fugiu da escola
– mas sabia o Esperanto. Essa língua
sem história, sangue e medo

que não é coisa desse mundo
– mas língua de querubim.

A escola foi muito mais tema de prosa do que de poesia na literatura brasileira. Parece não rimar com lirismo e verso, embora em boa parte dos escritores a evocação dos espaços escolares venha carregada pela reminiscência pessoal. Daí ser tão original este poema de Affonso Romano de Sant'Anna, que já foi diretor da Biblioteca Nacional, no Rio de Janeiro, sobre os tempos de aprendizado. Ao fundo, a presença da Segunda Grande Guerra que, como se vê nesta antologia, paira sobre muito do que se escreveu em nossa literatura, mais do que parece à primeira vista.

João Ubaldo Ribeiro
A formação

Não que tenha sido a primeira conversa de homem para homem que tive com meu filho Bentão, mas acho que, desta última vez, fui ainda menos homem que ele do que da outra vez. A primeira vez foi na praia e, vergonhosamente, saí pela tangente, alegando a comissão de erros de português por parte dele, embora, é claro, ele fosse analfabeto na ocasião (ainda é, mas agora tem carteira de estudante). Nós estávamos dentro d'água e ele quis saber se podia me fazer uma pergunta. Claro que sim, respondi, com minha melhor cara de pai companheiro, aprendida nos filmes americanos.

– É uma pergunta difícil – disse ele.

– Qualquer pergunta para seu pai é difícil, ha-ha. Pode perguntar.

– Você dá beijo de novela em minha mãe, não dá?

– Eu o quê? Beijo de novela? Sim, beijo de novela. Bem, acho que sim, beijo de novela, claro, sim, acho que sim, de vez em quando eu dou uns beijos de novela nela. Vamos pegar siri?

– E você sente uma coisa?

– Sente uma coisa, como? Sente uma coisa? E... Não, é só um beijinho de novela, todo marido dá beijo de novela na mulher. Olhe ali, pegue aquele pedaço de pau, hoje está dando siri, vamos lá!

– Você sente um arrupeio?

– Hein? Um arrupeio?

– Eu vi um homem na televisão dando um beijo de novela na mulher e eles dois gemeram e ele deu um arrupeio. Quando você beija minha mãe, você geme e tem um arrupeio?

– Um arrup... Bem... Olha lá o siri, pegue o pau, olha lá o siri!

– Você sente um arrupeio, assim como o homem da televisão, assim, hrrrrrr?

– A palavra certa não é arrupeio! Arrupeio está errado, o certo é arrepio, arrepio, ouviu bem? Você...

– Você só diz arrupeio.

– Eu... Sim, eu digo arrupeio porque sou meio tabaréu sergipano, aprendi isso em Muribeca. Mas você nunca esteve em Muribeca e é no máximo tabaréu português, portanto tem que dizer arrepio e não arrupeio. Arrupeio é errado, ouviu bem? Aliás, o senhor já fez o dever de casa? Eu vou falar com sua professora e mostrar a ela que o senhor só sabe o B, o C e o H, assim mesmo com o nome de "escadinha", e conta um-dois-quatro-nove-oito-dez, o senhor ouviu bem?

– Olha ali o siri, pai, pegue o pau, olhe o siri!

Mas não tinha siri nenhum por perto quando eu estava na sala, lendo o jornal, e minha mulher apareceu na companhia dele, que vinha com uma cara meio intrigada.

– Pronto – disse ela. – Converse aí com seu pai.

– Converse com o seu pai o quê? – disse eu, que ainda não tinha me recuperado do arrupeio.

– Ele precisa ter uma conversa de homem para homem com você.

– Conversa de homem para homem? Ele disse isso?

– Não, não disse. Eu é que achei que era conversa de homem para homem. Pai é pai. Bem, com licença, que eu tenho de ir lá dentro tratar o peixe.

– Tratar o peixe? Você, tratando peixe? Mentirosa! Você já ameaçou fugir de casa, se tivesse que tratar peixe! Não existe essa conversa de homem para homem! Volte aqui! Mulher machista! Não me deixe sozinho aqui! Machista!

– Está bem, se você quiser eu fico.

– Não, tudo bem, besteira minha, eu compreendo essas coisas, besteira minha. Eu posso perfeitamente conversar com meu filho.

do jovem

Então tudo bem, eu vou lá para dentro.

Está bem. Espere aí, só um instantinho. O que é que ele quer conversar?

Ele quer saber o que é camisinha.

Hein? O que é... Pra que é que ele quer saber o que é camisinha? Que ideia é essa? Volte aqui! Mulher machista, volte aqui! Se você me deixar sozinho aqui, é o divórcio, entendeu, é o tudo acabado entre nós hoje de madrugada! Fique aqui! Que cara é essa, por que este olhar fixo em mim?

Eu estou esperando que você dê a explicação.

Camisinha... Por que é que você quer saber o que é camisinha, Bentão?

Eu vi na televisão. O homem disse que todo mundo deve usar a camisinha para não ficar doente no hospital. Você usa camisinha?

Eu... Mulher!

Você disse que podia perfeitamente conversar com seu filho.

Sim, claro. Mas você podia ajudar, você bem que podia!

Você me dá uma camisinha sua, pai? Se eu não usar a camisinha, eu também fico doente no hospital?

Bem, a camisinha... Mulher, como é que eu faço?

Se eu soubesse, eu fazia.

Bem, meu filho, a camisinha... Vamos fazer o seguinte, depois eu explico, está bem? É um pouco complicado, eu vou pensar num jeito de explicar, está bem?

Está. Mas você promete que usa a camisinha para não ficar doente no hospital? Eu não quero que você fique doente no hospital.

Prom... Depois eu explico, depois eu explico, filho, está bem?

Está. Essa televisão daqui passa no Rio de Janeiro?

Mais ou menos. Quase tudo.

Então pode não passar o aviso da camisinha e então eu vou telefonar para meu avô para ele usar a camisinha para não ficar doente no hospital.

Telefonar para seu avô? Não, não precisa, o aviso passa lá, pode ter certeza. Eu explico depois, está bem? Depois.

Depois esse que ainda não chegou. Discuti a questão metodológica com a mulher. Para explicar a camisinha, tem de explicar tudo, não adianta enrolar. Como é, vamos comprar uns livrinhos desses em que a abelhinha voa de florzinha em florzinha, o galo pula em cima da galinha e o nenenzinho fica na barriguinha da mãezinha? Vamos ler uns livros de psicologia infantil e pirar de vez? Não, livro de psicologia infantil, não, jamais. Sabem do que mais? Vai ficar tudo por isso mesmo, não vou explicar coisa nenhuma.

Mulher – disse eu, com sotaque sergipano que emprego nessas situações de liderança familiar –, já resolvi o que vou fazer. Não vou fazer é nada, isso é tudo encucação nossa, daqui a pouco ele esquece isso, não vai ter problema nenhum. A mim nunca ninguém ensinou nada, sabia? Nunca ninguém ensinou nada, entendeu?

Eu sei, querido – disse ela.

Nesta crônica, publicada em Sempre aos domingos, de 1988, João Ubaldo, autor de Sargento Getúlio e Viva o povo brasileiro, retoma o tema da educação sexual doméstica. Mas agora os tempos e as perplexidades são próprios de uma sociedade de consumo, televisiva, de intimidades devassadas. A perplexidade do pai acuado pelas perguntas do filho cresce na proporção em que ele deve se defrontar com sua própria formação.

Este livro foi impresso em papel couchê
fosco 90 g/m² na gráfica RR Donnelley,
para a Boitempo Editorial, em março de
2009, com tiragem de 3 mil exemplares.